LE TAROT:

LE SYMBOLE,
LES ARCANES,
LA DIVINATION

LE TAROT:

LE SYMBOLE,
LES ARCANES,
LA DIVINATION
(illustré)

Joseph Maxwell

Le Tarot: le symbole, les arcanes, la divination (illustré)

ANTIQUA SAPIENTIA

ISBN: 978-1-989586-90-7

Table des Matières

Avant-propos

Le travail que je présente au lecteur est le résultat de plus de trente-cinq ans d'études. L'intérêt que ces recherches avaient pour moi, était de confirmer les premières impressions qu'elles m'avaient faites et de me convaincre de la correction du jugement porté sur le Tarot par ceux qui l'ont étudié. C'est un livre écrit en symboles. Mon travail est un essai de traduction.

Donner une bibliographie complète du Tarot, de ses sources, de ses clefs, de la philosophie occulte, de l'astrologie, de la mystique des nombres, des formes et des couleurs, enfin du symbolisme en général m'entraînerait trop loin, tant les œuvres publiées sur ces sujets sont nombreuses.

On trouvera toutefois une bibliographie sommaire à la fin du volume.

LIVRE I
Le symbole et son interprétation

1. Le Tarot — L'édition correcte

Le Tarot est un jeu de cartes comprenant soixante-dix-huit lames ; il y en a diverses éditions, dont une seule m'a paru représenter une série cohérente de symboles. C'est le Tarot communément appelé le Tarot de Marseille. On le trouve assez difficilement dans le commerce aujourd'hui. La dernière édition donnée par la Maison Grimaud n'est pas correcte et il faut espérer que ces cartographes reviendront à l'ancienne composition du jeu.

Dans celle-ci, la deuxième lame est « La Papesse » ; dans l'autre, elle devient « Junon ». Cette divinité comporte un ensemble de symboles qui n'ont aucun lien avec la Papesse, dont la figure rappelle l'Isis gréco-égyptienne du culte syrien. On sait que dans la légende, Osiris fut tué et mis en pièces par Seth, et qu'Isis, son épouse, se mit à la recherche des débris du corps du dieu solaire. Elle retrouva sa tête à Bubaste, en Syrie, où la mer l'avait apportée. C'est l'origine légendaire du culte syrien d'Isis. La déesse est représentée assise, vêtue d'une longue robe, coiffée d'une haute tiare. Elle tient un livre ouvert sur les genoux. Elle symbolise traditionnellement la nature, telle que la conçoit l'intelligence créatrice du démiurge. Junon n'a rien de commun avec le symbolisme de l'Isis syrienne, divinité lunaire. Il ne faut pas davantage la confondre avec l'Isis égyptienne.

Une autre lame, la cinquième, « Le Pape » devient, dans l'édition courante, Jupiter, dont le symbolisme est en complète dissonance avec celui de la figure dite le Pape. Dans l'édition correcte, le Pape est assis vêtu d'une robe, couvert d'un manteau, coiffé d'une tiare. Deux personnages sont agenouillés devant lui. Cet ensemble de figures, le costume des personnages, leur attitude et leurs attributs n'ont rien de Grec, ni de Romain, ni d'Égyptien. Le Dieu Jupiter évoque une foule d'associations

3

d'idées qui ne cadrent pas avec la logique des autres symboles de l'édition qui me paraît incorrecte ; ceux-ci conservent leurs rapports généraux avec l'ensemble des figures de celle que je considère comme bonne.

Je ne dirai rien des autres éditions, dont quelques-unes ont 76 cartes seulement. Elles ne permettent aucune recherche utile sur la signification des symboles du Tarot véritable, qui sont tronqués et incomplets et heurtent les lois symboliques des nombres.[1]

2. Arcanes Majeurs et Mineurs — Couleurs

Mon étude se bornera à l'analyse du Tarot dont j'ai indiqué le caractère. Ses 78 lames se divisent en deux séries.

1° 22 *Arcanes Majeurs*, constituant un triple septénaire ; la 22° lame, le Mat, correspond au néant, au non-être, caractérisé par la carence de l'intelligence manifestée ;

2° 56 lames, dites *Arcanes Mineurs*, divisés en quatre séries de deux septénaires : chaque série ou couleur comprend d'abord 10 cartes, allant de l'unité, l'as, au 10, comme dans nos jeux de cartes ordinaires.

Cependant, les cartes du Tarot ne sont pas semblables aux jeux usités en France, en Angleterre, en Allemagne, Elles sont pareilles aux « Naipes » espagnoles et représentent des bâtons ou sceptres, des coupes, des deniers ou sicles, des épées. Le bâton correspond au carreau, la coupe au cœur, le denier au trèfle, l'épée au pique. Comme dans les jeux ordinaires, la valeur de la carte est indiquée par le nombre de bâtons, coupes, deniers ou épées qui figurent sur la lame. Leur symbolisme principal est celui des nombres.

Les quatre dernières lames de chaque couleur sont des personnages : valet, cavalier, dame et roi. Le cavalier à disparu de nos jeux ordinaires qui ne comptent que 13 cartes de chaque couleur. En Espagne, il a été conservé, la dame a disparu.

Ainsi, on s'aperçoit que le Tarot comprend onze fois sept cartes, plus une carte ; que les 78 arcanes comprennent trois septénaires plus une carte, arcanes majeurs : et 8 septénaires, représentés par la formule $(7 \times 2) \times 4$ ou $7^2 + 7^1 = 56$, constituant les arcanes mineurs.

Ces deux catégories paraissent se rattacher à deux sources différentes de symboles, l'une et l'autre anciennes et complexes. Il convient d'en avoir un aperçu général avant d'en aborder l'analyse.

---

1   C'est le cas du Tarot d'Etteilla. On ne peut trouver aucun sens à ses arcanes majeurs. Leur symbolisme est incohérent, Alliette, qui a joui d'une grande vogue, méritée sang doute, comme cartomancien, me me paraît pas avoir compris Le sens profond des symboles du Tarot ancien.

Plusieurs occultistes modernes, hommes de science et de talent, en ont composé qui ont un sens cohérent, car il exprime leurs idées personnelles ; mais ces Jeux ne sont pas le Tarot traditionnel et leur étude ne conduit pas aux mêmes résultats.

J'ajouterai que cela importe peu pour la pratique divinatoire. Tous les procédés sont bons avec un sujet ayant une faculté d'intuition et de pénétration suffisante.

3. Origine du Tarot

Une première difficulté se présente. L'auteur inconnu du Tarot a choisi les cartes à jouer comme symboles. Quelle est leur origine ? C'est une question à laquelle les spécialistes en cartographie sont seuls qualifiés pour répondre.

On attribue communément, sinon l'origine, du moins l'introduction des cartes à jouer en France, au règne de Charles VI. Elles auraient servi à distraire ce monarque mélancolique. On trouve, en effet, dans les spécimens qui ont été conservés de jeux remontant au XIVe et au XVe siècle des figures qui rappellent celles du Tarot. Le « Jeu de Tarot » était un amusement, il se joue encore en Franche-Comté, comme me l'indiquait M. S. Lévy, ancien maire de Gray.

4. Le Tarot comme procédé de divination

Il ne paraît pas-avoir servi à la divination avant la fin du XVIe ou le commencement du XVIIe siècle. Paracelse, dans l'énumération qu'il fait des arts divinatoires, n'en parle pas. Son silence est significatif. Il déclare avoir pratiqué les Tziganes ou Bohémiens, et si l'introduction des cartes en Europe était due à ces nomades, comme on l'assure quelquefois, Paracelse en aurait été informé.

Boissard ne fait pas mention de la cartomancie dans son traité de la Divination. Il est donc probable que la cartomancie était, sinon inconnue, du moins peu répandue à l'époque où il écrivait.

La première indication que l'on rencontre se trouverait dans un livre allemand, publié à Francfort.

Les documents sont plus abondants au XVIIIe siècle. Court de Gébelin, Etteilla (Alliette), Mlle Lenormand ont le premier analysé les figures du Tarot, les deux autres acquis une grande célébrité comme cartomanciens.

Aujourd'hui, la cartomancie est le procédé le plus employé par les devins professionnels.

Il semble donc probable que leur usage comme moyen de divination ne remonte pas au delà de la seconde moitié du XVIe siècle et qu'il ne s'est généralisé qu'à la fin du XVIIIe siècle.

5. Date des costumes des figures et des symboles astronomiques

Cette constatation ne résout pas le problème de l'origine du Tarot, car l'examen général des figures de ce jeu indique une origine beaucoup plus ancienne que le XVIe siècle. L'étude de leur symbolisme apparent nous ramène au second siècle après l'ère chrétienne, et cette estimation n'est qu'approchée, comme j'essaierai de le montrer.

Le second siècle de notre ère évoque de grands souvenirs. La civilisation hellénique était à son apogée, elle dominait dans toute l'Asie antérieure, et en Égypte : Alexandrie était la capitale intellectuelle du monde méditerranéen. La philosophie et l'astronomie étaient enseignées avec le plus grand éclat et bientôt Ptolémée devait fonder l'astronomie scientifique et préciser les règles de l'astrologie dans des livres admirables: L'Almangeste et le Quadripartite.

La civilisation égyptienne avait exercé une certaine influence sur la pensée grecque. L'idée de l'unité divine, dont le Soleil était le symbole matériel, existait dans les conceptions religieuses de l'ancienne Égypte et la tentative d'Amen Hotep (Aménophis IV) père de Tout-an-Kamon fondateur de la ville de Kout-Aten, dont les ruines se trouvent à Tell el Amarna, avait pour base le culte du disque solaire, compris comme le symbole du Dieu unique et tout-puissant.

Il n'est donc pas déraisonnable de penser que les Égyptiens de haute culture considéraient leurs multiples dieux comme des aspects de l'unité divine et que leurs idées avaient évolué du polythéisme primitif, faisant une divinité de chaque force de la nature, au monothéisme résumant dans une intelligence suprême, infinie et incompréhensible la puissance régissant l'Univers.

6. Le Tarot est un livre écrit en symboles

La légende veut que la science secrète des Égyptiens sait été résumée dans des livres attribués à Thot, l'Hermès Trismégiste des Grecs. Ces livres n'auraient pas été écrits en langue vulgaire, ni en caractères sacrés hiéroglyphiques, mais conçus en la forme de figures symboliques, intelligibles seulement à ceux qui avaient été initiés à leur sens caché.

Les initiations de ce genre étaient fréquentes dans l'antiquité, on en connaît plusieurs cas. Le Culte de Bacchus, celui de Déméter, l'Orphisme, avaient leurs mystères et leurs initiés. On sait le rôle qu'ont joué les mystères d'Éleusis dans le monde hellénique.

Il n'y aurait rien d'invraisemblable à penser que certains de ces cultes, dont l'idée fondamentale était l'Unité de l'être suprême, la confiance dans sa justice et sa bonté, n'eussent transmis leur enseignement secret par des symboles. Les initiés seuls en connaissaient la clef, pouvaient les comprendre et les interpréter. Il était naturel de cacher leur sens secret sous les symboles de la religion vulgaire, de considérer chaque divinité païenne comme un des attributs de la puissance du Dieu unique, et celui-ci trouvait son emblème le plus simple et le plus clair dans le Soleil, qui régit les saisons et assure aux êtres vivants les conditions nécessaires à leur existence.

Cette hypothèse, en la formulant avec réserves, en la considérant comme un instrument de travail, permet d'édifier un système de symbolisme cohérent, logique et intelligible qui s'applique sans difficulté au Tarot, comme significateur de l'évolution cosmique (arcanes majeurs) et de la vie humaine (arcanes mineurs).

Ce mode, d'expression de la pensée est naturel. Les premières annales commémorant les principaux événements survenus au cours de la vie d'une collectivité ont été des figurations concrètes, rappelant les événements. L'écriture de certaines tribus peaux-rouges en est un exemple bien connu.

Il semble que les hiéroglyphes égyptiens aient été primitivement des symboles du même genre : il en est peut-être de même pour l'écriture chinoise, dans laquelle chaque lettre exprime un mot ou une idée. Les emblèmes héraldiques, dont la connaissance constitue la science du blason, sont aussi des symboles.

Enfin le geste, principe du rituel religieux, de la cérémonie magique et de l'étiquette, règle des relations courtoises entre les hommes, est souvent un langage symbolique, surtout employé pour l'expression des idées abstraites telles que le respect, la crainte, la prière, la confiance, la sincérité, l'amitié, dans les sociétés où les mots manquent encore pour exprimer des abstractions.

Il y a beaucoup d'exemples de l'emploi des symboles comme langage ou écriture figurée. Les uns sont simples et accessibles à tous les membres de collectivités ayant les mêmes usages et la même civilisation. Les autres ne sont intelligibles que pour ceux auxquels on a appris leur sens. Ce sens d'ailleurs doit être facile à retrouver une fois que la clef ou les clefs de leur déchiffrement sont connues.

7. Méthode d'analyse

En résumé, en adoptant provisoirement l'hypothèse que le Tarot est une sorte de livre écrit en symboles et que ces symboles sont empruntés aux idées contemporaines générales de la philosophie alexandrine, des cultes gréco-syriens de l'Asie antérieure et de la Science de l'Univers au IIe siècle après Jésus-Christ, on arrive à découvrir le mécanisme d'une symbolique extrêmement riche et savante.

Y a-t-il quelques raisons sérieuses pour adopter les principes de la méthode ci-dessus exposée ? C'est à mon lecteur d'en être le juge : je ne lui demande qu'un peu d'informations sur l'histoire des divers éléments dont je viens de donner le résumé.

Si cette condition est remplié, il pourra être un juge averti ; dans le cas contraire, il ne le serait pas. Il lui suffira d'avoir parcouru — il vaudrait mieux avoir attentivement lu — quelques ouvrages sur l'histoire de la philosophie, sur celle des religions méditerranéennes, de l'astronomie ancienne, intimement liée à l'astrologie et de la mystique des nombres.

Il lui sera également nécessaire, s'il veut apprécier les éléments du problème en connaissance de cause et non pas se distraire simplement, d'examiner chaque arcane pour en suivre l'analyse. Le moindre détail a son importance : dès qu'il s'agit de symboles figurés.

Sans la préparation élémentaire que je demande au lecteur, les raisonnements et les déductions que j'en tirerais ne lui apparaîtraient pas dans toute leur clarté. Je ne lui demande pas de me faire confiance et de considérer comme vraies toutes mes indications.

Avant de procéder à cet examen, je préciserai la méthode que je compte suivre. Elle se fonde sur les principes suivants.

8. Analyse du symbole

Un symbole est une figure ou un ensemble de figures qui comporte un sens apparent, généralement simple et facile à comprendre, et un autre sens qui ne se révèle que par l'évocation d'idées plus complexes cachées dans la simplicité apparente de la figure. J'en donnerai des exemples au cours de la présente étude et j'en citerai ici seulement quelques-uns pour rendre claires les idées directrices de la méthode adoptée.

Chaque arcane majeur porte un numéro et un titre ou rubrique. L'ordre numérique paraît correspondre au développement logique des idées, comme le numérotage des pages d'un livre correspond à leur suite logique. Il n'en est pas de même des titres qui peuvent exprimer une tradition ancienne, vulgaire ou exotérique, mais ne sont pas en harmonie avec le sens caché. Si le symbole est trop facile à lire, le caractère secret ou occulte du livre est mal gardé ; il faut que le lecteur se défie de l'interprétation ou de l'attribution trop simple et l'utilise non comme une indication immédiatement exacte, mais comme un repère conduisant au sens véritable.

Les titres ne donnent que la première indication. Celle-ci est souvent très naïve et manifestement erronée, Tel est le cas du Pape et de la Papesse, lames V et II. Le vrai Pape a une tiare blanche, un vêtement blanc et porte un crucifix. La figure du Tarot a une tiare jaune, un vêtement bleu, un manteau rouge ; il tient dans la main droite une croix lorraine à trois branches surmontant un long bâton.

Dans d'autres lames, l'erreur est moins facile à découvrir, par exemple dans l'arcane XVIII intitulé : « La Lune ». On y voit figurer « la lune », deux chiens, des constructions comme des tours de forteresse, une pièce d'eau dans laquelle se cache une énorme écrevisse. Beaucoup d'exégètes l'attribuent à la Lune, qui, en réalité, est l'Isis syrienne de la 2e lame. La XVIIIe doit être attribuée au signe zodiacal tropique du Cancer, domicile astrologique de la Lune, qui est représenté par l'écrevisse.

Là, est le sens ésotérique. La Lune est figurée, mais son rapport avec le signe du Cancer est un lien que les personnes versées dans la science des rapports occultes des astres connaissent seules ; c'est le sens dérivé, ésotérique, et le symbole doit être compris, non avec des associations d'idées se rattachant principalement à la Lune, mais à celles qu'évoque le symbolisme du Cancer.

La première règle de la méthode est donc de ne pas chercher la clef du symbole dans la serrure, mais dans un endroit caché.

Pour y arriver, il faut connaître cette clef : on ne la reconnaîtrait pas sans cela. Il est donc nécessaire de la déterminer, et cette opération se fait par l'examen de l'ensemble des symboles. La clef doit donner à tous Les emblèmes un sens clair, cohérent, logique. C'est en employant cette méthode que l'on arrive à déterminer aisément la clef principale du Tarot qui est le symbolisme astrologique des astres du système solaire et des constellations zodiacales.

Il arrive souvent que le symbolisme soit complexe et emprunté à plusieurs systèmes. On les découvre par la même méthode.

C'est ainsi que dans les arcanes majeurs le symbolisme astrologique est complété par celui des nombres et des couleurs. Dans les arcanes mineurs, c'est le symbolisme des nombres qui domine, associé à celui des couleurs.

Enfin, pour se rendre un compte exact de la valeur réelle du symbole et de sa signification véritable, il est nécessaire d'avoir quelques notions des idées dominantes à l'époque à laquelle les symboles ont été conçus. Les interpréter avec nos idées modernes ne nous conduirait à rien d'intéressant pour l'histoire du développement. secret de la philosophie humaine.

9. Clef des symboles du Tarot

Examinons les 22 arcanes majeurs. Ils sont fondés sur un symbolisme astrosophique comprenant des données scientifiques et para-scientifiques : l'astronomie et l'astrologie.

Je n'ai pas à justifier les prétentions de l'astrologie à être une science. Ce sujet a été traité par Choisnard, dont les œuvres sont d'une importance telle qu'on ne saurait les passer sous silence.

Je ne retiens l'astrologie qu'au point de vue des sources du symbolisme spécial au Tarot : il paraît évident que les arcanes majeurs ont pour clef interprétative les attributs des planètes, des signes du zodiaque et des nœuds ascendant et descendant de l'orbite de la lune ; cela est manifeste pour les arcanes VI, VIII, XI, XII, XIV, XVII, XVIII, XIX, XXI. L'analyse sommaire de ces figures justifiera cette hypothèse, nous donnera de précieuses indications sur la date à laquelle ont été fixés les costumes de la plupart des figures et sur celle à laquelle leur symbolisme primitif a été conçu.

Les 22 arcanes majeurs ont été l'objet d'analyses savantes, dont Court de Gébelin a été l'initiateur en France.

Il y à vu des symboles d'origine égyptienne. Son excuse est dans l'antériorité de ses recherches, qui ont précédé les découvertes de Champollion. Court de Gébelin aurait dû cependant reconnaître, au premier examen, que le costume des personnages figurés sur les arcanes majeurs, notamment I, II, III, IV, V, VI, VII, VIII, IX, XI, XVI, XX, sont étrangers à l'Égypte. Les personnages habillés ont un costume qui date et localise leur origine.

Elle est clairement allemande. L'aigle impériale, dessiné sur les figures III et IV, l'Impératrice et l'Empereur, ne laisse aucun doute à ce sujet, pas plus d'ailleurs que les qualifications impériales des personnages.

Au surplus, le sceptre — globe surmonté d'une croix — confirme cette attribution. J'en dirai autant des costumes masculins des arcanes IV, XII, 0 (ou XXII le Mat) et féminins des arcanes XI et XIV.

Les inscriptions françaises nous révèlent que le type des figures créé au XVe-XVIe siècles a été francisé. La date de l'édition et le nom du cartographe figurent sur le Deux de Deniers : Nicolas Conver 1760. L'édition est donc donnée dans un pays de nationalité française, rattaché à l'Autriche, revenu à la France entre 1550 et 1760 ; cela s'applique à la Franche-Comté, qui appartenait à la fille du duc de Bourgogne, Charles le Téméraire, et passa, après le mariage de cette princesse, avec les domaines de cette Maison, aux mains de Maximilien d'Autriche pour être reprise sous Louis XIV.

Ces considérations nous permettent les conclusions suivantes :

L'édition, jugée correcte, a été dessinée entre 1475 et 1550 dans l'Allemagne du Sud ; elle a été rééditée en 1760 en Franche-Comté.

Il en est de même de l'autre édition (Arnoult, 1748) où le Pape et la Papesse sont remplacés par Jupiter et Junon ; l'ambiance justifiait la substitution aux figures du

Pape et de la Papesse, celle de Jupiter et Junon, qui n'avaient rien de compromettant au point de vue orthodoxe.

Avant de pousser plus loin l'analyse de l'origine des Tarots, il est nécessaire d'examiner les arcanes majeurs à trois points de vue :

1. Leur signification traditionnelle ;
2. Les clefs de leur symbolisme, l'astrosophie, les nombres, les couleurs ;
3. La date et la région probable de leur établissement.

10. Les arcanes majeurs sont des symboles astrosophiques

Il y a 22 arcanes majeurs.

A la suite de Court de Gébelin, Saint-Martin le philosophe inconnu, Fabre d'Olivet, et plus tard Éliphas Lévi et son école, Guaita, Picard, Oswald Wirth, Papus et d'autres occultistes de grande réputation, ont rattaché les arcanes majeurs à la mystique de l'alphabet hébraïque. Cet alphabet compte 22 lettres et l'assimilation était tentante. Elle ne résiste pas à l'analyse. En mystique numérique, le chiffre 22 n'a rien de créateur. 11 et 2, dont il est le produit sont des nombres passifs ; ce sont des expressions symboliques du Binaire, dont le sens occulte est réceptif et limitatif.

On n'avait pas trouvé la clef qui donne accès au symbolisme véritable. On voyait bien que les arcanes majeurs se rattachaient à un symbolisme astronomique, mais si l'on trouvait 19 symboles, 12 signes zodiacaux et sept luminaires ou planètes, on n'arrivait pas au nombre 22.

LE MAT

On oubliait le rôle important que joue, dans les religions helléniques du type orphique, la Tête et la Queue du Dragon, nœuds ascendant et descendant de l'orbite lunaire. On oubliait aussi le symbolisme négatif de l'arcane XXII. Il a cependant sa place dans le système cosmogonique du Tarot. C'est, en effet, le symbole du Néant, néant relatif, non pas absolu. Il n'a aucun nombre ; il est hors série et sa signification est assez clairement indiquée par la figure qui le sous-entend. Son titre est « le Mat », le fou ; le mot est sans doute dérivé de l'italien « matto » ; le sens général et philosophique est caché dans les idées qu'exprime ou qu'évoque l'être inintelligent qui vagabonde en costume de fou et marche indifférent aux morsures de l'animal qui lui déchire les jambes. Sa face est sans expression ; son regard est perdu dans le vague. Le sens est limpide : c'est l'insensibilité et l'inintelligence. Le Mat est, en dehors du triple septénaire, numéroté de I à XXI. Il est donc en dehors de l'Univers dont le nombre est 3 X 7.

11. Le symbolisme des nombres et des couleurs dans le Tarot

L'apparition de 3 et 7 comme bases numériques occultes de l'Univers manifesté rappelle toutes les analogies mystiques de ces deux nombres, dont la somme théosophique ramène à l'unité.

La somme théosophique des nombres s'obtient en additionnant les chiffres composant un nombre et en continuant l'opération jusqu'à ce qu'on arrive à un nombre compris entre 1 et 9, par exemple 1875 aura pour nombre résiduel $1 + 8 + 7 + 5 = 21 = 2 + 1 = 3$.

Nous aurons fréquemment à rechercher dans le Tarot la clef des nombres que nous rencontrerons. Les neuf premiers nombres donnent en mystique la racine de tous ceux dont ils sont la clef ; ils se comportent vis-à-vis d'eux comme un principe général dont leurs dérivés sont des cas particuliers.

Les idées générales ou principes des neuf nombres radicaux peuvent se résumer comme il suit :

1. L'unité est le principe créateur, l'élément mâle, la puissance active et positive :

2. Le Binaire, le principe fixateur, l'élément féminin, la puissance réceptive, opposante et négative.

3. Leur produit : l'enfant, l'acte créateur en voie d'exécution, l'évolution.

4. Le second état passif : premier nombre à isomorphes $4 = 2 + 2$, 2×2, et $3 + 1$. Les deux premiers états sont passifs, négatifs et inertes, leurs facteurs étant binaire. Le troisième est, au contraire, un quaternaire apte à l'évolution, ses deux principes étant actifs. 4 est le premier carré.

5. Deux isomorphes : $2 + 3$, $4 + 1$. Le premier est le binaire, opposition passive, inertie immobilisant l'évolution. Le second est un quaternaire prêt à recevoir l'impulsion de l'unité nouvelle : la matière parfaite (4 par $3 + 1$) est apte à la fécondation et à recevoir la sensibilité.

6. Quatre isomorphes : $1 + 5$, $2 + 4$, $3 + 3$, 2×3. Le premier, le troisième et le quatrième sont des sénaires d'équilibre instable où l'élément impair et actif domine ; ces sénaires sont prêts à recevoir l'influx de l'unité nouvelle, le terrain convient à sa réception : dans $2 + 4$ le terrain est stérile, la passivité, l'opposition constituant des obstacles à l'action motrice de l'unité nouvelle.

7. Trois isomorphes : $1 + 6$, $2 + 5$, $3 + 4$. Le premier et le troisième sont des éléments de progrès, avec une différence : $1 + 6$ est l'équilibre qui reçoit le mouvement de l'unité ; le $3 + 4$ est l'évolution s'attaquant à la matière non préparée et en subissant l'influence régressive. $2 + 5$ est pire, c'est la sensibilité uniquement régressive, la sensualité.

8. Ce nombre est considéré par les mystiques comme très important. Il comporte cinq isomorphes : $1 + 7$, $2 + 6$, $3 + 5$, $4 + 4$, 2^3. Le premier constitue le 8 progressif. L'équilibre qui en résulte est instable et propice aux chan-

gements rapides qui forment la base matérielle de la vie. Cet équilibre particulier, dû à l'action de forces actives, constitue l'essence de l'octénaire occultement parfait, dans lequel le progrès se prépare. C'est la matrice où se forme l'unité nouvelle, le germe de l'homme nouveau, du deux fois né. Le 2 + 6 est l'équilibre dans l'harmonie matérielle ; le 3 + 5 est un équilibre instable, dans lequel la sensibilité (5) évolue (3) dans une direction mauvaise celle des sens ; 4 + 4 est la stagnation, l'opposition de deux états passifs équivalents. C'est le nombre de l'indécision, de l'inactivité, 2^3 est l'équilibre impatient dans l'action impuissante à réaliser. Ce 8 est le premier nombre cubique, quelquefois il prépare au progrès.

9. Est enfin un nombre très mystérieux : c'est un impair passif, en ce sens que son activité se concentre dans un travail de préparation intérieure, de maturation.

Le 8 est le réceptacle du germe de l'homme régénéré, le 9 est sa gestation. Il y a cinq isomorphes de 9 : 1 + 8, 2 + 7, 3 + 6, 4 + 5 ; 3^3. Le seul vraiment fécond est 1 + 8 ; l'unité nouvelle donne le mouvement au germe et anime sa maturation jusqu'à la naissance. 2 + 7 : c'est. la science et l'intelligence restant dans la matière ; 3 + 6 a le même sens dans une direction un peu différente plus esthétique qu'intellectuelle (je ne dis pas spirituelle, sens réservé à 1 + 8) enfin le 4 + 5 est la stagnation dans la basse sensibilité. 3^3 est le progrès dans l'erreur, par suite de la non fécondation due à la réception de l'unité.

Aussi le véritable neuf, 1 + 8 est le seul nombre prêt à la mise au monde de l'homme régénéré, revenant par le 10 à l'unité spirituelle.

Il faut remarquer que le caractère d'activité interne fait supposer que dans le 9 par 1 + 8, l'unité qui s'ajoute au 8 se partage entre les deux 4, de manière à constituer schématiquement 9 par 4½ + 4½ dans lequel chacune des moitiés incomplète absorbera la moitié de l'unité qui constituera le 10. Le rythme habituel du pair à l'impair est rompu par le 9 qui, impair et positif à l'égard du 8, joue le rôle d'un nombre pair et négatif à l'égard du 10.

Le 10 lui-même quoique pair est impair et positif par sa racine. Le 9 joue le rôle que jouent les demis tons dans la gamme musicale.

Que nous disent aujourd'hui les physiciens ? Le Pr. Boutaric, dans son livre *La physique moderne et l'électron*, Paris, Alcan, 1927, in-18, livre très clair pour une œuvre aussi savante, doit être cité aux curieux de la mystique des nombres. L'unité, le 2, le 6, le 7, le 8 et le 9, paraissent jouer dans la constitution des corps simples, un rôle analogue à celui que leur prête la philosophie secrète des nombres.

D'après les théories actuelles, il ne pourrait exister que 92 corps simples. On en connaît 86. L'uranium clôt la série par le nombre 92 qui est 9 + 2 = 11 = 2. L'inertie du Binaire marque cet arrêt.

Il y a 6 gaz rares qui « ont une très grande stabilité chimique ; il est très difficile, sinon impossible de les faire entrer en combinaison ». (*op. cit.*, p. 106).

Leur nombre d'électrons est le suivant :

Hélium 2 = 2 X 1^2

Néon $10 = 2 \times (1^2 + 2^2)$

Argon $18 = 2 \times (1^2 + 2^2 + 2^2)$

Kpypton $36 = 2 \times (1^2 + 2^2 + 2^2 + 3^2)$

Xénon $54 = 2 \times (1^2 + 2^2 + 2^2 + 3^2 + 3^2)$

Emanation du radium $86 = 2 \times (1^2 + 2^2 + 2^2 + 3^2 + 3^2 + 4^2)$ soit 1° sénaire ; 2° le binaire qui se manifeste avec évidence.

M. Boutaric ajoute en note (*loc. cit.*):

« L'atome d'hydrogène a un électron, celui d'hélium en d deux qui se trouvent sur la même couche. Avec le lithium (3 électrons) on voit apparaître la deuxième couche sur laquelle gravitent un électron pour le lithium, deux pour le glucinium (ou beryllium) et ainsi de suite ; le nombre des électrons contenus dans cette couche augmente d'une unité jusqu'au néon et devient alors égal à huit. Avec le sodium apparaît la troisième couche sur laquelle le nombre des électrons... augmente d'une unité jusqu'à l'argon qui en contient huit. Ainsi s'engendrent les éléments successifs... par complication croissante du noyau et formation de nouveaux anneaux internes dès que l'anneau extérieur comprend huit électrons. »

En se reportant au tableau des éléments p. 100 et 101, on constate : que les six gaz inactifs correspondent au Binaire, que les sept suivants terminant la série octénaire, sont actifs, et qu'au neuvième on retrouve le gaz inactif supérieur, qui amorce la nouvelle série, commençant au dixième électron.

On voit que le huitième corps clôt une série active et l'arrête ; que le neuvième marque cet arrêt et prépare dans le repos l'arrivée de l'unité nouvelle. Tout cela rappelle l'activité du septénaire, l'équilibre de l'octénaire, la maturation du novénaire.

12. Les nombres dans les trois mondes

Il est nécessaire, quand on veut pénétrer le sens profond des symboles du Tarot, de tenir compte de leur triple signification. La philosophie hermétique divise l'Univers en trois modes ou plans d'existence :

1. Le monde matériel ou élémentaire ;
2. Le mande de l'intelligence ou spirituel ;
3. Un monde intermédiaire, céleste ou astral, qui relie le monde supérieur spirituel au monde inférieur matériel. Ce monde astral est lui-même divisible en deux parties : l'une connexe au monde spirituel, l'autre au monde matériel. Le monde spirituel correspond à l'intelligence et aux idées ; le monde astral à celui des formes, matrices des réalisations matérielles qui se font dans le plan élémentaire. Chaque symbole a trois sens, correspondant à chaque plan, et voici d'une manière générale les correspondances des nombres :

Plan matériel	Plan astral	Plan spirituel
1. Force génératrice mâle active : attraction, cohésion.	Force formatrice : désir.	Force créatrice : volonté.
2. Force génératrice féminine.	Force plastique.	Force fixatrice, réflexion, connaissance.
3. La progéniture, la multiplication, l'accroissement.	Force déterminant les formes.	Force évolutive.
4. La matière à son état parfait.	L'équilibre élémentaire.	L'œuvre créatrice réalisée.
5. L'irritabilité, la sensibilité.	Le sentiment.	La pénétration de l'esprit dans les mondes inférieurs.
6. L'harmonie des éléments et de leurs facultés sensitives.	L'équilibre entre les forces inférieures et supérieures. La responsabilité et le choix.	L'appel des êtres inférieurs vers le progrès.
7. L'évolution vers l'intelligence.	La connaissance de la nature par les sens.	La connaissance de la nature par l'esprit.
8. La stabilisation. La préparation intérieure à un progrès nouveau.	L'orientation, genèse des formes réceptrices du germe de l'homme nouveau.	La semence de l'homme nouveau.
9. Maturation intérieure de la 9° unité préparant la 10°.	La gestation du germe de l'homme nouveau.	La maturation de l'homme nouveau par l'influence de l'esprit.
10. La sortie de la matière inférieure.	La naissance de l'homme nouveau.	La formation de l'être spiritualisé.

Cette évolution de l'unité simple à l'unité dénaire n'aboutit pas toujours à cette naissance de l'être nouveau, spécialement de l'homme nouveau, car le cycle de l'évolution continue encore par le Valet, le Cavalier, la Dame et le Roi, c'est-à-dire par le 11, retour du binaire, par le 12, retour du ternaire, par la Dame retour du quaternaire, par le Roi retour du quinaire et pénétration dans un monde supérieur à celui de la sensibilité et des-sens, déterminant un progrès comme celui qu'apporta jadis l'octroi de la sensibilité à la matière.

Il ne faut pas oublier enfin que l'évolution progressive dépend toujours de l'être responsable qui évalue et quels chute est toujours possible, quelle que soit la hauteur on l'être se soit élevé.

13. Les couleurs

Les couleurs ont également une signification : on rencontre dans le Tarot, le bleu, le vert, le jaune, l'orangé, le rouge ; le blanc et le noir.

La couleur orangée ou chair est réservée aux parties, découvertes du corps, aux animaux figurés (sauf dans l'arcane VII où les chevaux traînant le char sont bleus) à tout ce qui symbolise la matière.

Le blanc signifie la pureté, l'absence d'égoïsme.

Le jaune caractérise l'esprit, l'intelligence.

Le bleu, l'appétence, le désir, la volonté.

Le rouge, la force créatrice, formatrice, génératrice.

Le vert représente la vie.

Le noir exprime la vanité du monde manifesté, le néant réel des choses de ce monde.

Ces significations rattachent le jaune au Soleil, le chair à la Terre, le rouge à Mars, le vert et le bleu à Vénus, le‘ violet et le bleu à Jupiter et à la Lune (bleu clair), le noir à Saturne, le blanc et orangé à Mercure (Hermès) et à le Lune (blanc bleuâtre).

Mais les auteurs ne sont pas d'accord sur ce point. Le sens général dont je viens de donner l'ébauche comporte des variations qui dépendent, soit du plan ou monde considéré, soit des circonstances spéciales à chaque lame. Ces dernières sont moins importantes.

14. Analyse et combinaison des symboles

Dans l'analyse des symboles que l'on cherche à interpréter, il faut adopter une méthode simple et logique.

Le symbole est l'expression d'une idée par un signe. C'est une des formes primitives de l'indication des sentiments et des abstractions ; elle est encore en usage chez les animaux qui expriment la joie, la peur, la colère par des gestes, des attitudes, des cris. Les peuples primitifs ont peu de mots pour traduire les idées abstraites ; leur vocabulaire comprend surtout des mots s'appliquant à des choses concrètes ou à des actes usuels. Chez eux, l'attitude, le geste, le symbole est employé pour exprimer les idées de paix, de bon vouloir, de respect et en général les dispositions de l'âme et les sentiments. Cela explique le cérémonial souvent compliqué de ces peuples.

Cet usage s'est conservé dans le cérémonial religieux, dans beaucoup de rites d'étiquette chez les peuples civilisés. Le fidèle s'agenouille ou se prosterne pour témoigner son respect à la divinité ; l'homme poli se découvre pour saluer, se lève devant une personne qu'il veut honorer.

La conservation du cérémonial est surtout observable dans les rites de la magie évocatoire, rites qui conservent encore l'usage de langues depuis longtemps disparues, par exemple l'hébreu et le latin dans la magie contemporaine, l'accadien dans la magie chaldéenne.

Le symbole est donc l'expression par une chose visible, d'une idée ou d'un sentiment. Nous avons encore le langage des fleurs et les écritures idéographiques de la Chine, des Peaux-Rouges, de l'Égypte ancienne.

Le sens du symbole n'est pas toujours le même : si certains gestes, certaines attitudes exprimant le respect, la crainte, la joie, l'amitié ont un sens assez général pour être, communs aux hommes et aux animaux supérieurs, d'autres — les plus nombreux — ont un sens qui est déterminé d'une manière plus spéciale, plus limitée. Il en est ainsi pour les couleurs, les signes des actes familiers dans chaque civilisation, les emblèmes des honneurs ou des dignités, la représentation des divinités et des actes cultuels, l'expression d'idées abstraites ou scientifiques, etc...

Pour comprendre un symbole, il faut donc rechercher le système particulier auquel il est emprunté, et l'interpréter à l'aide des idées associées, dans ce système, à celle qui forme le sens général du symbole choisi.

La croix, par exemple, empruntée à une systématisation religieuse chrétienne, comporte une richesse symbolique si grande et si variée, que l'échelle de ses significations va de l'idée de souffrance et de mort jusqu'à celle d'honneurs et de distinctions.

Le deuil s'exprime tantôt par le blanc, tantôt par le noir ou le violet.

La première étape de l'analyse est la découverte du système auquel le symbole se rattache. Il arrive souvent que le symbolisme employé dépend de plusieurs systèmes associés, qu'il faut reconnaître et déterminer.

La première règle est de chercher l'idée la plus simple et la plus générale que le symbole offre à l'esprit. Cette idée centrale doit être apparente.

Recherchons par exemple le système du symbolisme adopté dans les arcanes majeurs du Tarot.

Six d'entre eux nous frapperont par des figurations de signes astronomiques. Les arcanes VI, VIII, XIV, XVII, XVIII, XIX.

VI porte une grande étoile, dans laquelle est un enfant lançant une flèche. Cela évoque l'idée du Sagittaire, constellation zodiacale.

VIII, une femme ayant une épée et une balance à la main, évoque l'idée de 'justice, mais aussi celle de la constellation équinoxiale de la Balance, 7e signe du Zodiaque.

XIV, une femme qui verse de l'eau d'un 'vase dans un autre rappelle le Verseau, l'aquarius latin, XIe constellation du Zodiaque.

XVII, 8 étoiles au-dessus d'une femme nue, agenouillée dans l'eau où elle puise et verse le liquide à l'aide de deux vases ; cela fait penser aux Pléiades, 7 étoiles, qui dépendent de la Constellation zodiacale du Taureau, et à l'œil du Taureau étoile de première grandeur, Aldébaran. Dans l'arcane XVII, cette étoile est représentée comme plus grande que les sept autres. Notre interprétation sera justifiée par le symbole de l'eau versée, les Pléiades annonçant les pluies du printemps par leur lever en même temps que le Soleil, quand il y a quatre mille ans l'équinoxe de printemps était dans le Taureau.

XVIII représente la Lune ; au-dessous-d'elle deux chiens hurlent ; ils sont auprès d'un bassin au fond duquel on aperçoit une écrevisse. Les idées évoquées sont la

Lune, et son domicile astrologique la constellation tropicale du Cancer, le crabe ou l'écrevisse. Nous choisirons cette dernière, comme plus caractéristique.

XIX représente le Soleil, brillant au-dessus de deux personnages nus. Deux idées sont évoquées par cette figure : celle du Soleil et celle de la constellation des Gémeaux ou Jumeaux (Gemini). Nous pouvons hésiter dans le choix, mais il y a des raisons pour attribuer au Soleil une autre lame, et-nous choisirons comme symbole exprimé la constellation des Gémeaux.

Il y a donc clairement, pour ces six arcanes, l'indication d'une systématisation astrologique.

On en trouve d'autres, moins apparentes. Prenons a XIIe lame, le Pendu. Ce n'est pas un pendu ordinaire. Il est suspendu par un seul pied, la tête en bas. Sa jambe droite, repliée, figure grossièrement, en croisant la gauche qui est droite, un 4 renversé. Ce chiffre a préoccupé certains analystes du Tarot ; peut-être a-t-il un sens, mais ce sens est très relatif et se limite aux peuples faisant usage des chiffres arabes, qui n'ont été introduits en Europe qu'au Moyen Age. Pour des raisons qui seront développées plus loin, le système des symboles du Tarot paraît appartenir à la civilisation hellénique de l'Asie antérieure. Or, nous trouvons justement dans les figurations religieuses d'un culte phrygien, étroitement lié à celui de Déméter, la 12e lame du Tarot. C'est la représentation d'Atys, divinité solaire. Il est figuré tantôt pendu par les deux pieds, tantôt suspendu par une jambe, tantôt libre. Ce sont des symboles astronomiques, exprimant la pendaison par une jambe, les équinoxes, dans lesquels le Soleil est à mi-chemin des solstices, et les jours sont égaux aux nuits. Atys libre, c'est le solstice d'été, où le Soleil a toute sa force ; lié et pendu par les deux pieds, c'est le solstice d'hiver, pendant lequel la vie de la terre semble arrêtée.

Le pendu est donc Atys, ou le Soleil, c'est un signe équinoxial. L'idée de l'équinoxe est rappelée par les poteaux verticaux supportant la traverse à laquelle la figure est attachée. Chaque poteau comporte six branches coupées 6 + 6 = 12, ce sont les douze mois de l'année. L'année est divisée en deux parties égales par l'équinoxe, époque es jours et des nuits égales. Comme l'autre signe équinoxial est là Balance, nous sommes logiquement amenés à attribuer la XIIe lame au Bélier.

15. L'idée fondamentale du symbole et les idées associées

La seconde règle est de reconnaître les principales associations d'idées qui se greffent sur l'idée fondamentale du symbole. Quand il y a plusieurs systèmes d'associations de ce genre possibles, il faut choisir celui qui correspond le mieux au sens principal.

Ce choix se fait d'après les symboles accessoires. Dans les exemples plus haut étudiés, cinq lames sont à retenir pour illustrer l'application de cette règle, la VIe, la VIIIe, la XIIe, la XVIIIe et la XIXe. Je rappelle que le choix proposé a été en principe déterminé par la caractéristique du symbole.

Appliquons la deuxième règle à ces lames.

La VIe, au-dessous du symbole du Sagittaire, représente un homme qui choisit, entre deux femmes, celle qui sera sa préférée. Cela rappelle la fable d'Hercule choisissant entre la volupté et la vertu. Cette fable n'a que des rapports éloignés avec le symbolisme astronomique, Nous avons opté pour l'attribution de la VIe lame à la constellation du Sagittaire ; mais le symbole exprimé par les personnages détermine le sens de l'arcane. C'est l'idée de choix, choix qui n'est pas absolument libre, car il intervient sous l'action d'une influence céleste symbolisée par la flèche lancée du ciel. C'est donc l'idée complexe de choix provoqué par cette influence, de décision à prendre sur un appel supérieur. Tel sera le sens profond du VIe arcane, et nous constaterons que cette interprétation convient à l'explication cohérente que je propose.

Le VIIIe arcane paraît devoir être attribué à la constellation de la Balance. Le personnage figuré a les attributs de la Justice : le glaive et la balance ; mais il n'a pas les yeux bandés. C'est donc une justice particulière, qui ne se borne pas à écouter, mais qui voit en même temps. C'est une justice d'ordre supérieur, qui puise en elle-même ses inspirations et ses décisions. Nous verrons encore que cette interprétation concorde avec la lecture logique que nous ferons des symboles ; tout le système d'associations d'idées cohérentes dérivées de ce symbole, se groupe autour des notions d'équilibre et de justice.

La XIIe lame, le Pendu, nous a paru devoir être attribuée au Bélier ; c'est un symbole appartenant à une religion solaire, dans laquelle le Soleil est pris comme générateur de la vie, selon sa position. Il naît à l'équinoxe de printemps ; les récoltes germent et poussent ; il est en pleine vigueur au solstice d'été, il fait alors mûrir les fruits de la terre ; il décline à l'équinoxe d'automne pour être enchaîné au solstice d'hiver et la vie semble s'être retirée de la nature. On trouve quelques formes religieuses analogues, telles que le culte d'Adonis en Syrie méridionale et le mythe d'Osiris, Isis et Horus dont l'origine est égyptienne.

En attribuant au Bélier le symbolisme de l'Isis syrienne, nous nous rappellerons l'idée associée qu'il suggère : le Soleil est le dispensateur de la vie sur la Terre. C'est la substance du mythe de Déméter et d'Atys.

La XVIIIe lame nous a causé des hésitations. Doit-elle être attribuée à la Lune ou au signe tropical du Cancer ? Nous avons conclu en faveur de cette dernière attribution. Les tropiques sont des cercles parallèles à l'équateur terrestre ; ils forment les limites supérieures de la montée et de la descente du Soleil au-dessus de l'horizon. Ils sont appelés tropiques parce que le Soleil après les avoir atteints se retourne (sens du verbe grec « tropeïn »). Il change de direction, commence à descendre après le solstice d'été, à remonter après celui d'hiver. Le Cancer est le signe du solstice d'été, époque de la maturation des germes de la vie végétale qui, pour se développer ont besoin des pluies d'automne et d'hiver. Au solstice d'hiver, ils se préparent à la vie nouvelle que leur apportera le soleil équinoxial du printemps.

Le solstice d'hiver doit correspondre au sixième signe après le Cancer. La règle n'est pas absolue dans le Tarot, car son auteur, hermétiste remarquable dont le nom demeure inconnu, suit un ordre différent pour échelonner les symboles. Nous en avons l'exemple dans les signes équinoxiaux qui sont numérotés VIII et XII. Il semble avoir observé une règle identique pour les signes solsticiaux car la Xe lame, la Roue de Fortune, paraît devoir être attribuée au Capricorne, et par suite être la sixième après le Cancer ; mais le chiffre porté par la lame du Cancer est 17 ; cela nous à apprend à ne pas tenir compte du rang numérique des lames pour déterminer leur attribution symbolique. Il faut pour cela partir du symbole principal, mais suivre une direction secondaire.

Alors, le sens de la XVIIe lame apparaît dans l'ordre logique. C'est l'emblème de l'origine de la vie ; l'eau, véhicule du germe et support de sa vie latente. Dans le monde intermédiaire, c'est la sensibilité, germe de la vie intellectuelle et de ses manifestations dans la matière.

Un raisonnement analogue nous conduit à l'attribution et à l'interprétation de la XIXe lame. Ce n'est pas le Soleil, mais le signe Zodiacal des Gémeaux qui paraît devoir être affecté à cet arcane. Il représente deux hommes baignés dans les rayons solaires. C'est la vie à 'la lumière du jour : c'est l'épanouissement du germe hors de la vie dans l'eau et l'obscurité, conditions nécessaires des premiers stades de son évolution.

Il en est ainsi des espèces inférieures comme des supérieures. Leur origine est dans l'eau des mers ; c'est le point de départ de l'évolution phylogénique, c'est-à-dire de l'espèce ; l'amnios est le liquide dans lequel se fait l'évolution du germe dans les espèces supérieures, évolution ontogénique, ou de l'individu. L'une-et l'autre aboutissent à la vie aérienne, dans la lumière du jour, fille du Soleil.

16. Du sens traditionnel donné aux arcanes

Il ne faut pas ensuite négliger le sens traditionnel donné aux arcanes majeurs ou mineurs. J'ignore l'origine de cette tradition, mais dans beaucoup de cas, elle concorde avec l'interprétation logique qui est proposée. Les sens qui paraissent être-en opposition avec le développement logique de la mystique religieuse, astrosophique ou numérique, s'y rattachent ordinairement par de claires associations d'idées.

Les significations traditionnelles les plus répandues des arcanes majeurs ne peuvent être séparées de leurs attributions astrologiques. En prenant pour base principale cette attribution et en la complétant par des éléments empruntés aux religions et aux philosophies anciennes, nous verrons si nous arrivons à construire un système d'interprétation cohérent et logique.

Livre II
Les Arcanes Majeurs

17. Le Mat — Rien n'existe qui ne soit une manifestation de l'intelligence

Le Mat, a déjà été décrit.

Droit : sens traditionnel : folie, imbécillité, faute grave.

Il faut distinguer dans le Tarot la position dans laquelle la carte se présente. Elle est droite, ou renversée. La signification change ; la carte dans la position renversée, c'est-à-dire la tête en bas, ou dans une position opposée à celle où se trouve l'inscription, a un sens généralement contraire à celui qu'elle a quand elle est droite. La règle la plus simple est de regarder si l'inscription est droite ou renversée, en bas ou en haut. Par exemple, la figure du Pendu, XIIe arcane, est droite quand le pendu a la tête en bas ; elle est renversée quand il a la tête en haut, ce qui est logique puisqu'il est pendu par le pied.

Renversé, le Mat a la même signification que droit, mais dans une mesure atténuée : faute ou maladresse.

Tel est le sens interprétatif traditionnel. Si l'on recherche ses rapports avec la signification symbolique de l'arcane, on s'aperçoit qu'il a un sens profond, Ce n'est pas le néant absolu, qui ne pourrait rien produire ; l'inexistant ne saurait être l'origine de l'être. Il y a quelque chose d'éternel, un principe de vie dont nous ne concevons ni l'origine, ni la fin. La limitation de nos facultés nous interdit d'aborder l'essence de la vie, que nous ne connaissons pas, ni ne pouvons connaître. Le Mat représente un inexistant relatif ; pour nous, en effet, l'existence se manifeste par la connaissance que nous pouvons en avoir par le canal de nos perceptions, c'est-à-dire par l'action combinée de notre sensibilité et de notre intelligence. La base de ce que nous appelons la vie est, relativement à nous, la réalité qui impressionne nos sens et forme, par l'intervention de notre intelligence, l'objet de notre expérience et l'aliment de notre activité rationnelle.

Matière, sensibilité, enfin intelligence, tels sont les trois éléments de la vie, telle qu'elle se manifeste à nous. L'élément essentiel est l'intelligence, la pensée. Le Mat, par conséquent, nous apprend que l'Univers tel qu'il est accessible au mode d'existence selon-lequel nous subsistons, n'est qu'une manifestation de l'esprit. Que rien n'existe pour mous. quand l'Intelligence demeure latente dans l'absolu de son Être ; qu'elle apparaît, pour nous, lorsqu'elle agit en dehors d'elle-même. Cette expression n'est qu'une image inexacte et grossière, elle traduit un rapport. relatif à nous, non une réalité transcendantale, car il y a d'autres modes d'existence que celui dans lequel nous sommes confinés.

Pour les êtres humains, l'Univers n'existe que par une manifestation de l'Intelligence suprême accessible à la faiblesse de la nôtre.

On comprend dès lors qu'un pareil symbole ne comporte aucune attribution dans un système coordonné. C'est comme la préface d'un livre, elle est en dehors du livre lui-même et prépare le lecteur à le comprendre. Il n'y a donc pas à considérer la lame non numérotée du Mat comme faisant partie du livre symbolique auquel elle sert d'introduction. Ce livre va de l'arcane I à l'arcane XXI et il est conçu dans la forme du triple septénaire.

L'émergence des nombres 3 et 7 qui se cachent au premier abord sous le masque du 2 et du 11 (22) nous ramène ; par l'analyse, à un nombre dont le sens est précis : 21 = 2 + 1 = 3 : l'évolution.

Dans le-symbolisme des Nombres, sur lequel je me suis expliqué plus. haut (N° 12) le 2 où Binaire, et le 11 (1 + 1 = 2) qui se ramène à lui, sont des nombres exprimant la passivité. Ils ne jouent le rôle, d'ailleurs important, qui leur est attribué, que si l'action de l'unité s'est déjà produite. L'unité les féconde en quelque sorte, leur apporte un germe que reçoivent les nombres pairs, dépendant tous du Binaire. Ce germe est la. matière à laquelle ils donnent une forme.

L'origine de ce symbolisme est claire. L'Unité, qui engendre en s'ajoutant à elle-même la série: indéfinie des nombres, apparaît à la pensée comme une force créatrice, dont la puissance est illimitée, mais qui seule ne détermine aucune réalité. La réalité naît dès que cette force est arrêtée, fixée dans une forme précise qui lui donne l'existence individuelle.

Cette propriété ne se manifeste pas si l'on raisonne sur les nombres, sans les figurer sous leur équivalent géométrique. Le deux, dans la numérique abstraite, est $1 + 1$. Deux unités qui s'ajoutent l'une à l'autre. Si de l'arithmétique on passe à la géométrie, c'est-à-dire à la science des rapports des nombres avec la matière selon les dimensions, longueur, surface et volume 1^1, 1^2, 1^3, le rôle fixateur et formateur du Binaire apparaît.

Une ligne est une série indéfinie de points c'est-à-dire d'unités se suivant les unes les autres, comme les anneaux d'une: chaîne. Mais si l'on choisit deux points sur cette ligne, elle prend une existence concrète et réelle : c'est une longueur qui a son individualité, non-ure ligne infinie et sans réalité concrète. La première est accessible à la mesure, l'autre ne l'est pas.

Dans le cercle et la sphère, cette loi exprimant le rôle du deuxième nombre apparaît encore plus clairement. Le point est le centre d'une infinité de cercles et de sphères ayant tous ce même point comme centre ; mais si, à une certaine distance du premier point, vous en déterminez un second, vous obtenez une ligne qui a une longueur fixe : c'est le rayon du cercle ou de la sphère et vous pouvez mesurer la surface ou le volume ainsi délimités et individualisés par leur rayon.

Ces exemples donnent une idée du sens symbolique du Binaire. La génération en nombre infini des germes fécondants n'arrive à réaliser un être nouveau que si le germe est arrêté, fixé et commence ainsi son existence individuelle et réelle.

C'est dans cette notion que se trouve l'explication du symbolisme sexuel de l'Un et du Deux, l'unité mâle et fécondante, le Binaire féminin et fécondable. Le mécanisme . psychologique de ce symbolisme éclaire une des lois qui régissent la formation des symboles.

19. Le binaire, le ternaire, le sénaire et le septénaire, le nombre n'est pas un chiffre, mais un composé

Ces indications nous permettent de comprendre les arcanes I et II. Toutefois, avant de les étudier, arrêtons-nous un instant sur le nombre 21 qui est celui des arcanes majeurs significateurs des principes généraux de la philosophie du Tarot.

Le 3, ou Ternaire, est le symbole de l'Univers manifesté, du monde à trois dimensions dans lequel nous existons. Le symbolisme du Ternaire est extrêmement riche, et dérive de ses propriétés arithmétiques et géométriques. Arithmétiquement, c'est 2 + 1 ; géométriquement c'est le triangle. Le symbolisme géométrique est plus facile à comprendre.

Le Binaire engendre la longueur ; le Ternaire, troisième point ou Unité, est déterminé par la réunion de ce troisième point aux deux extrémités d'une ligne en longueur existant déjà, étant entendu que ce troisième point est en dehors de la ligne considérée. C'est le triangle c'est-à-dire la première et la plus simple des surfaces. Le troisième point engendre la surface, comme le deuxième engendre la longueur. Il détermine une individualité nouvelle, qui résulte de la jonction du troisième point à deux autres points. D'où l'idée du père, de la mère, de l'enfant. Le Ternaire est donc l'emblème de la génération, de la fécondité, de l'accroissement et du progrès. C'est l'union du père et de la mère créant un nouvel être.

Le symbolisme du Sept ou Septénaire est plus compliqué. Il ne faut pas s'en 'étonner. Un des caractères les plus singuliers de la mystique des Nombres est la conception de leur constitution élémentaire. Les idées hermétiques sur ce point évoquent le souvenir de la chimie organique. Le nombre n'est plus un chiffre toujours semblable à lui-même ; c'est un composé dont les propriétés — le langage technique dit : « les vertus » — varient avec sa constitution. Il faut prendre garde à cette conception spéciale des Nombres quand on étudie leur mystique et leur symbolisme.

Prenons pour exemple le nombre 7. Il a trois isomorphes : 1 + 6, 5 + 2, 4 + 3. Le symbolisme du 7 est triple, suivant sa constitution élémentaire.

7 par 6 + 1 renferme deux éléments. L'unité lui apporte le mouvement et la vie. Elle ajoute au 6 sa force de création et d'expansion. Le 6 est un symbole d'équilibre harmonique. Il est lui-même un « mixte » c'est-à-dire un composé qui comme isomorphes a 2 X 3, 3 + 3, 5 + 1, 4 + 2. Ses deux premiers isomorphes sont des symboles ; 2 X 3 représente l'élément femelle animé par l'élément mâle ; 3 + 3 est le développement de l'activité génératrice et fécondante du principe du Ternaire qui s'ajoute à lui-même ; l'un et l'autre cependant empruntent au Binaire sa signification de fixation, de réceptivité et de conservation.

L'isomorphe 5 + 1 est également un symbole heureux. 5 est l'emblème de la sensibilité, de l'âme sensitive. Platon, dans le Timée, en fait le nombre de l'Âme du Monde où le Démiurge. Ace symbolisme qui représente la manifestation primordiale de l'Intelligence dans l'évolution interne des êtres vivants, se superpose l'action énergétique de l'Unité. Ainsi composé, le 6 devient l'échelon du 7, nombre qui figure l'Intelligence s'épanouissant dans le monde sensitif préparé à l'accueillir.

Il en est autrement du 6 par 4 + 2. Là toute issue lest symboliquement fermée au progrès spirituel. Le chiffre 4 représente la perfection, mais la perfection dans l'ordre purement matériel, c'est-à-dire dans le système cosmique dont le symbole est 4 par 2 X 2 ou 2 + 2. L'élément progressif et fécondant que représente l'unité manque à ces deux isomorphes du 4. Il existe dans le 4 formé par l'addition de l'Unité au Ternaire, et c'est ce 4 dont Pythagore fait un symbole de la Divinité. Ce qu'il en dit n'est vrai que du 4 par 3 + 1. C'est à cette constitution moléculaire qu'il doit sa vertu active et progressive. Les autres formes. sont stériles.

Je n'oserai affirmer que la théorie que j'expose ici soit une vérité incontestable. La fécondité des résultats qui en découlent me l'a fait adopter. Si l'on n'en tient pas compte, on ne saurait comprendre la théorie des Nombres de Saint-Martin, qui est la plus obscure, mais la plus profonde des œuvres traitant de la mystique des Nombres. Comment comprendre que Saint-Martin distingue le 5 sauveur, du 5 dangereux, si on ne sait pas que le premier est formé par 4 + 1, et le second par 3 + 2 ? Celui-ci est l'opposition au progrès, sa fixation à l'état stagnant, l'arrêt de la marche en avant. Celui-là est le développement du monde matériel arrivé à la perfection du 4 (les 4 éléments) auquel s'ajoute la vertu fécondante de l'Unité, élément de mouvement et de progrès.

L'analyse du Septénaire se fait selon les mêmes méthodes. Ce que je viens de dire montre que les vertus, dont le nombre 7 est le symbole, dépendent de sa constitution. Deux sont des symboles d'avancement : 7 par 6 + 1 et 7 par 4 + 3. Pourquoi?

Le premier ; comme je l'ai indiqué, est l'expression numérique de l'influx de l'unité sur le 6 par 2 X 3, 3 + 3 ou 5 + 1. Son action est moins heureuse s'il se combine à un 6 par 4 + 2. Il est malheureusement bien difficile, en pratique, de découvrir la composition moléculaire du 7. Le seul indice-sur lequel on puisse s'appuyer est l'examen de la position de la carte : droite 'elle implique le 7 bien composé ; renversée, elle indique le contraire. C'est l'analogue de l'opposition, en astrologie.

Je crois pouvoir recommander cette règle dans la lecture du Tarot. Elle rend intelligibles bien des cas qui ne sauraient être compris si on la perdait de vue.

20. Le quaternaire

Faisons-en l'application au 7 et demandons-nous d'abord pourquoi les nombres qui entrent dans sa composition signifient ce que je viens d'exposer. La réponse paraît assez facile : j'ai parlé de l'Unité, du Binaire et du Ternaire ; arrivons au 4 ou Quaternaire.

Son symbolisme est dérivé de l'ancienne doctrine sur l'origine de la matière. C'est une doctrine moniste, mais elle est au pôle opposé du monisme matérialiste de Haeckel. Elle place le principe des choses dans l'Intelligence ; il est de la nature de l'esprit, la matière est son œuvre, non son créateur. La matière est, elle-même, une dans son essence ; les formes diverses qu'elle présente dans la Nature ne sont que la combinaison, en proportions différentes, des quatre éléments dérivant d'elle ; La Terre, l'Eau, l'Air et le Feu, avec leurs qualités primordiales, le sec et l'humide, le chaud et le froid.

Tout cela est symbolique. Nous rechercherons plus tard pourquoi les philosophes ont voilé leurs idées sous ces énigmes ; contentons-nous de reconnaître en passant que l'hermétisme avait raison d'enseigner l'unité de la matière, niée encore il y a un demi-siècle, quand on était à la doctrine des corps simples, acceptée sans conteste ; aujourd'hui, nous pensons que tous les corps simples sont composés d'un proton et d'un nombre variable d'électrons. Ce que nous savons de l'atome et de la molécule élémentaire confirme la doctrine d'Hermès, obscurément formulée dans la Table d'Emeraude : « ce qui est au-dessus est semblable à ce qui est au-dessous ; ce qui est au-dessous est semblable à ce qui est au-dessus ». La molécule, dans sa constitution, ne contredit pas cette affirmation ; elle reproduirait, toute proportion gardée, la forme d'un système planétaire, et il y aurait autant de distance relative entre les électrons qui gravitent avec une vitesse vertigineuse autour de leur proton qu'entre le Soleil et son cortège de planètes.

Nous arriverons à penser que si ces aperçus, intuitifs sans doute, de la réalité ont été dissimulés sous la forme de symboles ou d'indications cryptiques, cela tient à deux causes : le secret des initiations avant l'ère chrétienne, la crainte de paraître hérésiarque après.

J'ajoute que je ne veux pas prêter aux anciens une connaissance de la Nature plus parfaite que la nôtre. Cela est peu vraisemblable. Ils n'ont pas su tout ce que nous savons. Cependant, certains esprits supérieurs ont eu des intuitions qui en font des précurseurs de Galilée, de Copernic, de Newton, de Lamarck et de Darwin.

En résumé, le 4 représente les 4 éléments primordiaux, et leurs quatre qualités :

La Terre, sèche et froide ;

L'Eau, humide et froide ;

L'Air, humide .et chaud ;

Le Feu, sec et chaud.

Le 4 symbolise donc la matière arrivée à son évolution complète en tant que matière. La combinaison avec le 3 lui apporte les éléments d'une évolution nouvelle.

21. Importance du septénaire

Ces considérations tirées de la mystique des nombres ne sont pas les seules qui expliquent l'importance du nombre 7 dans la philosophie occulte. Le nombre des planètes anciennement connues était de 7 : le Soleil, la Lune, Mercure, Vénus, Mars, Jupiter et Saturne. Le mouvement propre de ces astres a dû frapper de bonne heure les hommes qui observaient le ciel. Le Soleil et la Lune ont assurément été les premiers que l'humanité ait distingués. Leur dimension, leur éclat, la rapidité de leur course attirent l'attention la moins éveillée.

Vénus est également assez brillante et sa marche est assez rapide et irrégulière pour avoir été mise à part dès étoiles fixes. Puis Jupiter, Saturne, Mars et Mercure ont été observés. Ces sept astres errants ont pris une importance particulière, due à leur éclat, à l'irrégularité apparente de leur cours, à la variabilité périodique de leur lumière. C'est à leur singularité qu'est due sans doute l'origine du symbolisme attaché au nombre 7 : le Ciel, séjour des Dieux, a été considéré comme le domaine de ces étoiles brillantes qui semblaient le parcourir. Elles ont été divinisées et leur caractère divin a été lui-même déterminé par leur aspect et leurs positions. Le rapide Mercure, dans le monde hellénique est devenu le messager ailé des Dieux : Vénus qui éclaire, tantôt le crépuscule, et tantôt l'aurore, a emprunté son symbolisme à leur charme et à leur grâce ; on a cru d'abord que le Lucifer du matin n'était pas l'Hespérus du soir : leur identification a été sans doute longue à s'établir ; mais qu'elle présidât aux glorieux matins du monde méditerranéen ou à ses soirées pleines de douceur sensuelle, elle devait fatalement représenter la grâce, l'amour et tous les sentiments qui leur font cortège. Mars, couleur de sang, était destiné à figurer la guerre et les passions, les unes nobles, les autres fâcheuses qu'éveillent la lutte et la violence. Courage, énergie d'un côté ; cruauté, brutalité de l'autre. Plus lent, brillant d'un éclat plus régulier, Jupiter donnait l'impression de la majesté et cette impression en faisait une sorte de monarque céleste. Son symbolisme en découlait naturellement.

Enfin, Saturne, encore-plus lent, brillant d'une lumière assombrie, évoquait l'idée de la lenteur, de la réflexion, et son éclat plombé faisait penser aux côtés sombres. de la vie. Sa lenteur révélait son éloignement ; elle inspirait l'idée d'une divinité inaccessible, inflexible. Cette ultime planète, échappant à l'encerclement des autres, les embrassait, toutes et elle devenait le Destin immuable, la Fatalité.

Ces idées ont pénétré toutes les religions méditerranéennes ; peut-être verra-t-on qu'elles ont joué un rôle important dans l'évolution des religions des peuples demeurés étrangers à la civilisation occidentale.

Tels sont les principaux éléments du problème que nous pose l'étude des 21 arcanes majeurs.

22. L'arcane I — Le Bateleur
— La Volonté — La Création
— Le Soleil

Le premier arcane est intitulé le *Bateleur*. Il représente un personnage qui a l'allure d'un prestidigitateur. Il tient, dans sa main gauche levée, le bâton magique ; sa main droite, baissée, paraît ouvrir une bourse d'où s'échappent des deniers, autant que la grossièreté du dessin permet d'en juger.

Devant lui, est une table rectangulaire sur laquelle sont éparpillés, à côté d'un sac, deux gobelets, deux couteaux, sept deniers. Nous voyons qu'il opère avec quatre: objets. qui sont les quatre éléments des séries d'arcanes mineurs.

Le sens traditionnel de cet arcane est « La Volonté ». Volonté ferme et bien dirigée ; si la carte est droite ; volonté: faible ou mal orientés si elle est renversée.

Il est difficile de concilier ce sens avec l'emblème figuré. Il faut en tenir compte cependant.

I — Le Bateleur

D'autre part, les spécialistes de l'étude du Tarot l'attribuent au Soleil. Il en serait l'emblème.

Raisonnons sur ces éléments divers et en apparence inconciliables. Remarquons d'abord qu'il ouvre la série des trois septénaires significateurs. Il est donc logique de présumer que cet arcane doit figurer le premier acte de la Cosmogonie. Le Mat nous ai enseigné que rien n'existait sans l'Intelligence, que l'Univers est sa manifestation. Trouverons-nous dans, le premier arcane l'indication que l'origine de l'Univers manifesté est due à l'Intelligence suprême ?

Supposons qu'il en soit ainsi, prêtons à cette Intelligence les attributs de la nôtre, puisque nous n'avons pas d'autre moyen de nous diriger dans cette obscurité.

Nous penserons que si l'œuvre de l'Intelligence est la création du monde manifesté, le premier acte de cette. Intelligence 'a été le désir ou la volonté de créer. Nous trouvons que le sens traditionnel est conforme à la logique, et nous interpréterons le' sens de la première lame des arcanes majeurs conformément à la tradition.

23. Le démiurge — L'univers n'est qu'apparence et illusion

Un examen plus approfondi nous apprendra deux choses : la première, que la création de l'Univers manifesté n'est pas l'œuvre directe de l'Intelligence suprême, mais celle d'un être créé par elle ou émanant d'elle ; la seconde que l'Univers manifesté n'est qu'une illusion. Ces conclusions se déduisent de deux éléments du symbole ; la figure n'est pas celle d'un monarque où d'un grand dignitaire, comme nous le voyons dans les arcanes III, V, VII, par exemple, mais un Bateleur. Ce n'est donc pas l'être suprême qui va créer l'Univers manifesté ; son pouvoir créateur sera délégué à un être infiniment au-dessous de lui, quoi-qu'il soit infiniment au-dessus de l'œuvre qu'il va réaliser.

Nous rencontrons ici une idée platonicienne : le Créateur n'est pas l'Être suprême, mais sa parole, Logos, le Verbe, ou le Démiurge, l'Âme du Monde de Platon.

La seconde conclusion résulte des idées qu'évoquent le personnage représenté et l'acte qu'il accomplit. C'est un prestidigitateur, un illusionniste.

Le sens de ce symbole est facile à découvrir quand on connaît un peu l'histoire de l'évolution de la pensée grecque après le partage de l'Empire d'Alexandre. Les relations de la Syrie et d'Alexandrie avec l'Inde sont certaines ; les écrivains helléniques nous parlent des Gymnosophistes. Ils ont dû savoir ce qu'enseignait la philosophie hindoue sur l'illusion qu'est l'Univers, la Maya. On en trouve la trace dans le discours d'Anchise à Énée, au VIe Chant de l'Énéide. Ce passage est un magnifique exposé de la doctrine des initiés aux mystères d'Éleusis, aux cultes secrets de Bacchus, de Déméter et de l'Orphisme. Nous ne connaissons pas la réalité des choses parce que les facultés de notre esprit sont hébétées, alourdies par l'emprisonnement de notre âme dans la matière, conséquence de son union avec le corps matériel qui l'entrave.

L'idée que nous nous formons de l'Univers est fausse, nous ne percevons que des apparences, non les réalités. Platon s'est inspiré de cette idée, en écrivant son mythe des hommes enchaînés dans une caverne et qui jugent les événements extérieurs d'après l'ombre que les choses projettent sur le fond de la caverne, seul ouvert à leurs regards bornés.

Le Tarot nous répète cet enseignement en donnant à l'Univers l'Illusion comme principe. Relativement à nous, l'Univers est un tour de prestidigitation. Derrière l'infinie complication des apparences, l'auteur du livre symbolique, dont nous entreprenons la lecture, va nous montrer la simplicité grandiose des réalités, nous apprendre comment on arrive à les connaître et à subir avec succès l'épreuve qui nous délivrera de la condamnation à recommencer de vivre dans la matière. Nous n'en serons libérés que lorsque nous aurons appris la leçon imposée, compris l'enseignement à recevoir de l'expérience acquise dans ce mode d'existence par lequel nous devons passer.

En résumé, la première lame nous révèle que le monde a été créé par l'Intelligence divine : que son existence a son origine première dans un acte de la volonté suprême ; que derrière l'apparence de l'Univers, il n'y a qu'une insaisissable réalité, l'Éternelle pensée, l'Esprit immatériel, essence de toute chose manifestée.

Le Tarot attache une telle importance à ce dogme qu'il étudie les stades successifs de l'acte de l'Intelligence suprême. Le premier est la Volonté divine : cette volonté est l'ultime raison d'être de l'Univers. Sa formation se réalise par la création d'un être spirituel, le Démiurge, germe unique de l'Univers.

On sent, en analysant minutieusement le subtil symbole du Bateleur, que les philosophes auxquels nous devons le Tarot se sont souciés, en dessinant le personnage, d'écarter en même temps toute idée anthropomorphique. La figure exprime un acte, qui n'est pas nécessairement physique et matériel. L'Être suprême n'apparaît pas ; il ne dit pas la Parole qui crée ; l'arcane symbolise l'unité de la pensée et de la volonté divines, car il n'y a qu'un personnage, et le nombre I lui est affecté.

Nous voyons bien toutefois que les éléments matériels de l'Univers lui appartiennent ; ils sont extraits du sac qu'il a déposé sur la table grossière placée devant lui. L'emblème est clair : les quatre éléments, terre, eau, air et feu sortent du même sac. Il faut en conclure que l'origine des éléments est Une et que leur diversité est l'apparence, le commencement de l'Illusion.

24. La coloration de l'arcane I

A ce sujet, je suis forcé d'arrêter encore le lecteur et d'attirer son attention sur une sorte de symbolisme qui me paraît exister dans le Tarot.

L'édition ; sur laquelle je travaille, est la réimpression moderne de clichés anciens ; la coloration est brutale, grossièrement appliquée. Et y a des réserves à faire sur son exactitude ; il appartient. à des chercheurs plus qualifiés que moi de comparer l'édition moderne à des éditions plus anciennes, faites avec plus de soin.

Je n'ai pas la prétention de proposer une interprétation définitive du Tarot et mon ambition ne va pas au delà de l'espoir de présenter un travail de coordination logique, emprunté à des sources connues, religieuses, philosophiques et historiques. Je n'utilise la doctrine occulte que dans la mesure où son appui permet d'éclairer on de préciser le sens spécial d'une figure.

J'ai résumé le rôle que le symbolisme des couleurs me paraît jouer dans le Tarot. J'y renvoie le lecteur et me bornerai à chercher dans l'étude du premier arcane, les renseignements que peut donner le sens caché des colorations.

Examinons-les selon leur distribution. Dans le Mat, la tête est coiffée d'un bonnet de couleur jaune, mais il a la forme d'un bonnet de fou, ce qui révèle le caractère négatif du symbole.

Ce caractère est très différent dans le Bateleur. Le chapeau qui coiffe la figure est orné de trois couleurs ; la calotte qui enveloppe la tête est jaune, symbole de l'Intelligence. Le bord qui l'entoure est vert, symbole de la Vie et le plat-bord, c'est-à-dire là ligne d'épaisseur du feutre, est jaune. La lecture de l'emblème se fait mot à mot. L'Intelligence est associée à la vie manifestée, elle en constitue la trame et l'embrasse. L'intérieur est rouge, symbole de la force génératrice et créatrice, ce qui signifie que cette force créatrice a son principe dans l'Intelligence, source réelle de la Vie.

Le reste: du vêtement dans le Bateleur, comme dans le Mat, est rouge et bleu : puissance génératrice et désir ; il y à du jaune dans les bras, mais cette couleur occupe des positions différentes. Elle couvre les épaulières dans le Mat, c'est-à-dire une partie du corps qui gouverne les mouvements du bras, mais ses mouvements simples et généraux non ceux de détail par lesquels l'intelligence et la pensée se manifestent. Dans le Bateleur, elle est placée au niveau du coude et à la naissance de l'avant-bras, point où la plus grande partie des muscles moteurs de la main et des doigts ont leur origine. Le jaune, l'intelligence, gouverne donc les mouvements les plus directement associés à son opération dans le système musculaire. On saisit immédiatement le sens de ce symbolisme.

Dans le Mat, les mouvements du bras demeurent rudimentaires et leur nature élémentaire leur permet seulement une action imprécise, incapable de réaliser les désirs qui sont caractérisés dans l'avant-bras par la couleur bleue. Le rouge, force féconde est concentrée dans le vêtement qui couvre le thorax, mais elle n'a aucune issue sur les membres supérieurs. On la retrouve, exilée et inutile-dans les chaussures, du personnage.

La disposition est bien différente dans le Bateleur ; le désir est au niveau de l'épaule, au sommet du bras ; l'Intelligence est au milieu, assurant la transmission et l'exécution du désir par la force génératrice occupant l'avant-bras et régissant la main, neutre et obéissante aux muscles dont l'intelligence commande l'origine et les insertions.

Ce qui indique l'impuissance du Mat, et l'action féconde du Bateleur.

Un point peut demeurer douteux dans l'interprétation de l'arcane I. Représente-t-il l'Unité dans le principe créé de l'Univers, ou ne représente-t-il qu'un état d'évolution plus avancée, correspondant à la division du principe originaire en esprit (la figure) et matière (la table) ?

Cette interprétation est possible, mais je ne suis pas disposé à l'accepter, la table ne paraissant jouer qu'un rôle d'accessoire et étant coloriée d'une teinte sans signification autre que celle de la matière.

Je m'arrête ici. L'analyse pourrait être poussée plus loin, mais ce que je viens d'écrire me paraît suffisant pour mettre en évidence les enseignements généraux que l'on peut tirer d'une rapide analyse de l'arcane I. Cet exposé, faisant du Bateleur le symbole de la Volonté créatrice, ne peut s'appliquer astrologiquement qu'au Soleil, significateur ordinaire de la Vie en astrologie. L'attribution de cette lame au Soleil paraît la seule logiquement possible.

25. La Papesse — Le savoir — La Lune

La deuxième lame, intitulée la *Papesse* est d'une interprétation facile, dès que la figure représentée peut être identifiée ; là gît la difficulté.

Le symbolisme numérique est le 2 ; la figure représentée concorde bien avec le sens féminin du Binaire dans la mystique des Nombres.

Il convient à l'idée de connaissance, de science, de fixation et de maturation. La volonté, avant d'agir, doit s'arrêter à un plan d'action, savoir ce qu'elle va réaliser. Cet arrêt dans l'évolution de l'acte volontaire n'est peut-être qu'une division arbitraire de l'acte superhumain de la Création, mais il exprime le mécanisme de notre intelligence dans l'évolution de l'acte volontaire que nous désirons accomplir. Nous nous le représentons et nous concevons les moyens d'en assurer l'exécution ; ensuite, le plan étant fixé, nous agissons pour le réaliser. Ces stades successifs dans nos opérations intellectuelles peuvent être simultanés dans une intelligence infiniment supérieure à la nôtre, mais ils représentent cependant un ordre logique.

Cet état de l'évolution du travail mental, se place forcément entre le désir d'un acte et sa réalisation.

Que signifie cet arrêt idéal ? Il exprime un stade psychologique qui peut être fort long chez nous. Rapide dans l'inspiration du poète ou de l'artiste, il est plus lent dans le travail du législateur, du savant, de l'homme de guerre. Il correspond à la représentation mentale de l'œuvre que l'on veut réaliser et des moyens propres à l'exécuter. C'est donc la connaissance de ce que sera l'acte voulu, et sa réalisation sera d'autant mieux assurée qu'il aura été plus sagement conçu. L'analyse de l'arcane, au point de vue de la science secrète des nombres, nous conduit logiquement à une interprétation qui confirme son sens traditionnel. L'idée est fixée, mûrie, précisée dans l'esprit qui la conçoit.

Le symbole astrosophique est plus difficile à découvrir. A quel astérisme attribuer la seconde lame ?

Procédons par élimination. Elle appartient

II — LA PAPESSE

au sexe féminin. Elle tient sur ses genoux un livre ouvert, ce qui, est un symbole traditionnel de connaissance, de science. A quoi correspond astronomiquement cette idée ?

Cherchons les figures qui dans les arcanes majeurs représentent des femmes. Elles sont au nombre de 9 et correspondent aux arcanes II, III, VI, VIII, XI, XIV, XVII, XX, XXI.

L'idée de connaissance, de sagesse, de science ne se découvre pas directement dans ces arcanes, dont l'attribution est ordinairement facile.

III, la fécondité, l'action féconde, a un sens de puissance directe sur le monde élémentaire.

VI, est le signe du Sagittaire et les personnages symbolisent le choix ; l'idée de sagesse peut en dériver, non celle de science, le choix fait en connaissance de cause n'est plus l'acte d'une volonté, qui cesse d'être libre dès qu'elle connaît d'avance les résultat de son choix.

VIII, est l'équilibre, la justice et représente le signe de la Balance.

XI, peut signifier aussi la science, la sagesse mais dans un sens très spécial, à cause de l'animal que dompte la figure féminine. Il est d'ailleurs difficile de l'attribuer à un autre astérisme que le signe du Lion.

XIV, n'évoque pas l'idée d'une science autre que celle es mélanges ; il signifie la science de la chimie, peut-être aussi celle de la physique, non la connaissance et la science en général 'qu'exprime l'arcane II. Au surplus, son symbolisme amène directement la pensée à attribuer au signe du Verseau.

XVII.   Les mêmes observations conviennent à l'arcane XVII, et son attribution au signe du Taureau est obligatoire.

XX, a un symbolisme qui n'éveille pas l'idée de science et de connaissance ; il en
est même très éloigné. C'est le signe du Scorpion.

XXI, a un sens également très différent, bien qu'il implique la connaissance et
la sagesse acquises, par la rétribution finale de l'être mûr pour un mode supérieur
d'existence ; son symbolisme propre est la récompense, la rétribution, et l'idée que
l'être digne de cette récompense récolte la moisson de sa sagesse et de ses œuvres,
éveille l'idée du signe de la Vierge et de sa brillante étoile, l'Épi.

Reste la Lune. Nous avons vu que l'arcane XVIII, devait être attribué au Cancer,
son domicile astrologique. Comment peut-on trouver dans le symbolisme de la
Lune, au point de vue astrosophique, l'idée de connaissance, de science, de réflexion ?

On y arrive cependant logiquement.

26. L'arcane II et la Lune

Deux astres occupent dans le ciel une situation prépondérante, le Soleil et la
Lune.

Le premier brille d'un éclat insoutenable, l'autre d'une lumière plus pâle et plus
douce. De bonne heure, les astronomes ont su que la Lune emprunte son éclat au
Soleil ; qu'elle en arrête et réfléchit les rayons. L'étroite association de l'éclat de ces
deux luminaires, leur dimension semblable, le rôle important que le Soleil joue
dans la vie animale et végétale, celui de la Lune dans les phénomènes-de la vie
féminine et dans la durée des gestations, dans le rythme des marées, déterminent
entre eux des rapports tels que dans un certain nombre de cultes anciens la Lune
est l'épouse du Soleil. En Égypte, par exemple, de dieu solaire Osiris avait pour
épouse la déesse Isis, c'est-à-dire la Lune. Elle est représentée, tantôt avec les cornes
du croissant lunaire, tantôt sur le croissant lui-même, Dans la mythologie grecque,
Artémis, Diane est sœur de Phébus.

La Lune arrête et réfléchit les rayons solaires comme la réflexion de l'esprit arrête
les pensées qui se fixent et mûrissent dans la conscience sous la force de l'attention.

Enfin les religions anciennes de l'Asie antérieure avaient donné droit de cité au
culte d'Isis ; une Isis dépouillée en grande partie de ses attributs égyptiens mais
conservant son symbolisme lunaire. Elle avait fini par être l'emblème de la Nature
dont le Soleil était le symbole créateur. Elle exprimait la connaissance des lois de la
nature, la Science de tous ses secrets. Les pénétrer était soulever son voile.

On voit que l'attribution du IIe arcane convient admirablement à l'Isis helléni-
sée ; Isis étant devenue la Nature elle-même et en connaissant tous les mystères. Par
elle, le IIe arcane se rattache à la Lune.

Les idées philosophiques ne pouvaient reproduire, dans son intégralité, ce symbole religieux mais les philosophes employaient métaphoriquement Isis comme
symbole de la Nature.

Et Isis est incontestablement une déesse d'origine lunaire.

Elle est demeurée dans les Sciences occultes la déesse de la magie et du surnaturel. Diane, sœur d'Apollon, est probablement une déesse lunaire ; dans la mythologie figurée, elle est fréquemment représentée avec le croissant lunaire sur le front. Elle a un double aspect : d'un côté Diane, pure et chaste ; de l'autre, Hécate, la sombre déesse des évocations nocturnes, qui préside aux opérations magiques des initiés et aux mystères des forces cachées de la Nature.

Tout concorde donc dans l'attribution de la IIe lame à la Lune.

Il faut noter encore une analogie symbolique entre la IIe et la Ve lame : Papesse et Pape. La première a une tiare, ornée de deux couronnes superposées ; la seconde, une tiare à trois couronnes. Cela établit un lien entre les deux arcanes, lien qui a un sens. Ces tiares jaunes symbolisent l'intelligence supérieure par leur couleur et leur emblème de la puissance spirituelle. Ce symbole est peut-être emprunté au Christianisme au moins en ce qui concerne les couronnes superposées ; la tiare est une coiffure d'origine orientale ; elle était en usage dans l'Asie antérieure ; chez les catholiques, elle est devenue la couronne du Pape, la plus haute autorité spirituelle.

Enfin, les couleurs du vêtement de la figure sont le bleu, le jaune et le rouge. On n'aperçoit qu'un manteau rouge, sur lequel est posée une espèce de dalmatique bleue, Ce sont les symboles du désir et de la force génératrice, gouvernés par l'Intelligence.

27. L'Impératrice — L'action — La planète Vénus

Le IIIe arcane représente une femme assise sur un trône. Elle est coiffée d'une couronne royale agrémentée d'une calotte rouge. Sa robe est rouge ; une tunique bleue, sans manches, recouvre la robe. Cette tunique a un col jaune, et la figure est ceinte d'une bande de la même couleur. Elle tient de la main gauche le sceptre impérial, blanc, quant au manche et à la croix qui surmonte un globe, celui-ci est jaune. La main droite soutient un écusson couleur chair sur lequel est dessiné un aigle jaune, symbole impérial. Ces emblèmes signifient que, dans cette lame, la force génératrice domine ; elle est cependant soumise à l'intelligence, les signes de la puissance étant de sa couleur.

Le sens traditionnel est action féconde, fécondité ; cela s'accorde avec l'hypothèse que nous avons adoptée provisoirement. Le troisième stade de l'acte de la création est l'action qui est féconde parce qu'elle est sage et réfléchie. L'acte voulu passe de la sphère intellectuelle à la réalisation matérielle par son exécution et la IIIe

III — L'IMPÉRATRICE

lame symbolise l'action, c'est-à-dire la réalisation en voie de se faire, C'est, comme nous l'avons vu plus haut, conforme au symbolisme du nombre 3 que porte l'arcane. Le 3 s'applique à une chose quelconque en progrès, en évolution favorable si la carte est droite, défavorable si elle est renversée ; mais nous sommes dans le domaine de la création de l'Univers par acte divin et le sens péjoratif n'entre pas en ligne de compte ; il le fait seulement dans la divination. L'arcane signifie donc bien l'acte de la création, dans son progrès, dans son évolution favorable ; le but que se propose la volonté créatrice est en voie de réalisation. L'attribution astrosophique est facile. L'idée de création, de progression, est le propre du ternaire. Il symbolise la famille, et plus spécialement l'enfant, la génération, à laquelle il doit de naître. Cette idée appartient au symbolisme particulier aux divinités de l'amour. La Divinité féminine, que la figure représente, est donc Vénus, non celle du culte romain, ni celle des Grecs, Aphrodite, mais une fusion de cette dernière avec les cultes syriens. Elle est à la fois Aphrodite et Astarté, Ishtar, c'est-à-dire la planète Vénus.

Au point de vue religieux, les cultes ayant pour objet Aphrodite-Astarté, considèrent la Déesse comme présidant aux actes dont dépend la génération. Des divinités secondaires peuvent intervenir dans son accomplissement : Priape, Lucina et même Junon ; mais le principe est régi par Aphrodite-Astarté qui étend son empire sur tout ce qui appartient aux choses de l'Amour, c'est l'Amour qui est le fondement de la fécondité.

La planète Vénus régit astrologiquement le même domaine, et son influence bénéfique exprime l'amour et accroissement de la famille.

Le Tarot ne considère pas Vénus sous l'aspect de la sensualité et du plaisir. Ce n'est pas la splendide nudité des Vénus grecques : l'Impératrice est sobrement vêtue, son manteau est chaste, sa tenue celle d'une souveraine digne et pure. Elle exprime la puissance génératrice dans son rôle cosmique ; c'est l'amour fécond et elle ordonne de ne comprendre l'union que sous le symbole de la mère, du père et de l'enfant. Elle condamne l'infécondité volontaire ; elle enseigne que le désir doit être soumis à l'intelligence, non à la matière ; que la vie, la santé, l'esprit de l'enfant sont les objets qui doivent être cherchés dans la réalisation du sentiment. La seule excuse de l'infécondité volontaire est celle qui se fonde sur les risques courus par l'enfant, ou la mère.

En résumé la IIIᵉ lame doit être attribuée à la planète Vénus, et son sens traditionnel concorde avec la signification des symboles examinés aux divers points de vue qui nous ont paru devoir être envisagés.

28. L'Empereur — La réalisation
— La planète Jupiter et le nombre 4

Vénus et Jupiter sont les deux plus brillantes planètes, telles que nous les voyons de la Terre. Il était naturel de les rapprocher des luminaires et de confier à ces quatre astres, supérieurs aux autres par leur éclat, la signification de l'acte divin de la création.

Jupiter est donc l'emblème désigné par l'Empereur, IVe lame. Son sens traditionnel est « Réalisation ». Renversée, elle signifie l'échec qui survient au moment où le résultat cherché allait être atteint.

L'arcane représente un personnage coiffé d'une couronne de forme particulière, le cercle d'or qui porte les fleurons autour de la tête se prolonge sans ces fleurons, au delà de la nuque et se recourbe. La coiffe rouge est surmontée d'un bouton jaune d'or. Les couleurs sont moins mal appliquées que dans la figure précédente, où le rouge masque les fleurons et les détails de la couronne d'or. L'Empereur a un collier et une ceinture d'or. Il tient le sceptre impérial, coloré en jaune, de la main droite. Son costume est rouge et bleu comme celui de l'Impératrice, mais les chausses et le pourpoint sont bleus ; la veste qui les recouvre et forme une espèce de plastron descendant au-dessus du genou, est rouge. Le trône est bordé de jaune ; sur le côté gauche, s'appuie un écusson portant l'aigle, coloré en jaune. Sa tête est tournée à droite, non à gauche comme dans la IIIe lame.

IV — L'EMPEREUR

Au point de vue des nombres, le chiffre 4 a plusieurs sens symboliques. Ils dépendent tous du sens général du Binaire, qui est, comme nous l'avons vu, l'arrêt, l'opposition d'une force passive à une force active. Le Binaire n'est passif que sous un de ses aspects : l'opposition pure et simple aboutissant, à l'équilibre, c'est-à-dire suivant la nature des forces en présence, à la stagnation ou à l'harmonie. Dans un cas (2 + 2) c'est la permanence de l'arrêt. Si la composition du 4 est 3 + 1, c'est l'équilibre harmonique, prêt à recevoir l'impulsion d'une nouvelle unité. Si la formule du 4 est de l'ordre du carré (2 x 2) les dispositions du nombre ainsi élevé en puissance ne seront plus les mêmes. Le Binaire conserve son caractère de fixation et de fixité, mais ses vertus sont accrues et prennent me certaine qualité active interne ; en ce sens que son action modificatrice ne va pas au delà de l'être lui-même. Cela tient au caractère vivant que revêt le nombre quand il esse d'être abstrait pour devenir concret, c'est-à-dire matériellement réalisé.

Un exemple grossier montrera comment cette différence peut se comprendre. 2 plus 2 représente deux longueurs qui s'ajoutent ou sont parallèles ; dans le premier cas, elles constituent simplement une longueur double de la première, mais ses propriétés ne changent pas qualitativement c'est toujours L^1 ; dans le second, elles sont parallèles et ne se rencontrent pas. Aucun rapport n'existe entre elles si ce n'est l'immuabilité de leur distance.

Au contraire, 2 X 2 n'est pas une simple addition, c'est l'expression d'une surface, le carré ; c'est une qualité différente, d'un degré supérieur à la simple longueur. C'est L^2. Les propriétés d'une surface sont autres que celle d'une ligne.

Enfin 3 plus 1 est une surface plus un point central. Le type du triangle est le triangle équilatéral, qui s'inscrit régulièrement dans un cercle, ses sommets étant équidistants, à 120° l'un de l'autre. Son centre coïncide avec celui de la circonférence. Le triangle est un cercle en puissance, puisque c'est le premier polygone et que la circonférence est un polygone dont les côtés sont en nombre infini. Il y a donc dans le 3 plus 1 des potentialités qui existent dans le carré, mais avec un sens différent, dépendant du fait que le triangle est la première figure embrassant une surface, c'est-à-dire une propriété de l'étendue supérieure à la simple longueur : L^2 et non plus L^1.

L'unité qui ajoute ses vertus créatrices au triangle ne rencontre aucune opposition dans cette expression matérielle du Ternaire et la force qu'elle apporte se développe utilement. Il en est autrement dans le carré où l'unité s'absorbe pour élever le Binaire de la longueur à la surface.

Ces subtiles conceptions symboliques du nombre m'ont paru la seule explication logique des caractères différents que l'on constate dans les associations d'idées dérivant du même nombre. En examinant avec attention ces systèmes divergents, on comprend l'origine et le sens des symboles numériques, quelquefois contradictoires qu'exprime le même chiffre. Au delà de l'unité les chiffres ne représentent pas les nombres, ceux-ci sont considérés dans la science secrète comme des combinaisons d'éléments divers, tous constitués par les nombres dont l'addition forme celui qu'on analyse. A des constitutions élémentaires différentes, correspondent des vertus différentes, ces vertus sont elles-mêmes des symboles, dont le sens découle du sens occulte de chaque nombre élémentaire.

Il est clair que le Quaternaire, figuré par la IVᵉ lame, est bien le quaternaire considéré sous ses deux aspects 2^2 ou 3 plus 1 ; principalement ce dernier.[1]

Ce nombre termine l'ensemble de l'acte créateur ; l'arcane intitulé « l'Empereur » marque la réalisation finale de la formation de l'Univers, qui est représenté dans sa perfection par le nombre 4 ; on peut trouver dans ce symbole l'explication des idées pythagoriciennes sur le quaternaire.

Les quatre premières lames résument donc les quatre temps de la Création : le Démiurge a voulu, il a su ce qu'il allait créer, il a agi et réalisé son dessein.

Vouloir et savoir sont les deux temps de la pensée, action latente en puissance ; agir et réaliser sont deux temps de l'activité manifestée et passant de la puissance à l'acte.

---

1   En effet, au point de vue analytique occulte, il y a la différence que j'ai signalée plus haut. La représentation graphique du 3 + 1, le triangle et le point central figure l'unité nouvelle répandant son énergie sur les trois autres déjà engagées dans une combinaison ternaire ; dans 2°, l'unité nouvelle consacre son énergie à une seule des trois autres et l'élève du 3 au 4 par 2 X 1 + 1. La force créatrice, ne modifie pas les trois unités, en laisse deux dans un Binaire pur avec ses qualités négatives, et se borne à en former un autre qui s'oppose au premier. La direction du mouvement manque.

J'ai déjà indiqué l'attribution astrosophique de la IVe lame. C'est la planète Jupiter, attribuée au Dieu principal de la mythologie hellénique, Zeus. Astrologiquement, cette planète est le significateur des honneurs et des dignités. Cela concorde avec le sens direct du symbole, et avec son sens dérivé : les honneurs et les dignités étant la conséquence de l'ambition réalisée, d'une carrière arrivée à son plus haut degré, en un mot de la puissance.

Il convient de même au symbolisme religieux, en ce sens que l'œuvre divine de la Création est arrivée à son stade ultime par la réalisation de la volonté du Démiurge.

Dans le Tarot, la création est l'œuvre de la volonté divine se manifestant d'abord par la production du Démiurge, ou de l'Âme du Monde. Son œuvre n'est pas limitée dans sa durée ; les quatre stades de l'acte créateur décrivent un processus psychique d'abord, physique ensuite ; ils sont indépendants du temps et de l'espace qui demeurent indéterminés.

Vouloir, savoir, agir et réaliser, tels sont les enseignements humains que donne le symbole de l'activité créatrice divine. C'est le précepte moral suprême : l'énergie exprimée par la volonté réfléchie, et par une activité continuée jusqu'à la réalisation de l'œuvre entreprise. Ce précepte est, en quelque sorte, le résumé des devoirs de l'homme dans l'Univers. Sa volonté implique la liberté, sinon absolue, du moins suffisante pour engager sa responsabilité ; l'obligation de savoir lui fait une loi de s'instruire « dans la lumière de la nature » suivant l'expression de Paracelse. Enfin l'action tenace, persistante, fixée sur sa réalisation jusqu'à ce qu'elle soit acquise lui est symboliquement prescrite.

Tels sont les enseignements généraux que la lecture des symboles I, II, III et IV nous donnent à méditer.

29. Le ternaire — L'espace et le temps — Les quatre éléments — Macrocosme et microcosme

Avant d'aborder le Ve arcane, il nous faut revenir en arrière, et chercher le sens symbolique du triple septénaire exprimé par le nombre des arcanes significateurs du monde manifesté.

Le Ternaire est le nombre du monde matériel : il a trois dimensions et nous n'en connaissons pas d'autre. La science nous apprend que rien ne s'oppose à ce qu'un monde puisse exister avec un nombre plus grand de dimensions et l'on à même cherché dans le Temps la quatrième dimension de notre Univers. Cette hypothèse est difficile à faire entrer dans la systématisation de nos connaissances relatives à ce que nous appelons l'espace. Si le temps entre comme un facteur de la mesure des mouvements, et si l'on peut avec raison soutenir que l'exactitude de la mesure varie avec la position relative de l'observateur, l'esprit cependant ne peut admettre que la mesure soit l'expression absolue de la durée. Celle-ci est un phénomène dont la réalité est indépendante des observateurs, et il serait illogique de supposer que la vérité de la durée fut différente pour l'observateur placé en A et l'observateur placé en B.

La vitesse d'un mouvement, c'est-à-dire le temps que prend un mobile pour aller d'un point à un autre, ne dépend pas de l'espace. Dans la même position de ces points, la durée de la translation du mobile ne dépendra que de sa vitesse, et de la longueur de la distance parcourue dans l'espace, par exemple si au lieu de suivre une ligne droite du point de départ au lieu d'arrivée le mobile suit une ligne brisée où une ligne courbe, sa vitesse étant supposée uniforme et indépendante de toute force autre que l'impulsion primitive.

On ne comprend pas que le Temps, qui ne saurait entrer dans la constitution matérielle du monde, puisse en constituer une dimension nouvelle. Il ne mesure pas des distances, mais des vitesses et des durées. Un avion met trente-six heures pour aller de Paris à New-York, un paquebot rapide cinq à six jours, un cargo douze à quinze, un navire à voiles un mois ou six semaines mais la vitesse différente de ces mobiles n'a rien de commun avec la distance parcourue, qui est la même pour tous. Ce qui diffère est la mesure ; le temps mesuré de l'est à l'ouest n'est pas le même que celui qui est compté de l'ouest à l'est. Jules Verne en a tiré l'idée de son roman *Le Tour du Monde en quatre-vingts jours*. Le voyage de son héros aurait duré le même nombre de jours dans un sens comme dans l'autre : ce qui a varié est la mesure humaine de ce temps.

Il y a plus de deux mille ans qu'un sophiste grec a dit que l'homme était la mesure de toute vérité. C'est exact dans le relatif, l'homme ne connaissant les choses que par la mesure qu'il en fait. Cela cesse de l'être dans l'absolu.

Enfin le Temps a tous les caractères d'un système de coordination distinct de l'étendue ou espace ; il a comme lui trois caractères qui sont comme ses dimensions, le passé, le présent et le futur. Il obéit à la loi du Ternaire, mais d'une autre manière que l'espace. On ne peut l'assimiler à une dimension, aucune des dimensions de l'espace n'étant elle-même aussi évidemment divisible en trois états. Les éléments constitutifs de l'espace sont coexistants, ceux du Temps sont successifs et ne peuvent coexister.

Dans l'état actuel du milieu que nous apprenons à connaître à l'aide de nos sens, on ne saurait distinguer avec certitude une quatrième dimension. Nous n'en observons que trois, et ce nombre paraît régir, non seulement la matière, mais les manifestations de l'intelligence, de la pensée, de l'esprit dans le monde matériel.

Le Ternaire correspond à trois états ou trois sortes de dimensions de l'être spirituel associé à la matière : l'homme, et tout être vivant, est composé, selon la science occulte, d'un principe immatériel, l'âme ou l'esprit, siège de l'intelligence, d'un corps matériel base de la vie élémentaire, et d'un troisième principe ou corps intermédiaire entre les deux premiers et leur servant de liaison. C'est ce que les occultistes appellent le corps astral, ou le *spiritus*, par opposition à l'*animus* ou anima âme, esprit, et au *corpus*, le corps. La philosophie grecque a connu cette division, l'intelligence, l'âme animale et le corps ; Noûs, Psyché et Sôma. On trouve cette distinction dans certaines écoles modernes, par exemple le spiritisme : esprit, périsprit et corps. Les théosophes et les Kabbalistes en admettent sept qui peuvent se ramener à trois : les éléments matériels de l'être, son âme sensitive et son âme spirituelle : l'âme sensitive se divisant en deux parties dont l'une suit les destinées du corps, l'autre celles de l'âme et de son véhicule. On trouve des idées analogues dans Paracelse.

La théorie de la division tripartite de l'homme et de l'être vivant est à la base des philosophies occultes. En les analysant, on ramène ces trois principes au monde matériel, à la sensibilité et à l'intelligence. C'est dans la sensibilité qu'est l'intermédiaire reliant l'âme pensante à la matière élémentaire. Je prends ce mot dans son sens hermétique, qui signifie les éléments fondamentaux de l'ancienne philosophie chimique. On est tenté de les concevoir, dans les idées actuelles, comme exprimant les quatre états de la matière : solide, liquide, gazeux et radiant. Les trois premiers peuvent être des sortes de condensations du dernier qui est le feu, d'où procéderaient les états gazeux, air ; liquide, eau ; solide, terre. Les combinaisons diverses de ces éléments déterminent les qualités anciennement appelées froid ou chaud, sec ou humide.

Cette observation est nécessaire pour comprendre les systèmes d'idées secondaires d'origine astrosophique dont l'influence se fait sentir dans le Tarot. Le feu est le principe du chaud ; la terre, du froid ; l'air, du sec ; l'humide, de l'eau.

Le sens de ces expressions est aisé à traduire en langage psychologique ordinaire. Le feu et le chaud correspondent à la passion, c'est-à-dire à l'état dans lequel les forces de l'être sont portées à leur puissance active la plus grande.

La Terre, ou le froid, exprime l'état dans lequel les forces passives sont à leur maximum. Ce sont des états réceptifs. L'Eau ou l'humide correspond aux forces dépendant de la sensibilité physique, ou morale, des sensations et des sentiments.

L'air enfin, ou le sec, indique la suprématie de l'élément intellectuel ou rationnel.

Ces préliminaires sont indispensables pour comprendre l'arcane V. Avec lui cesse l'action de l'Intelligence pure. Elle a créé l'esprit et la matière, ou seulement l'esprit manifesté. Le Tarot m'a paru laisser ce point dans l'obscurité. La philosophie hébraïque le résout semble-t-il par la création simultanée de la matière, *haaretz*, et du ciel, ou plutôt des cieux « *Haschomaïm* », symbole de l'esprit et des forces supérieures. Ce système ne peut s'accorder avec la première lame du Tarot, si l'on tient compte de l'unité du personnage qui y est représenté ; il peut être en harmonie avec lui si l'on donne un sens essentiel à la table. Cette dernière interprétation me paraît devoir être écartée, car le Bateleur ou démiurge tire de son sac, comme je l'ai dit, les quatre éléments constitutifs de la matière.

D'ailleurs, l'emploi du pluriel *Elohim* au lieu de Jahvé, peut avoir un sens. Elohim serait une émanation de Jahvé, et représenterait les multiples puissances des forces cosmiques réunies dans le Démiurge, Logos, Verbe ou âme du monde. Cela fait songer au début du quatrième Evangile : « Au commencement était Dieu, et le Verbe était *auprès* de Dieu », *pros ton Théon* ; ce qui implique une dualité ; Jahvé, et Elohim procédant de Jahvé.

Mais ces considérations sur l'essence du Démiurge ne sont intéressantes que pour l'interprétation philosophique des quatre premières lames ; elles ne le sont pas pour les autres qui prennent le monde réalisé pour thème de leur symbolisme. L'opposition entre la matière et l'esprit est devenue un fait acquis, par la réalisation de l'œuvre de la création, et les arcanes suivants traitent désormais à la fois du grand Univers, c'est-à-dire le Macrocosme, ensemble de tout l'Univers, Terre, Ciel et astres innombrables qui le peuplent, et du Microcosme, le petit Univers, c'est-à-dire l'homme, considéré comme la représentation dans l'Individu, à une échelle infiniment réduite, du grand Univers. Celui-ci est soumis à Dieu par l'intermédiaire de son Âme, âme créatrice, et il se manifeste par la matière répandue dans l'espace et qui constitue son corps, auquel l'âme donne la vie et la sensibilité.

Le Microcosme, ou l'individu, a lui aussi son âme immortelle, principe divin ; son âme rationnelle et sensitive, mélange de l'intelligence et de la matière, correspondant à l'âme du monde, et son corps matériel formé des éléments de la matière.

C'est une des lois fondamentales formulées par le Maître, probablement légendaire, de la science hermétique : on lui attribue un des livres les plus anciens de cette philosophie, la table d'Emeraude. On y lit que les choses inférieures sont établies par la Nature sur le même plan que les supérieures, et les moyens que la nature emploie, sous leur apparente diversité sont simples, empruntant leur simplicité à l'unité fondamentale du principe de l'Univers. La similitude constitutive de l'ensemble de l'Univers et de ses parties vivantes, c'est-à-dire de celles qu'anime l'influx de la sensibilité sous l'action directe de l'intelligence pénétrant dans la matière, est une loi cosmogonique générale.[2]

L'évocation des préceptes de la philosophie hermétique nous conduit à l'examen de la Ve lame, clef des rapports entre le Macrocosme et le Microcosme, entre l'Univers et l'homme, entre l'intelligence qui est l'essence de la nature et l'intelligence qui est l'essence de l'être individuel.

---

2   L'identité substantielle de l'univers et de l'intelligence individualisés dans l'homme ne paraît pas répugner à la philosophie moderne, particulièrement aux relativistes. Les disciples les pins avancés d'Einstein essaient de démontrer, comme l'a fait M. Baudrit, dans son livre : *L'Eutropie et les forces psychiques*, que la représentation totale de l'univers est concentrée et concentrée dans la partie la plus intime et la moins matérielle de l'être humain où il se forme, une image infiniment petite de l'univers extérieur, dans toutes ses parties de l'infiniment grand à l'infiniment petit. Cela fait penser aux mots de Pascal : « L'homme est suspendu entre deux infinis. »

Je renvoie le lecteur au livre que j'ai cité, et il verra que son auteur catholique avoué, mais à mon sens profondément hérésiarque, ne fait que répéter les enseignements hermétiques. L'homme est un petit univers reflétant le grand, un microcosme relativement au macrocosme. L'auteur admet la division tripartite de l'homme, l'âme devient l'ontocentre, l'astral correspond au monde astral, et comme l'astral hermétique paraît être le domaine des formes, enfin le corps matériel formé par une agrégation d'alvéoles primordiales analogues aux monades de Leibnitz correspond au corps élémentaire hermétique. L'auteur est un évolutionniste convaincu et il explique le progrès par la Réincarnation. Il croit enfin comme les occultistes que la matière est une création de l'esprit et que les rudiments de l'intelligence future de l'homme s'y trouvent en germe. Les raisonnements de M. Baudrit s'appuient sur des calculs mathématiques de l'exactitude desquels je ne suis pas juge.

30. L'arcane V — Le Pape — Hermès — La planète Mercure — La science — Le quinaire — Le monde astral — La magie

Le Ve arcane représente un personnage mitré d'une tiare jaune, à la triple couronne. Il est vêtu d'une robe bleue, d'un manteau rouge doublé de bleu, bordé de jaune ; les manches de sa robe sont blanches. Il porte des gants ; sur celui de la main gauche est figurée une croix ; il devait probablement y en avoir une sur la main droite ; on en voit les traces, et sa disparition est due à l'usure du cliché. Il tient dans la main gauche une croix lorraine, à triple traverse. Elle est de couleur jaune. La main droite fait un geste de bénédiction. La chaise sur laquelle il est assis est couleur chair, les montants du dossier sont bleus.

V — Le Pape

Agenouillés devant lui sont deux person-nages : celui de droite a un turban jaune, une sorte de capuce rouge sur un manteau jaune. Un objet, qui paraît être un chapeau, est à son épaule gauche. Il tient la main baissée. Celui de gauche a un turban chair, un manteau rouge ; une écharpe ou une capuce rejetée en arrière, de couleur jaune, est sur le manteau.

La figure est intitulée le *Pape*.

On est, frappé de la ressemblance entre les arcanes V et II, le Pape et la Papesse. Elle a certainement un sens sur lequel le symbole insiste. Même couleur de robe et du manteau, même coiffure. Le blanc est la couleur du voile qui entoure la tête de la Papesse ; c'est aussi la couleur des manches et de la main droite du Pape.

C'est donc l'Intelligence (la tiare) qui inspire les deux personnages. La volonté d'agir, le désir, les enveloppent, et la force créatrice s'y manifeste par le rouge de leur manteau. Il faut remarquer des détails : le blanc, symbole de pureté, entoure la tête de la Papesse, manifestant la pureté de la pensée, entourant les bras du Pape, elle indique celle de l'action. L'acte de l'un comme la pensée de l'autre sont purs, et se réfèrent à l'idée de l'arcane II, qui précède la Ve ; c'est la Science, le Savoir. La figure de la Ve lame transmet la connaissance de la Nature aux disciples agenouillés devant lui.

Cet arcane symbolise donc la communication de la Science aux hommes ; c'est le symbole de la lumière qui éclaire chaque homme venant en ce monde, mais elle est reçue dans un esprit différent par les disciples.

Celui qui est à la droite du Pape obéit à l'intelligence pure ; elle couvre sa tête, entoure son corps soumet la force génératrice ou créatrice — le rouge — à son empire. Le désir et la volonté sont guidés par elle. Sa main droite baissée indique l'obéissance ; il ne demande pas, mais reçoit avec soumission.

Celui de gauche a la tête couverte de la couleur chair, qui exprime ce qui est matériel. L'esprit pur ne gouverne pas sa pensée. Rien n'indique, dans la coloration du personnage, le pur désir qui inspire le Maître, la limpidité de sa volonté. L'homme de gauche est enveloppé de la force créatrice, du désir de produire et d'agir, et ce désir au lieu d'obéir à l'esprit, domine l'intelligence.

Le symbole est clair : la science peut être transmise, pour le bien, qui est dans la voie de l'esprit, ou pour le mal qui est dans la voie de la science que l'esprit ne dirige pas, mais dont il devient le serviteur. Le rouge qui symbolise la force génératrice, le bleu qui signifie le désir, peuvent être orientés conformément à la science de l'esprit, ou dans les directions auxquelles l'esprit, c'est-à-dire l'Intelligence divine, ne servira plus de lumière guidant le disciple.

La science que communique le Pape est celle des lois de l'Univers, symbolisée par la Croix à trois branches, le Ternaire symbole du monde en évolution ; elle embrasse trois ordres de révélation : celle de la matière, celle du monde astral, celle de l'esprit.

La figure de droite reçoit, celle de gauche demande, la main tendue, et ce qu'elle demande n'est pas la branche supérieure de la croix qui est l'esprit.

Le sens traditionnel de cette lame est : Bonté, Sagesse. Elle exprime bien l'idée que l'essence de l'enseignement communiqué aux hommes est la sagesse et son corollaire la bonté.

Le Tarot nous apprend que la communication de cette science de la Sagesse est une révélation des forces supérieures, d'origine divine, aux êtres inférieurs que nous sommes.

Quel est le personnage à qui incombe la transmission de ce message spirituel ? Que cache le symbole du Pape ? Nous savons que cette appellation est elle-même symbolique. L'idée qui se dégage est celle d'un enseignement donné par un être rapproché du créateur, à l'humanité, seule espèce vivante apte à le recevoir. Nous appartenons encore au monde animal, nous sommes seulement les êtres les plus évolués dans le mode d'existence que nous connaissons. Le Dieu chargé des messages de Zeus est Mercure, Hermès en grec. La figure n'a aucun des attributs de l'Hermès classique de la mythologie.

Mais il joue un rôle considérable dans les traditions occultes. D'après elles les livres d'Hermès résumaient dans un langage symbolique, accessible aux seuls initiés, les principes de la philosophie des sanctuaires secrets et des mystères.

La figure convient à cet aspect d'Hermès. C'est l'Hermès Trismégiste, trois fois très grand, de l'Hermétisme, la science cachée de la Nature à laquelle on a donné son nom.

Le personnage figuré est le dépositaire de la science exprimée par l'arcane II, celle de la Nature ou de l'essence de l'Univers manifesté. Il ne la communique pas à tout le monde, mais à un nombre restreint de disciples. qui deviendront des initiés, s'ils remplissent les conditions voulues.

Ce symbolisme est tellement apparent qu'Etteilla, malgré son ignorance, qualifie la carte équivalente de son Tarot « le Hiérophante », celui qui explique les mystères sacrés.

Astronomiquement, Mercure ou Hermès est la planète la plus rapprochée du Soleil, elle ne s'en éloigne jamais beaucoup, 28 à 30° environ, elle en reçoit les rayons avec plus de pureté et de force que les autres planètes. Elle est en quelque sorte la compagne du Soleil, symbole du Démiurge créateur. Elle est sa servante et sa confidente. Le rôle du Dieu auquel elle est attribuée, dans la mythologie hellénique, en fait naturellement le porteur des messages du Créateur aux créatures nées de sa volonté. L'attribution se justifie encore par les associations d'idées qu'évoque Hermès. Elle est donc logique et conforme aux règles d'analyse que nous avons adoptées.

Au point de vue de la Science occulte des nombres, elle représente le quinaire, ou nombre cinq, dont le symbolisme traditionnel convient parfaitement au sens qui lui est attribué.

Le quinaire a deux aspects : l'un bon, l'autre mauvais. Il y a le 5 dont les composantes sont 3 et 2, et le 5 formé par 4 plus l'unité. Le premier met en présence une force de progrès et une force de résistance à ce progrès. De cette idée générale découlent beaucoup d'idées accessoires que le lecteur curieux pourra chercher à découvrir, mais qui ne trouveront leur place que dans l'analyse des arcanes mineurs. Ce mauvais quinaire ne saurait être le nombre du message divin, de l'arcane de la Science et de la Sagesse. Il n'entrerait pas dans le système numérique logiquement développé dans les arcanes majeurs. Mais il s'applique à celui qui fait mauvais usage de la science de la nature, qui consacre son activité, 3, au binaire matériel, 2. Celui-là ne suit pas la voie de la lumière spirituelle.

Le 5 par 4 plus 1 entre au contraire naturellement dans le symbolisme spirituel ; 4 est, en effet, le nombre de la perfection matérielle. Il symbolise la dernière étape de la création, la Terre élémentaire, principe de la matière telle que nous la percevons. Par ses propres moyens, c'est-à-dire sans l'adjonction d'une force créatrice nouvelle représentée par l'unité additionnelle qui forme le 5 par 4 plus 1, le 4 exprime la stabilité de la matière. C'est un bloc qui ne peut bouger, si une impulsion extérieure ne lui donne le mouvement. Ce rôle moteur appartient à l'Unité additionnelle ; le progrès qui résulte du mouvement de la matière vers l'esprit est la sensibilité. Tel est le symbole cosmogonique du Quinaire par 4 plus 1.

La sensibilité est la première manifestation de la Vie par laquelle l'Intelligence se montre dans la matière. Il faut entendre ce mot dans son sens le plus large. Il exprime la sensibilité naissante dans les êtres inférieurs sous la forme rudimentaire de l'irritabilité aussi bien que celle qu'il prend dans les êtres supérieurs, chez lesquels il devient le sentiment. C'est le germe de la vie affective, la source de la Haine et de l'Amour. C'est pour cette raison que Platon a sans doute pris le chiffre cinq comme nombre de l'Âme du Monde.

Il correspond d'ailleurs aux cinq sens, seuls moyens que nous ayons de connaître le monde extérieur. Notre sensibilité générale atteint son plus haut degré de perfection dans la spécialisation de nos sens : la vue, l'ouïe, le goût, l'odorat et le toucher. Ce fait est peut-être le fondement principal du sens symbolique donné au cinq.

La science et la sagesse procèdent directement de nos cinq sens ; la première en nous faisant connaître, par nos sensations, les phénomènes extérieurs ou intérieurs affectant notre sensibilité ; la seconde en nous permettant de les classer, de les coordonner et de les juger.

Toutefois, à partir du cinquième arcane, nous quittons le monde de l'Unité, existant dans la pensée divine, et nous sommes en présence du monde réalisé dans ses trois degrés essentiels : le monde matériel, le monde spirituel et le monde astral intermédiaire, et il faut désormais examiner les arcanes à ce triple point de' vue.

Il n'y a pas grand chose à dire des rapports de l'arcane V avec le monde matériel. Il exprime la connaissance de ses lois, la science ordinaire.

Son sens est plus difficile à comprendre en ce qui concerne le monde intermédiaire, ou astral. Il est bien difficile de trouver des expressions justes pour en parler : d'abord parce que le monde astral nous est peu familier, ensuite parce qu'il n'y a pas encore de langage apte à le décrire, la terminologie manque. Les auteurs qui en parlent ne sont pas d'accord entre eux, et les découvertes théosophiques de Mme Besant et de M. Leadbeter sur la constitution de la molécule d'hydrogène par exemple ne sont pas conformes à la réalité. L'Astral est un pays encore inexploré et on ne peut que résumer l'idée des écrivains les plus distingués sur cette matière.

Le monde astral est, d'une manière générale, semblable au nôtre. Il est composé d'une matière plus subtile ; mais ses éléments sont de même nature. Ils sont dans un rapport plus direct avec la pensée ou l'intelligence. La matière astrale est quelquefois perceptible à nos sens, soit qu'ils aient une sensibilité naturelle plus délicate, soit qu'ils aient été affinés par une éducation particulière et un entraînement spécial. Cette éducation et cet entraînement constituent l'Initiation telle que l'entendent les écoles occultistes. Elle enseigne la théorie et la pratique de la Magie, qui est la science : 1° des rapports entre le monde matériel et le monde astral ; 2° de la mise en action et de la direction des forces astrales.

C'est la basse magie.

La haute magie est la science des rapports entre les deux mondes, matériel et astral, et le monde spirituel. Elle est plus difficilement accessible et conduit à l'union de l'âme individuelle avec l'âme universelle on âme du monde. Les Ennéades de Plotin exposent ces idées d'une manière qui n'a pas été égalée. La haute magie semble correspondre en partie à la mystique divine des théologiens. La basse magie correspond à la mystique humaine et diabolique. Elle comprend la magie naturelle, qui est la connaissance et la pratique des forces astrales ; elle n'a rien de surnaturel.

D'ailleurs, dans la philosophie occulte, il n'y a pas de surnaturel, c'est-à-dire d'action contraire aux lois de la nature. Les théologiens ont une opinion contraire et distinguent, avec saint Thomas d'Aquin, le miracle selon a nature et le miracle contraire à la nature. Le premier est une opération qui met en mouvement des forces naturelles encore inconnues ; le second est dû à l'intervention des fonces d'origine divine dont l'action, plus puissante que celte des forces naturelles, proprement dites, détermine des effets en opposition à ceux de la nature créée.

La différence entre ces deux doctrines est due à la conception qu'a la mystique religieuse des rapports de Dieu et de la Nature, c'est-à-dire de l'Univers manifesté où sa toute-puissance agit directement. Dans fa doctrine secrète des philosophies occultes, Dieu n'a pas de rapports directs avec l'Univers. Le Créateur est son œuvre, mais le Créateur ou Démiurge, est partie intégrante de l'Univers et fait corps avec lui, comme notre âme fait partie intégrante, au cours de nos vies, d'une individualité composée d'éléments inférieurs, astraux, et matériels. L'être vivant, particulièrement l'être humain, est un microcosme ont la constitution est copiée sur celle du macrocosme ou Univers manifesté.

Cette doctrine a es conséquences les plus variées. Elle fait comprendre une foule de symboles qui resteraient indéchiffrables, si on la perdait de vue ; le sens de l'arcane V ne saurait être deviné sans son aide. L'enseignement donné par le Pape est en effet complet.

En ce qui concerne particulièrement la science astrale proprement dite, la doctrine du philosophe hermétiste, dont nous essayons de reconstituer la pensée, ne sépare pas la science astrale de celle du monde spirituel. Je dois. définir ici le sens dans lequel j'emploie ce mot. Il embrasse le domaine de l'intelligence dans ce qu'elle veut, ce qu'elle sait, ce qu'elle entreprend et ce qu'elle réalise ; l'intelligence obéit à la Loi du Ternaire qui se traduit, dans le monde supérieur par les trois principes du Vrai, la science ; du Beau, l'esthétique ; du Bien, la morale où règle de la conduite ; peut-être y en a-t-il un quatrième le plus élevé de tous, qui est obscurément indiqué et paraît propre au monde spirituel, l'Abnégation. Elle est difficile à définir ; je n'en aperçois que Îles contours à peine indiqués par certains arcanes, notamment le XIIᵉ. Elle implique les idées de sacrifice de soi-même, de solidarité, de l'interdépendance du sentiment de tous les êtres. Elle fait de l'individu un élément destiné à la formation d'une entité supérieure due à la synthèse, non à la fusion de tous les individus de même espèce, c'est-à-dire d'êtres arrivés à un état semblable. Cet être ne serait destiné à naître que si tous ses éléments. sont arrivés à un degré de perfectionnement sinon semblable et égal, mais au moins suffisamment harmonique pour que leur union soit possible. Le progrès final auquel chacun de nous doit tendre dépend du progrès de tous. C'est un principe intermédiaire entre notre mode d'existence actuel et un autre, qui lui est supérieur. Nos regards n'y peuvent pas pénétrer. C'est une terre promise, mais nous ne l'apercevons qu'à l'horizon, et dans la brume.

La Vᵉ lame reste, autant que j'aie pu le comprendre, dans le monde du Ternaire, mais elle se place au point de vue de l'astral dominé par le principe spirituel. Nous verrons que l'indication d'une science mal dirigée est en même temps donnée.

31. Les forces astrales — L'od — La télépathie — Dualité du monde astral

La science de l'astral, d'après les philosophies occultes, apprend que ce monde a sa matière et son énergie. Intermédiaire entre le monde matériel et le monde spirituel, influencé par l'esprit, créateur de la vie et de tout ce qui se manifeste dans l'Univers, le monde astral est essentiellement le réalisateur des formes que conçoit l'esprit. Toute chose manifestée dans le monde matériel élémentaire a son proto-type, son modèle astral.

Ces conceptions rappellent celles de la philosophie grecque. Le plan de la forme correspond approximativement aux idées de l'École de Platon ; c'est l'aspect spiri-tuel des choses, et c'est à ce point de vue que certaines écoles, la plupart modernes, parlent de la puissance créatrice de la pensée. Le monde spirituel correspond à la volonté de la philosophie de Schopenhauer, le monde astral à ce qu'il appelle la représentation ; dans les doctrines d'Aristote, il rappelle « la forme » qui modèle « la matière » et lui, donne son existence individuelle.

Le monde astral est le réservoir des formes possibles, présentes, passées et fu-tures. C'est un réservoir et en même temps un miroir où le reflet des choses passées, c'est-à-dire des formes réalisées dans le Temps s'estompe et s'inscrit, où s'imprime le présent dessiné en traits plus nets, où les choses à venir s'esquissent dans des contours plus indécis. Et tout cela coexiste, formant ce que les occultistes appellent les clichés astraux.

Il en résulte une complexité, une confusion extrêmes. C'est comme une forêt vierge dans laquelle les grands événements sont comme des arbres géants, et les moindres des lianes, des arbustes, toute la flore forestière. Les plus petits sont pareils aux mousses qui se pressent au pied des arbres, aux lichens qui grimpent accrochés à l'écorce de leur tronc.

Ce monde prodigieux des formes possibles est auprès du nôtre, dans le nôtre, mais il est invisible parce qu'il existe dans un état différent et se réalise sur un rythme plus rapide.

Ces formes sont constituées par une matière beaucoup moins dense que notre matière. On ne dit rien de sa nature. Quelques occultistes, dont les connaissances pratiques sont plus étendues que leur information historique, la confondent avec l'éther ou ce que nous appelons ainsi. Mais l'essence de la matière astrale paraît être différente, car l'éther, pour être par rapport à notre matière d'une subtilité presque infinie, n'en appartient pas moins à notre plan, à notre « monde ». Nous ne connais-sons rien de la nature réelle de ce que nous appelons l'éther, substance aux proprié-tés contradictoires qui n'offre aucune résistance aux astres qui le traversent avec des vitesses de plusieurs kilomètres à la seconde, et qui paraît servir de véhicule à la lumière, à l'électricité, à la chaleur, à la plupart des formes d'énergie qui nous sont familières. Malgré sa ténuité, il aurait la rigidité de l'acier, suivant Lodge et une densité inimaginable suivant d'autres physiciens.

Nous ignorons trop sa véritable nature, nous sommes même trop peu certains de sa réalité pour qu'il soit utile d'en parler, car le Tarot n'y fait aucune allusion.

Il n'en est pas de même de l'énergie astrale. L'énergie qui se manifeste dans le monde matériel par le mouvement, aux mesures duquel se règlent la gravitation, l'électricité, le magnétisme, la chaleur, la lumière et toutes les formes de l'énergie matérielle, se manifesterait dans l'astral par des mouvements encore plus rapides. Nous n'en dirons rien, car la plus complète obscurité entoure le problème de l'éner-gie astrale. Les occultistes en signalent quelques manifestations, dont les princi-pales sont :

La lumière astrale : Éliphas Lévi en fait l'agent principal de l'énergie astrale. Il est assez difficile de s'en rendre un compte exact. On est tenté de l'identifier avec le Fohât de Mme Blavatsky, qui correspond à ce qui est le mouvement dans le monde matériel, c'est-à-dire le principe auquel se ramènent en définitive toutes ses opérations ; cela rappelle la loi de Joule, étendue à toutes les manifestations de l'énergie dans la matière. Nous savons actuellement que l'échelle des ondulations va de la lenteur du sort dans les milieux matériels à celle de la lumière dans l'éther, et que la longueur des ondes varie dans les mêmes proportions. Les ondes de la lumière violette, les plus courtes et les plus rapides que nos sens perçoivent, atteignent un nombre formidable de millions à la seconde. Et il y en a de plus rapides au delà du violet.

Si le monde astral existe, il est probable que les lois de la mécanique matérielle sont analogues, mais non semblables à celles de l'astrale. Déjà dans notre monde, nous avons des indications qui font supposer que la mécanique de l'extrêmement petit diffère de celle des grandeurs moyennes. Dans un tube capillaire, la gravitation a moins d'influence que d'autres forces qui font monter les liquides au lie de les laisser descendre. Les différences qui distinguent les forces astrales des nôtres ne sont pas tranchées et nous constatons des effets particuliers qui correspondent à des degrés intermédiaires entre la condensation de la matière et celle de l'élément astral équivalent. Nous ne pouvons aller au delà et il faut reconnaître que l'analyse purement logique du symbolisme du jeu du Tarot, ne nous donne aucune indication sus la nature des forces homologues dans les trois plans. El me faut pas confondre la lumière astrale avec ce que Paracelse appelle « Licht der Natur », la lumière de la Nature. Cette expression signifie la connaissance de la nature ; Paracelse fait de cette Lumière naturelle le guide que nous devons suivre pour arriver à la science, qu'il distingue, avec quelque violence, de la science des Professeurs et des Théologiens. Il lui donne comme fondement l'expérience et comme critère la raison.

Il y a encore l'Od de Reichembach. Il rappelle le fluide de Mesmer et le magnétisme de William Maxwell son précurseur du XVIIIᵉ siècle. On a des informations plus complètes sur l'Od que sur la lumière astrale. Il semble bien que cet agent soit de nature intermédiaire. Sa réalité me paraît probable. Sans entrer dans les détails de son action ; il suffit d'indiquer les résultats de ses effets et leur mécanisme apparent.

L'Od est une sorte de radiation émanant des êtres vivants. Les opinions diffèrent sur son origine. Les uns, comme Reichembach, pensent que l'organisme est son producteur direct ; les autres, comme Maxwell et Mesmer, en font une force qui s'irradie dans l'univers, d'une manière analogue aux radiations magnéto-électriques ; Mesmer, imbu des idées de son temps, aux tendances matérialistes, lui donne une origine mécanique, mais cosmique. L'Univers est composé, dit-il, de deux éléments primordiaux : la masse et le mouvement. Toutes les manifestations de l'existence, matière, vie et pensée ont leur principe dans les deux forces, l'une active et l'autre passive qui déterminent tous les phénomènes de la Nature par leurs actions et réactions réciproques.

Maxwell en fait un agent spécial, cause des manifestations de La vie sous toutes ses formes. L'être vivant y puise continuellement l'énergie vitale comme une sorte d'aliment, d'air plutôt, qu'il aspire et expire. Quelques écoles occultistes désignent ces deux aspects du fluide vital sous le nom « d'aspir » ou « d'expir ».

La particularité de l'Od, par laquelle il se distingue des forces purement matérielles, est d'être, dans une certaine mesure, soumis à la volonté de l'être qui l'a absorbé, comme un condensateur emmagasine l'énergie électrique, et qu'il peut, selon son désir, diriger l'Od expiré ou radié dans une direction déterminée et pour des buts choisis. Il agit sur la matière, et celle-ci, par suite du passage du courant odique, subit des modifications transitoires qui rendent le courant visible. Il peut se condenser dans certaines substances, principalement l'eau, les objets formés par des substances animales ou végétales, les cheveux, le sang, la laine, etc… Celles-ci peuvent se décharger, comme les substances radio-actives se déchargent d'un certain nombre de leurs électrons. Les radiations ainsi émises obéiraient à l'impulsion de la volonté qui les aurait emmagasinées dans l'objet servant de condensateur, et continueraient son opération dans sa direction et son objet.

L'Od, ou l'effluve humain, serait un puissant agent thérapeutique, source du tonus nerveux ; il agit sur les fonctions de nutrition des cellules du corps, sur la circulation et sur la sensibilité. Il y a beaucoup de vrai dans ces allégations. Les faits de psychométrie seraient des manifestations odiques.

Enfin, on peut supposer que les phénomènes de télépathie dépendent de l'action d'une troisième de ces forces semi-astrales, agissant directement sur les centres supérieurs du système nerveux, et provoquant des hallucinations sensorielles ou motrices. On s'aperçoit, à l'analyse attentive, que cette force, si elle existe réellement, se manifeste de deux manières : la première est la production d'hallucinations des centres de la sensation ou du mouvement musculaire (automatisme sensoriel ou moteur) ; la seconde agit sur les centres de l'idéation et ses effets provoquent des idées plutôt que des images. On peut dire que la première évoque des idées par le symbolisme de l'image ; la seconde entraîne des images consécutives à l'idée provoquée. Ces images sont naturellement plus faibles, à cause de la prédominance de l'idée.

A la différence de l'Od, l'agent télépathique n'a jamais été aperçu : on ne relève dans la littérature occultiste ou métapsychique aucune observation indiquant sa visibilité. Son action sur les sens et sur la pensée conduit les adeptes à le considérer comme agissant à la fois dans le plan astral inférieur, celui de l'âme sensitive dont il serait le degré supérieur, et celui de l'âme rationnelle dont il formerait le degré inférieur.

Nous verrons que le Tarot donne des indications très claires sur la dualité du monde astral dont les nombres symboliques vont de 5 à 10: 5, 6 et 7 représentent l'astral inférieur ; 8, 9, 10 le plan astral supérieur ou plan mental, Paracelse les distingue expressément : la partie inférieure de l'astral survit quelque temps au corps et constitue l'*Evestrum*, cause des phénomènes de hantise, et siège des désirs matériels. Pendant sa survie temporaire, il conserve les habitudes de l'être dont il faisait partie, mais il n'a aucune intelligence. Il est visible pour certaines personnes et dans certaines occasions. Il correspond à la coque astrale des théosophes, et cause les apparitions « locales fixes » étudiées par la Société des Recherches psychiques de Londres.

La partie supérieure, visible dans de très rares occasions et par très peu de personnes vivantes, suit les destinées de l'âme, dans notre mode actuel d'existence.

La théorie de Paracelse est d'autant plus instructive qu'elle est celle d'un contemporain probable de l'auteur inconnu du Tarot actuel, ayant lui-même une connaissance approfondie des doctrines hermétiques ; il s'est spécialisé dans la chimie occulte (non l'alchimie au sens habituel de ce mot) et de la médecine magique. Il enseigne que la volonté d'une personne peut, dans certaines conditions, agir sur une autre personne et lui apporter la santé ou la maladie et la mort. Cet effet est dû à l'action d'une force astrale, qu'il appelle la Mumie. Elle a son siège dans le corps astral, obéit à la volonté, dans sa direction et sen objet. Elle se rapproche, à ce point de vue, de l'Od ; elle atteint le corps matériel par l'intermédiaire du corps astral ; la mumie n'agit directement que dans le plan astral.

Corneille Agrippa assure que l'on peut agir à distance, communiquer instantanément sa pensée à une personne éloignée, opérer même physiquement en bien ou en mal sur elle. Pour y arriver, il faut provoquer en soi-même un éréthisme émotif violent, car la force qui transmet ces pensées et cette volonté a sa source dans l'âme sensitive, et elle se projette avec d'autant plus de vigueur que les passions de cette âme sont plus vivement excitées. La moindre expérience de ces choses confirme la doctrine d' Agrippa ; la force à laquelle il attribue ces phénomènes produit les effets de l'Od et de l'agent télépathique ; elle correspond assez exactement, dans le domaine de ses effets, à la force psychique de Crookes et des métaphysiciens.

Cependant, si Paracelse ne fait aucune allusion au mode de mise en mouvement de cette force, son analyse est. plus complète que celle d' Agrippa, et s'accorde mieux avec l'enseignement du Tarot.

Il était nécessaire de donner les indications que je viens d'écrire ; malgré leur longueur, elles sont incomplètes, sommaires, et n'exposent que des principes très généraux, car le monde astral joue un rôle important dans la philosophie hermétique.

32. Le monde spirituel

Le troisième élément du microcosme est le spirituel ; il correspond au monde de l'esprit ou de l'âme individuelle, partie ou création de l'âme du monde ; l'esprit perd, par son union avec la matière, une partie de sa liberté, de ses facultés et de sa connaissance de la Nature. Il semble que cette union avec la matière sait une condition de l'évolution de l'être vers les modes d'existence qui lui sont promis : mais il doit mériter cette récompense. Quelle que soit la Cause de cette descente dé l'esprit dans la matière — cette cause est l'effet d'une volonté que nous ne pouvons connaître encore — la vie est une écale, et nous ne sortirons de là prison de la matière que lorsque nous aurons appris sa leçon. Nous savons par le Tarot (lames V, VIII, X et suivantes) que son objet est la connaissance de la Nature dans ses trois plans, physique, astral et spirituel et que ce dernier est pour nous le mode le plus élevé de l'existence.

C'est donc vers le progrès spirituel que doivent tendre nos efforts, c'est-à-dire vers le dégagement des liens matériels dans lesquels nous sommes enchaînés. Nous devons mettre en pratique l'enseignement du maître figuré dans l'arcane V.

Il se résume dans les idées qu'exprime son sens traditionnel : Sagesse, Science, Bonté. La pensée qui a présidé à la conception de l'Univers est la Bonté, associée à la Justice, troisième degré de l'évolution à partir de la Ve lame, c'est-à-dire à l'idée symbolisée par l'arcane VIII. Et ces degrés sont clairement indiqués par l'échelle ternaire : VIII Justice ; XI énergie ; XIV combinaison ; XVII espoir ; XX rénovation, naissance de l'homme nouveau libéré des quatre éléments de la matière dans l'arcane XXI et dernier.

Pour le Tarot, le principe du monde est la Bonté. Quelles que soient les apparences contraires, la série successive de nos vies est un bien ; c'est le moyen qui nous est donné de nous élever à un mode d'existence supérieur et meilleur ; mais il faut nous en rendre dignes. A tous la lumière est donnée, mais tous n'apprennent pas en même temps à connaître les objets qu'elle éclaire. Et c'est à nous de faire notre choix sous notre responsabilité.

Au point de vue occulte, l'arcane V a un sens particulier qu'il faut connaître pour comprendre la signification profonde des arcanes VI, VII, VIII et IX. Le Maître de l'arcane V instruit deux disciples. L'enseignement est égal pour l'un comme pour l'autre ; mais, comme nous l'avons vu, l'un d'eux obéit à l'esprit, à l'Intelligence pure ; l'autre est enveloppé par les forces génératrices et par le désir, par ses passions et ses aspirations personnelles. L'arcane V nous indique que l'enseignement également donné est inégalement reçu et que la science seule, sans le gouvernail de l'esprit, ne saurait conduire au port.

La communication de la science est le premier degré du progrès ; il n'est pas le seul. La science est réceptive, elle appartient au monde du Binaire. C'est un arbre que l'on juge sur ses fruits, et ses fruits symboliques sont l'usage qui sera fait de la science acquise.

Cet usage dépend du choix de celui qui sait, et ce choix constitue le second degré de l'Initiation. L'arcane VI nous résume l'enseignement du maître sur ce point.

33. L'arcane VI — L'amoureux — Le Sagittaire — L'épreuve — Le choix

Il est intitulé *l'Amoureux*. Ce titre ne correspond pas au sens philosophique, évident, que comporte le symbolisme du Tarot. Celui qui a mis un nom sur les figures est un cartographe peu versé dans les sciences occultes et nous avons constaté sa simplicité dans les arcanes précédents : les Ire, IIe, IIIe, IVe, V^e. Le VIe en est un nouvel exemple. Il représente une grande étoile, manifestement Antarès, le cœur du Scorpion qui est au 8e degré du Sagittaire. Astrologiquement, cette étoile est des plus dangereuses. Son sens général est la violence. Bien aspectée, elle signifie le succès dû à l'énergie et à la persévérance ; cependant elle est toujours menaçante

; c'est la faveur des rois suivie de disgrâce et de mort[3]. C'est une influence qui est pareille à celle de la bête de proie qui guette la première imprudence de sa victime.

Le choix d'Antarès, comme emblème du Sagittaire, dénote des connaissances astronomiques assez étendues ; l'auteur du Tarot déroute un peu les analystes superficiels, car cette étoile fait partie de la constellation du Scorpion ; mais elle est sur un méridien qui appartient au Sagittaire, et dans un thème astrologique sa place actuelle est à quelques minutes au delà du 8° degré de cette constellation. Son symbolisme astrologique est bien choisi.

Il faut, en effet, de l'énergie et de la ténacité à celui qui veut arriver à l'initiation complète.

L'étoile figurée dans l'arcane VI est bien Antarès[4], et l'archer céleste qui lance une flèche évoque logiquement l'idée de la constellation du Sagittaire.

Au-dessous de lui, un homme est placé entre deux femmes : celle qui est à sa droite a une robe rouge, une ceinture d'or jaune, une couronne de

VI — L'AMOUREUX

laurier de la même couleur. Les manches de sa robe sont bleues. Ses cheveux noirs rappellent la couleur de la planète Saturne, symbole de l'inflexible Destin, et planète maléfique ; le noir symbolise aussi l'illusion. A sa gauche est une femme dont la chevelure, jaune, frisée, ne porte aucun ornement. Sa robe est bleue, son col blanc, la doublure de son manteau bleu est rouge. Au-dessous de la robe paraît le bas d'une jupe jaune.

La femme placée à la droite de l'homme symbolise la passion créatrice, génésique, dominant le désir ; l'intelligence se consacre aux honneurs puisqu'une couronne de lauriers la représente et la ceinture jaune d'or évoque le souvenir de la ceinture dorée des femmes folles du Moyen Age ; on connaît le proverbe. L'intelligence, l'esprit sont noyés dans la sensualité.

L'autre femme symbolise, au contraire, un désir plus pur (le col blanc) ; l'intelligence spirituelle couvre naturellement sa tête et la force créatrice obéit à cette direction spirituelle qui entoure directement la figure puisque le jaune paraît au sommet de sa tête et à ses pieds.

L'homme a une tunique rouge, bordée de jaune, la force créatrice dirigée par l'esprit ; ses manches jaunes indiquent qu'il agit selon l'esprit ; sa chevelure blanche

---

3   Rantzau, p. 186.

4   Cela peut donner une idée de la date du symbole. Antarès est toujours dans la constellation du Scorpion, mais elle est entrée dans le signe astrologique du Sagittaire vers l'an 1300, détail qu'un astrologue seul connaissait.

évoque l'idée de pureté. La direction de ses mains indique son choix ; il préfère la femme sans bijoux, simplement vêtue ; j'ai dit déjà à quelle légende mythologique ce symbole fait allusion.

C'est le choix, l'épreuve, conséquence naturelle et traditionnelle de la voie de l'initiation. L'arcane VI nous en révèle les conditions principales.

L'ange ou génie qui frappe l'homme de sa flèche symbolise l'appel d'en haut. Tout le monde n'est pas appelé au même moment à l'adeptat et il n'est pas permis d'y être candidat tant que les forces supérieures ne nous ont pas appelés. Cet appel, cette vocation dans le sens latin du mot, vient d'en haut. Il se manifeste, soit par le goût des études supérieures — symbolisées par Mercure-Hermès — soit par des facultés physiques analogues à celles qui caractérisent le tempérament médiumnique, soit par des dons d'inspiration et d'intuition. Car les trois personnes de l'arcane VI indiquent les trois voies mystiques du Beau, du Bien et du Vrai, et le quatrième personnage, ange appartenant à un monde supérieur, esquisse la possibilité d'une quatrième voie, dont j'ai parlé plus haut. Elle est en contact plus étroit avec les mondes supérieurs.

Préalablement à toute initiation véritable, id faut donc un appel d'en haut, un premier choix dont nous ne sommes pas les maîtres. Ce choix fait, l'appel doit être d'abord entendu, et ce point mérite d'être étudié de près, car trop souvent, hélas, l'appel même répété, n'est pas entendu ou n'est pas compris.

Il n'est pas entendu quand les choses de ce monde bruissent autour de nous. Combien de savants, d'artistes, de mystiques, d'inspirés ne l'entendent pas! Les succès mondains, l'ambition, la vaine poursuite de la gloire, de la célébrité, de la richesse, des dignités nous rendent sourds à cet appel. Il en est ainsi de la recherche des plaisirs des sens, écueils encore plus périlleux que les premiers.

C'est pour cela qu'un des philosophes hermétistes les plus remarquables, le président Jean d'Espagnet, auteur de l'*Arcanum opus hermetiae philosophiae* et de l'*Enchiridion Physicae restitutae*, recommande à celui qui veut chercher la vraie science hermétique de s'isoler du monde et de dédaigner la richesse, conseil bien difficile à comprendre si la transmutation des métaux en or était le but véritable de la science d'Hermès. L'or, la matière la plus précieuse, est un symbole. Il est enfoui dans le sein le la terre, et sa recherche est dure, pénible et longue. Cet or, symbolise or caché en nous-mêmes, l'être que nous devons projeter au dehors de nous et qui deviendra l'homme nouveau destiné à naître de nous seuls, comme Minerve est née de Jupiter. Alors nous connaîtrons les pures joies de la seconde naissance.

Quelquefois l'appel céleste que représente la VIᵉ lame, est entendu, mais il n'est pas compris. Il ne l'est pas pour les causes générales ci-dessus résumées et dont l'orgueil et le plaisir sont Les principes. A ces causes, dans le second cas, s'en ajoute une autre, plus dangereuse ; la confiance en soi-même, et l'absence d'une direction éclairée. L'intérêt personnel, en apparence le plus légitime, peut s'insinuer dans l'esprit et colorer, sous la forme d'une intuition, d'une inspiration, d'un message d'en haut, même d'un devoir, ce qui est une œuvre d'égoïsme, dont les motifs cachés au fond de nous-mêmes échappent à notre jugement faussé par des préférences humaines auxquelles nous prêtons une apparence supérieure. Là où ces motifs humains, et en réalité égoïstes, trouvent le moyen d'agir, l'appelé ne peut être l'élu, et il subira les conséquences funestes de son choix. Quels que soient ses succès, son âme ne sera pas satisfaite, car sa nourriture est le pain angélique, et non celui des hommes.

Au contraire, celui qui répond à l'appel ou qui cherche honnêtement à y répondre peut ne pas subir l'épreuve avec succès ; mais s'il ne mérite pas la joie de voir la beauté d'Isis, sa conscience tranquille lui donnera la paix du cœur, et son âme, dans les pires orages, trouvera le repos et la sérénité.

Le choix indiqué par l'arcane VI va-t-il jusqu'à la rigueur d'un cloître ? Non. Il n'exige pas la chasteté absolue, puisque la figure choisit entre deux femmes ; mais elle recommande le choix de la vertu, c'est-à-dire le choix désintéressé de la compagne, qui doit être elle-même dans la voie spirituelle et non dans le tourbillon des sens. La main de la femme choisie est placée sur le cœur de l'homme, allusion au sentiment profond qui est la seule base du véritable amour.

Ce symbole, exprimant la passion la plus dangereuse pour la vie spirituelle, nous apprend que la vocation ne nous oblige pas à nous sevrer des joies de ce monde ; que notre corps a ses besoins et même ses devoirs, qu'il est notre associé, le support matériel de notre vie, et qu'il serait injuste de le priver de ce que la nature l'engage à faire par l'attrait puissant de certaines fonctions. Mais l'usage doit être conforme à la sagesse, réglé par sa direction. Il ne doit point devenir l'abus ; serviteur, il ne doit pas usurper la place du maître.

Le choix fait, l'épreuve arrive. Elle est inévitable, elle est désirable. Elle se réalise par le malheur, la privation du bien-être, la souffrance physique et morale, la maladie et la mort. Tout. cela ne doit pas détourner l'adepte futur de la voie où il s'est engagé. Ces maux n'ont que l'apparence du mal.

Prenons la vie physique et son évolution comme exemple.

Le progrès dans l'évolution des espèces dépend de deux lois naturelles inconciliables. L'hérédité qui fait les descendants sur le même type que les parents et la variation de l'individu qui, sous l'influence de causes intérieures ou extérieures, s'adapte aux changements du milieu. Ce fait aboutit au transformisme, c'est-à-dire au passage d'un type spécifique à un autre. L'embryologie montre que l'évolution embryonnaire rappelle les stades que l'espèce a parcourus dans son évolution vers une forme supérieure : le fœtus humain est d'abord une cellule, l'ovule, qui une fois fécondée se segmente de la même manière que celle des animaux les plus bas dans l'échelle des êtres : puis rappelle les annélides, les segments se soudent, une ligne dorsale s'esquisse, ébauche de la moelle épinière, des ganglions symétriques s'y greffent les systèmes circulatoire et respiratoire se développent. L'être humain a des branchies comme un poisson, c'est déjà un vertébré ; plus tard, on ne distingue pas dans les membres naissants le fœtus de l'homme de celui d'un autre mammifère ; enfin il revêt, de plus en plus, la figure humaine, et le développement de son système nerveux cérébro-spinal, principalement du cerveau et de ses circonvolutions, lui imprime les signes distinctifs de son espèce supérieure aux autres.

Cette ascension se paye par la douleur et par la mort. L'une est le fondement de l'expérience, le signal qui marque les périls, et l'être ne les connaît qu'à la longue.

Enfin la mort elle-même apparaît avec un rôle bienfaisant dans l'évolution, car elle brise les moules usés et permet à l'être continu, qu'est l'individualité humaine, de se construire un corps plus parfait, un instrument mieux adapté au progrès : ce progrès est manifestement la vie intellectuelle ; l'organisme s'adapte de plus en plus aux besoins de l'esprit. Nous verrons ces principes développés dans l'arcane X.

Tel est l'aspect philosophique de la douleur et de la mort. L'une est l'éperon qui excite l'être ; l'autre l'entrée dans le repos nécessaire à la préparation d'une vie nouvelle ; c'est comme la fontaine de Jouvence, une source de perpétuels rajeunissements. Le créateur n'avait pas, il me semble, d'autre moyen d'assurer le progrès de l'être par l'énergie et la recherche de la vie intellectuelle, prélude de la vie spirituelle. Ayant devant lui, et assurant à ce qu'il a créé, l'infini du temps comme durée et l'ascension vers lui comme objet, if ne pouvait lui donner une existence sans. besoins, dans laquelle le bien-être eut été une cause de stagnation et d'arrêt. Il a créé un être qui souffre, meurt et renaît, qui se façonne aux dures leçons de l'expérience, qui est libre et responsable. Ainsi l'existence de cet être prend une signification et un but, sa paresse, sa négligence et ses fautes ont leur sanction dans le ralentissement ou même l'arrêt du progrès ; de même ses efforts, son énergie, malgré les difficultés de la route, auront leur magnifique récompense.

34. Le sénaire

Le nombre six représente le progrès harmonique lorsque ses éléments sont 5 plus 1, ou 3 plus 3. Dans la première de ces compositions, le symbolisme est limpide. L'être est arrivé par l'arcane V à la sensibilité, à intelligence et à la science. Dès que ces qualités commencent à se manifester, l'action de l'unité créatrice se fait sentir et lui apporte le sentiment de sa liberté et de sa responsabilité. Il est mûr pour choisir, et ensuite pour être éprouvé. C'est l'aspect spirituel de l'arcane VI.

Son sens matériel est la continuation du progrès, et correspond au 6 par 3 plus 3 ou 3 x 2. Ce dernier nombre contient le Binaire, qui tend à fixer l'évolution, mais à la rendre féconde, comme son union avec le 1 a reçu, conservé et développé le germe individuel dans la stérile expansion de la force créatrice de Unité. La combinaison 3 plus 3 signifie un progrès plus rapide, le Binaire recevant l'influx de l'Unité nouvelle et devenant un ternaire dont les propriétés symboliques s'ajoutent à celles du premier. On obtient ainsi le symbole de l'équilibre de forces actives, prêtes à se développer sous l'influence d'une unité nouvelle.

Mais il y a un mauvais sénaire, dans lequel le progrès spirituel, œuvre de l'Unité symbole de l'auteur du monde, disparaît ; le Binaire se reforme comme dans le cas précédent, mais d'une manière différente. Il s'oppose au 4, lai dérobe l'Unité nouvelle et constitue un état harmonique apparent, mais trompeur. Le 4 ne peut engendrer le progrès, il le conserve et le stabilise. Le deux perd sa puissance réceptrice et ne garde que celle de s'opposer, ce qui entraîne la rame de l'édifice ainsi construit, En découvrant ce principe mauvais du Sénaire dans l'arcane VI, nous retrouvons le personnage agenouillé à gauche du maître de l'arcane V. Il échoue dans l'épreuve et n'arrive pas à l'équilibre véritable, Cette indication résulte du fait que l'Unité, force de progrès spirituel représentée par l'intelligence, est attirée par elle vers le ternaire générateur.

Ce sénaire dérive du 3 plus 2 et l'adjonction de l'unité nouvelle au 3 et non au 2 résulte des intentions et de la volonté de l'individu. L'essence du ternaire supérieur de la troisième lame est le développement de la volonté et de là sagesse divine par l'entremise du Démiurge. Il représente son action génératrice du Monde, et son symbole matériel est l'œuvre de chair dans le plan élémentaire (des quatre éléments de la matière) ; son symbole astral est la détermination des formes diverses, choses et actes qui se réaliseront dans la matière ; son symbole spirituel est la conception, l'idée de ces formes. C'est le ternaire divin : vouloir, savoir et agir.

On comprend que dans le plan inférieur matériel, cette action créatrice se concentre autour de l'individu concret, et trouve son expression la plus puissante dans le génération qui est l'expansion et le prolongement de l'individu.

C'est une affirmation de l'individu qui est la personnalité transcendante. Les couleurs employées dans les lames III, V et VI développent une idée cohérente.

L'Impératrice, lame III, est enveloppée de rouge, symbole de l'action féconde, en général, et de la génération dans le plan inférieur. Elle est, dans cette figure, gouvernée par l'esprit, c'est-à-dire par le sceptre jaune d'or de l'intelligence et de la sagesse. Dans la lame V, le disciple, à la gauche du Maître, est enveloppé de la même couleur ; son turban est couleur chair, couleur que l'on trouve appliquée aux objets matériels, table de la lame I, chaises des personnages dans les lames II, III, IV, V ; elle colore aussi les parties visibles du corps matériel des personnages. On la retrouve sur le turban du disciple de gauche.

Ce dernier reçoit l'enseignement du Maître dans un esprit gouverné par les passions inférieures, alors que le disciple de droite est gouverné par l'esprit.

Cela signifie que le disciple de gauche a une volonté impure, qu'il obéit à des désirs matériels, et la mauvaise disposition de son esprit tourne la science qu'il reçoit vers la réalisation de ces désirs. C'est donc l'influence de sa volonté et son choix qui, dirigés par un quinaire 3 plus 2, lui fait prendre le mauvais chemin.

Au lieu d'ajouter, selon l'esprit, l'unité nouvelle, source de force spirituelle, au 2 et de l'employer à sa fécondation pour le transformer en ternaire sous le contrôle de l'esprit, il l'ajoute au 3, qui est le centre d'attraction formé par ses désirs et ses penchants. Ainsi se forme, par la faute du disciple insuffisamment développé moralement, le sénaire de la composition 4 plus 2, principe de ruine et de rupture d'équilibre.

J'ai insisté sur cette analyse des symboles, parce qu'elle me paraît à sa place dans l'examen de l'arcane VI et qu'elle éclaire la richesse et la complexité des idées dérivant des emblèmes qui sont empruntés dans le Tarot à des sources diverses et combinés avec subtilité. Les idées auxquelles nous conduit l'analyse que je viens de faire, sont l'expression de la philosophie hermétique sur le point considéré. Les meilleurs auteurs s'accordent sur ce sujet, qui est le rôle de l'initiation dans les religions et les sociétés secrètes d'ordre religieux ou philosophique. On peut dire qu'aucune d'elles n'y fait exception. On la trouve dans les sociétés les moins civilisées : c'est l'initiation des jeunes guerriers sauvages de l'Afrique qui comporte de sévères épreuves physiques, et aboutit à la formation d'un homme nouveau ; cet homme prend un nouveau nom et une personnalité nouvelle. On la trouve dans la formation des sorciers des peuples primitifs, avec des variantes qui correspondent à des réalités physiologiques ou psychologiques. Les premières sont des dons naturels, congénitaux, c'est-à-dire appartenant, dès la naissance, aux individus qui en sont doués. Chez les Australiens, c'est le fait d'avoir la langue percée : si elle l'est à la naissance, l'enfant sera initié par les esprits ; c'est aussi le somnambulisme naturel, la propension aux hallucinations sensorielles ou motrices, à l'automatisme, c'est l'hérédité, c'est enfin quelquefois l'originalité du caractère et des mœurs et même la folie.

Les secondes se rattachent à l'initiation par l'enseignement des adeptes, et c'est l'objet principal de l'arcane VI. Ce que je viens d'exposer à son sujet justifie complètement le sens traditionnel qui lui est donné c'est-à-dire le choix et l'épreuve.

Son attribution à la constellation du Sagittaire est indiquée par la nature des symboles, mais pourquoi est-elle , choisie comme emblème de la formation de l'homme nouveau que deviendra l'Initié ? L'Astrologie nous l'indique. Le Sagittaire est un signe bi-corporel, animal dans la partie inférieure, homme dans la partie supérieure ; sa figure est celle d'un centaure quoiqu'une autre constellation porte ce nom. Cette représentation évoque l'idée de l'homme qui sort de l'animal, sous l'influence de l'intelligence puisqu'il est humain dans la partie la plus voisine de la tête, siège du cerveau et de l'intelligence. Nous trouvons des indications spéciales dans symbolisme astrosophique.

Il exprime l'appel de l'élu possible. Cet appel est fait par la flèche que lance la partie humaine de la figure céleste. Dans la lame VI, elle est représentée par un ange dont les ailes sont bleues, couleur du désir. La flèche est dirigée vers la poitrine du personnage masculin. L'appel n'est donc pas sans danger, puisqu'il est exprimé par un geste menaçant.

La menace est dans les tentations qui vont assaillir l'appelé : la femme qui est à sa droite en est le symbole. Sa main est appuyée sur l'épaule droite de l'homme, comme pour en prendre possession ; le personnage féminin de gauche lui touche la région du cœur, et fait appel au sentiment.

Le Tarot ne fait que cette allusion aux tentations ; on n'en trouve aucune au diable. Il semble que dans la doctrine de l'hermétisme le rôle du diable du Christianisme soit joué par les instincts inférieurs qui existent dans l'homme et sont des survivances de la vie animale, L'homme qui aspire à la nouvelle naissance doit les maîtriser et les soumettre à son intelligence. Il doit vivre selon l'esprit.

S'il réussit à subir victorieusement l'épreuve, il est digne de voir la lumière spirituelle réservée aux initiés, et dans sa vie intérieure il se gouverne comme un monarque triomphant.

35. L'arcane VII — Le chariot — La planète Mars — Le triomphe — L'initié

L'arcane VII représente un homme portant une couronne royale jaune. Ses cheveux sont blancs. Il tient un sceptre d'or dans la main droite. Sa poitrine est couverte d'une cuirasse, corselet de métal, coloré en bleu. Ses épaulières et ses bras sont rouges, bordés de jaune. Sous sa cuirasse paraît le bas dentelé d'une courte tunique jaune. Ses ornements et son costume indiquent la pureté, la spiritualité et l'intelligence, qui inspirent ce personnage et contrôlent le désir et l'action matériels, c'est-à-dire sa vie astrale et terrestre.

Il est conduit par deux chevaux bleus qui traînent un char couleur chair, dont les roues, de même couleur, sont cerclées d'or. Sur le char est un dais soutenu par 4 colonnes, 2 rouges, la force génératrice en avant, 2 bleues en arrière, le désir. Le dais est couvert d'une étoffe chair.

Le symbolisme est simple : obéissant à l'intelligence, l'initié — dans ses rapports avec sa propre personnalité et dans ses relations avec les mondes inférieurs, — est un souverain, Le désir animal est soumis, et traîne son char, ce qui si-

VII — Le chariot

gnifie l'asservissement de la matière ; l'intelligence contribue à maintenir le char et à protéger ses roues.

L'écusson, avec les lettres V.T. paraît une addition moderne, peut-être le monogramme d'un cartographe ancien, Il paraît étranger au dessin symbolique.

La lame VII est intitulée le *Chariot*, interprétation simple et matérielle de ce qu'il représente. Son sens traditionnel est « victoire, triomphe, réussite ». Ce sens découle lui-même naturellement de l'allure du personnage et cela ne présente aucune difficulté.

Son attribution astronomique est la planète Mars ; les attributs te sont pas ceux du Dieu gréco-romain Mars ou Arès ; il faut, pour bien comprendre le sens caché de l'arcane, se rappeler qu'en Syrie et dans une partie de l'Asie Mineure, la planète Mars était appelée Hercule, Héraclès. A Tyr, Héraclès était l'objet d'un culte particulier. Cette attribution convient parfaitement à notre hypothèse directive et nous conduit à un système de symboles concordants.

Nous avons trouvé d'ailleurs une allusion au mythe d'Héraclès dans la figure VI. Celle de la VIIe lame représente Héraclès vainqueur dans les épreuves qui lui ont été imposées. Le choix de ce demi-Dieu continue la chaîne symbolique de l'arcane VI.

L'Initié n'est pas un monarque selon la matière ; l'arcane IX nous l'apprendra. Ce qu'il gouverne, c'est d'abord sa propre individualité ; il est maître de lui-même.

Sa science lui donne une puissance qui n'a rien de commun avec celle des rois et des triomphateurs selon le monde. Sa maîtrise lui donne pouvoir sur les trois plans, matériel, astral et spirituel. Ce pouvoir est celui qui résulte de sa connaissance des lois de la nature et des forces qui régissent la matière. Il en est de même pour les plans astral et spirituel.

Sur ce point, la science hermétique ne paraît pas aller beaucoup au delà de la science ordinaire contemporaine de l'époque où le Tarot a été édité. Il faut donc reconnaître que si les initiés anciens avaient une philosophie remarquable, leurs connaissances scientifiques ne dépassaient pas le niveau moyen de leur temps ; s'ils ont connu la vapeur et l'électricité, ils n'ont pas prévu leurs applications pratiques. Si l'on veut soutenir l'opinion contraire, il faut admettre qu'ils ont scrupuleusement observé les règles posées par l'arcane IX. Mais c'est bien peu probable.

Ils ont dépassé le niveau moyen dans certaines sciences : celles des forces du genre de l'Od. Sur ce point, nous n'avons que les récits, peu probants, concernant des personnages légendaires comme Apollonius de Tyane ou Albert le Grand. Nous avons aussi les affirmations d'autres écrivains, comme Paracelse et Corneille Agrippa ; mais si les adeptes ont connu ces forces et ont su les utiliser, il est jusqu'à présent difficile de discerner les faits historiques des récits imaginaires.

Seule, la mystique nous en apporte de sérieux, mais à examiner de près les miracles des saints, on s'aperçoit qu'ils comprennent un nombre restreint de phénomènes se rapprochant curieusement de ceux observés dans le magnétisme animal (guérisons extraordinaires) ou le spiritisme. Ils paraissent dépendre de la magie naturelle, c'est-à-dire de l'utilisation intuitive ou rationnelle, de forces naturelles encore peu connues.

Il ne faut pas oublier d'ailleurs que l'enseignement du Tarot est d'ordre spirituel et métaphysique et que s'il indique l'origine et la nature des forces naturelles sur les différents plans, il s'abstient de toute allusion à leurs applications dans le monde de la matière. Le but que s'est proposé son auteur est la fixation dans les symboles d'une doctrine ésotérique et de ses conséquences morales. Il codifie des règles de conduite, fondées sur la liberté et la responsabilité humaines, au cours de vies successives et de réincarnations en nombre indéterminé. Les principes qu'il formule, se fondent sur les idées ci-dessus exprimées, et font de l'énergie, sous toutes ses formes, le devoir essentiel de chaque individu.

Le candidat appelé à se préparer à une vie supérieure est soumis à des épreuves plus sévères que le commun des hommes ; il doit les accueillir avec joie et triompher des difficultés de toute nature qui l'entourent et des tentations qui l'assailliront.

La clef de cet arcane est le nombre 7 déjà analysé, Les chiffres inscrits sur la poitrine du personnage sont le quaternaire spirituel : le désir y est soumis au 3, au 5 et au 7, dont la somme théosophique est 15 = 6, nombre de l'épreuve.

36. L'arcane VIII — La Justice — La Balance — L'octénaire — L'équilibre

L'arcane VII symbolise le triomphe de l'initié et l'arcane VIII lui promet une première récompense : le calme, l'équilibre de l'âme et la confiance dans la justice immanente de la Nature.

Le sens traditionnel de l'arcane est « justice, équilibre ». Il est exprimé avec clarté par le symbole de Thémis armée du glaive et tenant la balance. Le titre est « La Justice ».

L'arcane représente une femme vêtue d'une tunique rouge, l'action féconde, la force créatrice, couverte d'un manteau bleu, désir et volonté. Elle obéit à l'intelligence, qui colore sa tiare, les manches de sa robe, la chaire sur laquelle elle est assise, le glaive et la balance qu'elle tient en mains. C'est l'expression de l'intelligence et de la spiritualité guidant les pensées et les actes du personnage.

Son attribution astrosophique ne comporte aucun doute : c'est le signe équinoxial de la Balance ; les jours et les nuits sont en équilibre à l'équinoxe, les ténèbres et la lumière se partagent également les heures, et tout cela évoque l'idée de Justice et d'Équilibre.[5]

VIII — LA JUSTICE

Le sens occulte n'est indiqué d'abord que par le nombre de l'arcane, le 8 ou octénaire, L'octénaire est un des nombres les plus difficiles à interpréter. Il a plusieurs isomorphes.

$7 + 1 : 6 + 2 ; 5 + 3 ; 4 + 4 ; 2^3$

Il faut envisager le sens mystique de ces différents 8.

---

5   L'attribution de la VIIIe lame à la Balance ne laisse aucun doute ; je renvoie le lecteur au livre de Dupuis, *Origine de tous les cultes*, 1re édit., T. I, 1re partie, p. 326. Ce savant, dont l'autorité ne fait que croître, démontre clairement que les 4 signes cardinaux sont le Bélier et la Balance pour les équinoxes ; le Cancer et le Capricorne pour les tropiques.

Virgile : Géorgiques, I, 5, 208 écrit : « Dès que la Balance a rendu les jours et les nuits égaux. »

Manilius : 1, 2, V, 242 : « La Balance égalise les temps. »

Il en résulte que le signe opposé, le Bélier, est équinoxial, et j'en ai indiqué des raisons symboliques, de même a ligne des tropiques va du Cancer au Capricorne.

Macrobe fait du Capricorne une des portes du Soleil. Arrivé au point le plus bas de va course, commence sou ascension vers le solstice d'été dans le Capricorne ; celui-ci symbolise bien la marche vers la lumière, l'élévation, la pénétration dans le monde spirituel qui clôt le cycle des vies successives.

Voyez pour le Cancer « Une des portes du Ciel » la note sons l'arcane XX.

7 + 1 est l'unité qui s'ajoute au 7 et j'ai déjà marqué les différentes natures du 7. J'ai aussi indiqué le rôle que joue le choix individuel dans la direction que prend l'unité à chaque augmentation de la valeur du nombre. Il est bien entendu que les distinctions faites sont des symboles et non des réalités mathématiques. L'arithmétique mystique prend les nombres comme des combinaisons vivantes, exprimant la composition générale d'un caractère par les éléments qui constituent son total.

Les éléments progressifs sont dans le 7 compris par 4 + 3 et 6 + 1. Ce dernier est toujours un symbole favorable pour les raisons ci-dessus données. 4 + 3 forment une combinaison variable ; susceptible de donner l'équilibre par 4 + (3 + 1) ou par 3 + (1 + 4) ou de déterminer au contraire de graves dissonances. Le sénaire par 3 + 3 est un symbole de progrès ; et le sens du septénaire 6 + 1 qui en résulte est bon.

Il faut envisager la nature du septénaire pour juger de l'octénaire. Son sens est favorable quand sa composition est 4 + (3 + 1) ou (6 + 1) + 1, et surtout 2^3. Cet octénaire apporte la puissance active du ternaire à la force de résistance du binaire et constitue une base solide d'avancement. Il a le privilège d'être le premier nombre cubique.

L'octénaire est un arrêt, un état d'équilibre, et produit ses heureux effets quand, par suite de sa composition, il devient un terrain où le germe de l'unité pourra se développer dans le novénaire.

Dans le Tarot, il symbolise la paix de l'âme qui est la conséquence des épreuves heureusement subies ; c'est l'équilibre de l'esprit, maître de ses désirs et de ses passions, n'agissant que sous la direction de la sagesse et de la science. L'intelligence imprègne jusqu'aux objets matériels, qui lui servent de siège ou d'emblème.

Équilibre entre les désirs et la raison, justice dans les actes, telle est la situation morale de l'initié. Elle comprend son état dans les trois plans, avec tendance à obéir aux forces spirituelles, sans négliger le côté matériel de l'être ; il est, en effet, homme, le jaune de la tiare et les couleurs du vêtement, la coloration chair du montant gauche du dossier de la chaise, rappellent dans l'arcane que l'être humain est composé de trois éléments et qu'aucun d'eux ne doit être sacrifié à l'autre.

L'équilibre doit être maintenu entre eux, sous l'empire de la Sagesse.

Le symbolisme de la VIIIe lame est simple.

Renversée elle exprime le manque d'équilibre.

37. L'arcane IX — L'Hermite — Les Poissons — Le novénaire — La maturation — Les révélations

L'arcane IX, intitulé *l'Hermite*, complète cet enseignement. Il représente un vieillard pauvrement vêtu ; il a de longs cheveux blancs ; une longue barbe blanche ; il s'appuie sur un modeste bâton. Sa tunique est rouge, son manteau bleu : un capuchon rouge retombe sur ses épaules. La doublure du manteau est jaune. Il tient à la main droite une lanterne hexagonale, dont les pans sont alternativement rouge et jaune. Cette lanterne est à demi cachée sous le manteau qui recouvre le bras et une partie de la main droite.

Le sens traditionnel de cette lame est « Prudence, circonspection, silence ». La figure, par son attitude, exprime bien ces idées. Le vieillard éclaire sa route ; le bâton exprime la prudence avec laquelle il marche ; la lumière, cachée sous le manteau, est invisible aux autres.

C'est une allusion aux règles de l'initiation. Les secrets révélés aux initiés devaient être religieusement gardés, et l'on sait avec quelle rigueur les mystères d'Eleusis ont été préservés dans l'Antiquité. Les indiscrétions ont été rares et incomplètes et l'on connaît peu de choses précises sur l'enseignement qui était donné aux initiés.

L'attribution astrosophique est facile : le symbole est emprunté au douzième signe du Zodiaque les Poissons, dont le silence est proverbial.

Dans la mystique des nombres, le symbolisme du 9 est le plus obscur, car il a de nombreux isomorphes : $8 + 1$; $7 + 2$; $6 + 3$; $4 + 5$; 3^3, et chacun de ces nombres peut avoir lui-même un symbolisme différent, selon sa composition élémentaire.

IX — L'HERMITE

La richesse du symbolisme des nombres est illimitée. La géométrie peut représenter par des formules numériques toutes les formes possibles, de même les nombres pris symboliquement peuvent représenter tous les états des milieux externes et internes du Macrocosme et du Microcosme. Il serait trop long de reprendre en détail les exemples que j'ai déjà donnés ; je signalerai simplement que le novénaire est le nombre le plus complexe. La science élémentaire ne pousse pas l'analyse au delà des neuf premiers nombres, auxquels l'addition théosophique ramène tous les autres. Il y en a cependant quelques-uns qui ont un symbolisme spécial, tels que 12, 13, les multiples de 7 et les carrés des 9 premiers nombres. Le 9 sert, en arithmétique, de contrôle à la justesse des opérations : la preuve par 9.

On retrouve ce nombre dans la mythologie : Apollon est entouré de 9 Muses, et dans la mystique chrétienne, neuf chœurs d'anges entourent Dieu et exécutent ses volontés. La gestation humaine dure 9 mois.

Le 9 est le chiffre marquant le terme du premier stade de l'évolution symbolique des nombres, puisque dès qu'il a progressé, il se réunit à l'Unité : $9 + 1 = 10 = 1$. C'est le symbole du nombre qui contient en gestation la force créatrice à une puissance supérieure, ayant des qualités semblables à celles de l'unité fondamentale, mais appartenant à un plan plus élevé. Il est au monde astral ce qu'est le cinq au monde matériel. Le quinaire représente la sensibilité apportée dans la matière ; le novénaire est le nombre exprimant la liaison entre l'esprit et l'intermédiaire par lequel il pénètre dans la matière ; ce caractère d'agent de liaison entre les forces de l'esprit et les éléments, rappelle le rôle des Muses païennes et des chœurs d'anges.

L'Initié, l'Adepte est un intermédiaire entre les êtres supérieurs et l'humanité, et dans l'un de ses sens symboliques, le novénaire exprime cette idée fondamentale de l'arcane IX. Il sait, mais il doit mettre sa science sous le manteau. Il n'en doit montrer la lumière qu'avec la plus extrême prudence.

Le lecteur curieux trouvera, avec un peu de réflexion, que cette propriété appartient au 8 + 1, au 6 + 3 et au carré de 3, qui est la forme la plus active de l'état d'équilibre symbolisé par le novénaire. Le premier est le signe de la domination de l'esprit ; les deux autres expriment une puissance plus grande de l'action, dirigée toutefois dans les voies de l'esprit. 8 + 1 est le nombre de la vie intérieure préparant à l'union avec l'unité par le dénaire : c'est quelque chose comme la méditation et la contemplation de la mystique préparant l'oraison d'union et l'extase. 6 + 3 et 3^2 expriment l'action des fondateurs des religions supérieures, des grands prédicateurs, des hommes qui ne vivent pas seulement dans l'esprit, mais agissent d'après lui : l'action continue domine le symbole 6 + 3, tandis que la préparation de l'action s'exprime par l'intervention du Binaire, non comme addition, mais comme puissance. Il n'arrête pas, il ne crée pas le milieu, essentiellement nutritif et passif, nécessaire au germe matériel ; il mûrit l'être pour le développement d'un germe intérieur qui ne se réalisera que par l'adjonction des forces représentées par 10.

Nous sommes, en effet, dans le monde astral supérieur, dans celui des formes pures, auxquelles la matière n'est pas encore unie.

Le rôle du novénaire apparaît, en définitive, comme la maturation de l'être préparé à une vie nouvelle. Cette maturation doit être effectuée par la chaleur et la lumière du Soleil, c'est-à-dire par les forces spirituelles ; si elle est incomplète, le fruit est mauvais.

En effet, à côté du bon novénaire, il y en à un autre. 7 + 2 est l'arrêt de l'évolution ; 4 + 5 sa déviation sous l'influence des sens ; celui-ci est le symbole de la chute d'Adam, perdu par Eve, celui-là est l'emblème numérique de la chute des anges perdus par l'orgueil. Ces croyances sont fort anciennes, on en retrouve des formes équivalentes dans les religions et les croyances de l'humanité. Peut-être faut-il voir dans ces conceptions, des intuitions primitives, dans lesquelles l'idée réelle a été exprimée par des symboles mal compris par l'intuitif ou par ceux auxquels l'enseignement était donné sous la forme prise par la divination intuitive, c'est-à-dire par l'image symbolique.

Le symbolisme joue un rôle capital dans les légendes et dans la traduction humaine des intuitions. La doctrine du Tarot est fondée sur la Révélation, c'est-à-dire sur la communication spirituelle de la vérité par des êtres supérieurs à l'homme, plus rapprochés de sa source que nous, et délivrés, dans une plus grande mesure, des entraves de la matière.

Cette révélation est continue. Elle ne saurait, si la Justice et la Bonté sont l'essence de la création, se trouver limitée à un peuple élu, ni à une époque privilégiée. Tous les hommes en reçoivent des clartés, proportionnées à leur avancement spirituel et celui-ci n'est pas la même chose que leur civilisation au sens matériel du mot.[6] Le philosophe grec a dit avec raison que l'homme est la mesure de la Vérité. Elle est relative à lui, en ce sens que son intelligence et sa spiritualité ont des capacités inégales, et ne peuvent en contenir que des parties plus ou moins faibles.

L'arcane V exprime cette idée, et les arcanes de VI à IX le développent logiquement. Au point de vue chrétien, elle n'est pas orthodoxe et son caractère hérétique suffirait à lui seul pour que l'auteur du Tarot ait écrit son livre en symboles et se soit caché.

38. L'arcane X — La Roue de Fortune — Le Capricorne — La réincarnation

Ce sens est confirmé par l'arcane X. Il exprime une vérité fondamentale dans la doctrine de l'hermétisme. Cette vérité est manifestement contraire aux dogmes du Christianisme.

X — La Roue de Fortune

La dixième lame commence une série nouvelle d'enseignements ; cela correspond bien au symbolisme du dénaire, ou du 10, comme je l'ai indiqué plus haut.

Elle est intitulée la *Roue de Fortune*. Elle représente une roue qui a 6 rayons ; les montants de la roue et leur base sont jaunes, la spiritualité, l'intelligence. La roue elle-même est de plusieurs couleurs ; l'axe et la partie intérieure de sa circonférence sont jaunes, la partie extérieure chair, la matière. Les rayons sont blancs, pureté, enchâssés du côté du moyeu dans des bases bleues, désir, volonté. Le moyeu est rouge, la force créatrice, l'activité féconde ; l'essieu est jaune. Au sommet de la roue, sur une plateforme, blanche du côté montant, jaune de l'autre est une sorte de sphinx ailé. Le corps est bleu, les ailes sont rouges. Il tient à la main droite un glaive blanc ; la gauche tient la jante de la roue comme pour la faire mouvoir bien qu'elle ait une manivelle fixée à l'essieu. Le sphinx porte une couronne ornée de cinq flammes triangulaires jaunes.

Deux animaux se tiennent à la roue : l'un solidement accroché aux rayons, assis sur la jante, est sur la partie : ascendante. Son corps et sa tête sont jaunes. Il est vêtu d'une tunique serrée à la taille, le corsage est bleu, la jupe rouge. Cette disposition des couleurs rappelle celle du triomphateur de l'arcane VII. Ses bras sont blancs.

---

6   Voy. Stainton Moses, *Spirit Teachings*, memorial édition ; *passim*. La traduction de ce livre a paru chez *Leymarie*, « Enseignements spirites ».

L'autre est sur la partie descendante. Son corps est couleur chair, la matière ; il est vêtu d'une simple jupe alternativement rouge et bleue, les divisions sont verticales. Aucune trace de jaune. Il est manifestement précipité en bas par la roue.

Le symbolisme est clair. L'animal ascendant dirigé dans son intelligence (tête) et sa marche (jambes) pur dans ses actions (bras blanc) est dans la voie ascendante. L'autre, obéissant aux instincts matériels est rejeté dans la vie inférieure.

Le sens traditionnel est « chance, réussite ». Il faut distinguer ce sens de celui de l'arcane XV qui est analogue, mais dont la signification essentielle est différente. L'arcane X est l'emblème de la chance résultant des efforts de l'individu ; l'arcane XV représente celle qui résulte d'une disposition favorable des circonstances extérieures, du Destin. L'enseignement donné par les deux lames est d'ailleurs différent.

La Xe rappelle la VIIe, elle en est le développement térnaire ou évolutif. L'évolution est la marche que suit l'être vivant et responsable, l'homme en l'espèce, pour passer d'un état moral à un autre. Ce passage peut être une marche en avant ou en arrière ; c'est un progrès ou une régression.

La direction dépend du choix de l'individu et le passage à un degré supérieur est l'œuvre personnelle de chacun de nous. C'est en ce sens qu'il faut toujours entendre le symbolisme de l'affinité sélective de l'unité dans l'augmentation des nombres et dans leur composition moléculaire. Nous formons nous-mêmes nos nombres.

Dans le premier symbolisme, l'arcane X exprime l'idée de l'épreuve qui prépare la révélation cosmique développée du XIe au XXe arcane. Elle en montre le caractère général, succès ou échec. Les deux êtres agrippant la roue sont encore des animaux, non le véritable homme. L'un y est préparé, celui de droite, dont le corps est imprégné par l'esprit, comme l'indique la disposition de sa coloration. L'autre, qui tombe, est encore sous l'empire de la matière. Le premier sera élu, l'autre échoue. Il n'a pas su expliquer au sphinx l'énigme dé la vie. Ses existences antérieures ne lui ont pas encore fait comprendre ce qu'il doit connaître, son éducation spirituelle n'est pas terminée et l'épreuve a révélé sa faiblesse. Le symbolisme des couleurs rappelle celui des deux disciples figurés en l'arcane V.

Quelle est la sanction de cet échec ? C'est l'obligation de rentrer dans le cycle des existences matérielles, car la Roue de Fortune est la roue orphique des vies ; c'est la Réincarnation.

Tel est le second sens symbolique de la Xe lame. C'est le développement métaphysique de la doctrine voilée des 9 arcanes précédents. En étudiant la signification hermétique du 9 et du 10, nous avons vu que le novénaire est, quoique nombre impair, l'emblème d'un état réceptif, d'une activité contenue dans certaines limites par les associations d'idées impliquées surtout par le 3^2. C'est un symbole de maturation active.

Cet état se constate par l'épreuve et son résultat. Le résultat dépend de l'individu qui est bien ou mal préparé. L'être qui descend a reçu la science, mais il ne l'a pas reçue dans le sens spirituel. Il n'est pas suffisamment libéré de la forme matérielle de ses désirs et de son activité. C'est pourquoi il échoue. Cependant, il a déjà fait une partie du chemin vers l'Adeptat. S'il n'est pas élu, il a été appelé, il a été en quelque sorte admissible, sinon reçu ; et c'est à cet avantage, dû à ses mérites personnels, qu'il doit d'avoir été appelé. C'est déjà quelque chose et cela explique le sens traditionnel de l'arcane.

Il devra recommencer à vivre sans changer de mode d'existence. Il retournera à la matière que symbolise la couleur chair du sol figuré dans l'arcane. Il est à remarquer que les arcanes X et XVI sont les seuls où le sol ait cette couleur.

L'arcane X évoque l'idée de la Réincarnation, car dans les doctrines dominantes des cultes secrets de l'Asie antérieure, notamment dans les mystères de l'Orphisme, le dogme de la Réincarnation est enseigné sous la forme de la roue des vies. Celles-ci tournent en cercle, c'est-à-dire forment un cycle indéfini tant que l'être soumis à l'incarnation dans la matière n'aura pas su se dégager de cette prison par ses propres efforts. C'est un captif ; il doit se rédimer et payer lui-même sa rançon. Telle est la leçon donnée par la douleur, la souffrance et la mort. C'est le mystère de la Rédemption.

Ce rôle de la douleur et de la mort a été aperçu par l'homme dès l'origine de son évolution spirituelle, mais il ne l'a pas bien compris. Il a cru que les Dieux forgés par lui se réjouissaient cruellement de voir les hommes souffrir et mourir. C'est là sans doute le germe de la psychologie religieuse des cultes pratiquant les sacrifices humains. Ce n'est probablement pas le seul.

Le Tarot enseigne donc la continuité de l'existence individuelle. Naître, mourir, renaître. La condition des réincarnations est déterminée par les efforts faits, par chaque individu, pour s'instruire dans la connaissance de la nature et s'initier à la vie de l'esprit.

La continuité de la vie n'est pas une condition spéciale à l'être humain. Elle concerne tous les êtres vivants, puisque les lames, telles que la Xe font des hommes, même appelés à l'Initiation, de véritables animaux. Cela veut dire que le progrès spirituel est réservé au stade humain et que ce stade n'est que l'étape d'un développement commencé bien avant. Comme le corps physique est un des éléments nécessaires au développement total de l'individu, il faut en conclure qu'il dépend, pour sa formation, de cet individu lui-même. Les choses se passent à ce point de vue de la même manière que pour la vie spirituelle, et le Tarot l'indique formellement pour celle-ci.

Astrologiquement, l'attribution de la Xe lame au signe tropique du Capricorne est certaine. C'est le signe dans lequel le Soleil atteint le degré le plus bas de sa course au solstice d'hiver. C'est le point où le rayonnement de la force créatrice et de la lumière du Soleil triomphe des ténèbres ; cela peut logiquement évoquer l'idée du moment où l'évolution de l'être est assez avancée pour qu'il soit appelé à subir les épreuves dont l'appel est le prélude.[7]

---

7   On lit dans Virgile, *Enéide*, VI, 748-751.

« Les âmes, après avoir expié leurs fautes dans les tourments, arrivent purifiées dans les Champs-Elysées ; peu d'entre nous habitent les champs du bonheur, et là les âmes achèvent leur purification qui ne s'accomplit qu'au bout d'un long espace de temps, jusqu'à ce que le sens éthéré (spirituel) soit sans taches et que la flamme de l'air sans mélange brille en eux. Toutes ces âmes, dès que la roue a tourné pendant mille ans, sont appelées par Dieu en nombreux bataillons auprès du fleuve Léthé afin qu'elles retournent sur la Terre, au-dessus d'eux

L'idée de la Réincarnation et de la continuité de la vie était difficile à exprimer astronomiquement. Le choix de la roue est une allusion assez claire et s'expliquerait par une association d'idées. Les signes solsticiaux ont un caractère spécial ; ils sont les points dans lesquels la course du soleil change de direction. Les jours cessent de diminuer au solstice d'hiver et les jours commencent à s'allonger. L'inverse se produit au solstice d'été. Il en est ainsi d'une roue ; chacun des points de sa circonférence n'atteint son maximum d'élévation ou d'abaissement que pour changer aussitôt le sens de son mouvement. C'est la roue qui tourne. Cet emblème familier au langage de l'Orphisme indique nettement l'origine hellénique du symbolisme de l'arcane X.

L'idée de la métempsychose est enseignée par plusieurs philosophies grecques, celles de Pythagore et de Platon notamment. Je renvoie le lecteur au mythe d'Er dans le Xe livre de la République de Platon et au songe de Scipion, de Cicéron.

39. L'arcane XI — La Force — Le lion — L'énergie et l'esprit

La XIe lame nous révèle le principe de ce mouvement cyclique des vies successives. Elle est intitulée *La Force*, et ce titre exprime en langage vulgaire l'idée plus générale d'énergie.

Elle représente une femme avec un large chapeau pareil à celui du Bateleur ; il porte les trois couleurs : jaune sur la tête, spiritualité, intelligence ; le bord en est bleu à droite, désir, volonté ; rouge à gauche, force créatrice. La coiffe est surmontée d'une couronne jaune à six pointes triangulaires. Elle est vêtue d'une robe bleue, d'un manteau ou écharpe rouge ; ses bras sont jaunes, l'avant-bras chair, l'intelligence agit sur la matière et par elle. Elle ouvre la gueule d'un lion jaune.

Elle le dompte. La couleur de cet animal, symbole de la force et du courage, est l'intelligence. C'est donc la force spirituelle et intellectuelle qu'elle manie, et son action se porte sur la matière, le désir, la fécondité et l'esprit. Cet arcane indique la nature essentielle de l'énergie qui est la force donnant à l'Univers la vie et le mouvement. C'est l'Intelligence, l'Esprit. Le sexe du personnage, l'absence d'effort musculaire, excluent l'idée de toute force physique.

L'esprit est le moteur de l'Univers. C'est la force unique d'où procèdent toutes les autres. L'arcane exprime à la fois le caractère spirituel de cette force suprême et son unité.

---

et revoient la voûte des cieux, sans conserver aucun souvenir du passé afin qu'elles aient de nouveau le désir de revenir dans des corps matériels. »

Cette Réincarnation comporte peu d'exceptions. Anchise en est une, car il dit : « Peu d'entre nous vont dans le séjour du bonheur. » Il y a sa place, car Énée invoque (*Enéide* V, 99) l'âme du grand Anchise son père, et ses mânes libérés de l'Achéron, c'est-à-dire du séjour des morts non délivrés de la Réincarnation. Énée rencontre aux enfers, non l'âme de son pète, mais son image, Eidolon comme Ulysse (*Odyssée* II, 600) rencontre aux enfers l'image (le corps astral) d'Hercule, bien que ce héros ait été admis au nombre des Dieux.

Ces indications justifient l'attribution de l'arcane X au Capricorne.

Son symbole numérique est 11. Ce chiffre est impair, mais a pour clef le Binaire. Il se résume en 1 + 1 = 2. Mais c'est aussi 10 + 1, c'est-à-dire l'unité revenant, non dans un cercle, mais sur une courbe spirale, au même degré que dans le cycle précédent mais dans un plan supérieur.

L'alliance sur ce plan, de l'unité supérieure 10, avec une nouvelle unité, rappelle la formation du Binaire primitif, en y ajoutant le symbole d'une nouvelle unité, force créatrice, et du Binaire féminin, signe de la fécondité réceptrice. La femme, figurée dans l'arcane, exprime donc le caractère de la force spirituelle ; sa fécondité. C'est un rappel de l'enseignement formulé dans les arcanes I et III et l'affirmation de l'Unité des formes cosmiques ; cette unité n'est pas dans la matière.

Le sens traditionnel est celui de force morale, d'énergie, de résolution. Il concorde avec le sens philosophique.

Astrosophiquement, le symbole doit être attribué a la constellation du Lion, 5° signe du zodiaque. Le Lion est, en effet, le domicile astro-

XI — LA FORCE

logique du Soleil et les analogies existant entre l'arcane XI et l'arcane I expliquent le choix fait par l'auteur du Tarot qui était certainement familier avec l'astrologie. Les rapports établis par cette science occulte entre le signe du Lion et le Soleil s'harmonisent avec le symbolisme des deux arcanes. C'est l'énergie, le courage, la volonté que personnifie le Lion, roi des animaux.

On peut indiquer, d'après Dupuis,[8] des rapports particuliers entre le Lion et le Soleil. Les talismans gnostiques, Abraxas, représenteraient souvent des lions. On en trouve des reproductions dans King.[9]

Il symbolise le Destin. Certains abraxas portent, avec la figure du Lion, l'inscription : « le Destin commence ». Le Destin était plus fort que Jupiter lui-même : la femme qui joue familièrement avec le lion symbolique indique la force suprême et unique de la Nature, étroitement unie à l'Intelligence créatrice.

Toutes les clés du symbole XI concordent à suggérer l'idée d'une force spirituelle qui est l'agent de la création et la source de toutes les manifestations de la vie universelle, Les arcanes XII à XVI en résument la genèse.

8   *Op, cit.*, t. 3, p. 243.
9   *The Gnostic and their remains*, London, Nutt, 1887, planches J. K.

40. L'arcane XII — Le Pendu — Le Bélier — Le sacrifice — L'union de l'esprit a la matière — Involution et évolution

XII — LE PENDU

L'arcane XII éclaire le sens du XIe. Nous savons que c'est une représentation classique d'Atys, divinité de second ordre, symbolisant le cours du Soleil par rapport aux saisons. Il est intitulé *Le Pendu*. Il représente un homme suspendu par le pied gauche à une traverse horizontale que supportent deux arbres dont les branchés, en nombré de six par arbre, sont coupées au ras du tronc. Les arbres sont jaunes, et la section des branches est colorée en rouge. Intelligence et force créatrice. La poutrelle transversale est bleue, désir, volonté. Le personnage a la tête en bas. Ses souliers sont bleus, ses chausses rouges ; il a une courte tunique dont la jupe est jaune, le corselet bleu, les manches courtes sont rouges. Une rangée de boutons est au milieu du vêtement sur une bande blanche. Il a les mains liées derrière le dos. Sa tête aux cheveux bleus est comme dans un trou creusé entre les deux arbres, plantés dans une terre verte, la vie.

Le sens traditionnel est : « Sacrifice ».

Son nombre est 12, dont la racine théosophique est 3 (1 + 2), symbole de l'évolution progressive et de la fécondité. J'ai déjà examiné cette lame, qui doit être attribuée au signe de l'équinoxe de printemps, le Bélier : cet animal était d'un usage courant pour les sacrifices.

Le sens philosophique du Pendu est profond. Il aborde, sans le résoudre clairement, le problème de l'origine de la vie manifestée. Notons, en effet, les symboles que nous pouvons interpréter.

L'arcane a une signification spirituelle. C'est la descente de l'esprit dans la matière pour lui apporter la vie et l'intelligence. Remarquons d'abord que la figure est suspendue par sa partie inférieure et que sa tête, siège de l'intelligence, est dans un trou entre les mottes de terre d'où surgissent les arbres. La terre est colorée en vert, et c'est le seul arcane majeur où elle soit de cette nuance. C'est la vie entrant dans la matière. Le fait que la tête du personnage est au-dessous de la surface du sol, c'est-à-dire du niveau du terrain représenté, exprime la pénétration de l'intelligence créatrice dans l'élément inférieur, qu'elle vivifie et anime. La position, l'enchaînement du personnage montrent qu'il n'a plus une liberté entière. Son intelligence s'obscurcit : la tête n'a plus trace de sa couleur symbolique ; les teintes qui y sont opposées sont le bleu et le chair, désir et matière.

L'intelligence se concentre dans la partie médiane du corps et là seulement elle gouverne. L'action créatrice et le désir ou volonté, suivant le plan considéré, dirigent le reste du corps et ses actions.

I] semble que cette coloration soit bien une œuvre symbolique préméditée ; l'étude la moins approfondie du Tarot conduit à penser que le choix des couleurs est volontaire, renferme un sens caché. J'en ai donné quelques exemples et l'arcane XII en fournit un nouveau. C'est le seul dans lequel l'emblème coloré de l'intelligence et de l'esprit figure sur la partie du vêtement correspondant aux forces organiques de la reproduction. On le voit dans les lames VII, III, IV, I ; mais au bas du corselet de la dernière, à la ceinture des autres. Dans le Mat, la couleur jaune porte quatre grelots, symboles de folie et de matière. Cela doit avoir un sens. Si notre hypothèse interprétative est juste, ce sens sera en harmonie avec les déductions précédemment faites. Il semble qu'il en soit ainsi.

La descente de l'esprit dans la matière est un des grands mystères de l'occulte, l'involution, prélude et condition de l'évolution. On entend par là une grande loi cosmique : l'Esprit, une fois l'Univers créé, se trouve en présence de la matière qui oppose son inertie, sa passivité à l'expansion indéfinie de l'énergie créatrice ; les formes sont en puissance dans le monde spirituel, en images immatérielles dans l'astral. L'intelligence les fait passer par l'involution, de l'état latent à la manifestation concrète et sensible dans le plan inférieur.

L'esprit s'unit intimement à la matière dans cet état, mais cette union lui fait perdre la plus grande partie de ses qualités spirituelles. Il est emprisonné par les éléments, dans un but déterminé, dont je n'ai pu trouver l'indication certaine dans le Tarot.

On en trouve une explication, empruntée sans doute aux doctrines de l'Orphisme et des mystères, dans le discours d'Anchise au VIe livre de l'Enéide : « Au commencement, l'esprit alimente intérieurement le ciel, la terre, l'eau, la lune et les astres ; incluse dans toutes ses parties, l'intelligence meut la masse immense et se mêle à ce vaste corps. De là proviennent les hommes et les animaux. Dans toutes ces semences (âmes spécifiques) est une force ignée, une origine céleste, dans la mesure où les corps ne les entravent pas. De là, la crainte et le désir ; la douleur et la joie ; elles ne peuvent voir le ciel, enfermées dans les ténèbres et dans une aveugle prison ».

Est-ce le châtiment d'une faute antérieure à la vie (chute des anges, révolte des Titans) ? Est-ce une nécessité d'un autre ordre ? Faut-il y voir le symbole de l'infériorité des intelligences individuelles, séparées de leur auteur ou de leur centre, le créateur, obligées par conséquent d'apprendre à connaître le cosmos par expérience personnelle ? Cette connaissance leur donnera la science de l'arcane II et les préparera à la réunion définitive avec l'âme universelle. Cette doctrine paraît être celle des meilleurs philosophes hermétistes.

Demeurons dans des régions plus accessibles à la critique philosophique des symboles. Nous avons vu que la figure XII est l'emblème d'une loi occulte, celle de l'involution et de l'évolution. L'une représentant la chute de l'esprit, l'autre son relèvement. Dans le symbolisme hermétique, elles sont représentées par deux triangles entrelacés, formant l'étoile à six branches. C'est un pentacle magique, appelé le sceau de Salomon.

Celui dont le sommet est dirigé vers le bas est l'involution ; l'autre, l'évolution. Dans le premier, le point unique du sommet diffuse l'esprit ; dans l'autre la base converge vers l'Unité créatrice.

41. Le Sceau de Salomon et la magie — L'incarnation et la rédemption

Ce pentacle a joui d'une très grande vogue dans la philosophie magique proprement dite, qui est une branche de la science occulte. C'est une de ses applications, et elle a pour objet la connaissance et l'utilisation des forces astrales dans le plan matériel. Cultivée isolément, elle est dangereuse. C'est en quelque sorte la physique occulte. Elle tient dans ce domaine la place que les sciences naturelles occupent dans la philosophie ordinaire. Le Tarot traite de ce qu'on peut comparer à la métaphysique.

L'étude du symbolisme du Sceau de Salomon, comme emblème des forces astrales, est instructive. Elle fait comprendre un point important de l'histoire de l'expression de la volonté ou de la pensée par le symbole, qui est un langage par gestes, commun aux animaux supérieurs et aux hommes. On en observe des manifestations dans le monde des insectes, qui soulève des questions auxquelles la science ne peut répondre, mais dont la philosophie occulte donne une explication.

Dans les théories cosmogoniques occultes, spécialement dans la philosophie hermétique, l'application du principe *natura non facit saltus*, « la nature ne fait pas de bonds », est une règle à peu près générale. L'évolution se fait lentement, par progrès insensibles. Les, changements se produisent peu à peu comme les couleurs se fondent imperceptiblement dans le spectre solaire. Les sept couleurs fondamentales sont unies et séparées à la fois, par des nuances intermédiaires en nombre infini. Il en est de même des sept notes de la gamme, dont notre oreille ne distingue pas les tons intermédiaires. Nous savons cependant que le ton dépend du nombre de vibrations de l'air par seconde, et des harmoniques résonnant autour d'un ton théoriquement pur.

De même les éléments et les forces, la matière et l'énergie, vie, sensibilité, intelligence volonté et pensée pure sont séparées par une infinité de degrés. Les ondes hertziennes nous en offrent une nouvelle image. Leur longueur et leur rythme varient ; la même énergie les produit. Leurs effets et leurs propriétés se modifient cependant et nos sens n'en perçoivent qu'une faible partie, chaleur, lumière, chimisme. Elles dépendent toutes d'un mouvement de la matière, car l'éther est matériel, mais c'est une des formes élémentaires qui s'échelonnent entre le mode d'existence astral et celui de la matière telle que nous la percevons. Nous savons aujourd'hui que la matière n'est impénétrable que par rapport à nous, et que derrière ses propriétés physiques se cachent des réalités bien différentes des apparences.

Le principe de l'analogie, c'est-à-dire de la simplicité et de l'unité du plan de la nature, la grande loi d'Hermès, est pour les hermétistes une formule générale. C'est ce qui explique leurs idées sur l'origine de la sensibilité et de la vie qu'ils reculent jusque dans le monde minéral, particulièrement dans le cristal et le métal.

La raison de cette extension se trouve dans leur conception cosmogonique de l'involution et de l'évolution, qui procèdent avec une extrême lenteur, par d'insensibles nuances, dont l'infinité correspond à l'infinité des points qui forment les côtés des triangles enlacés et opposés.

C'est ce caractère qui fait la richesse symbolique du Sceau de Salomon. Je n'en signalerai que deux espèces : le nombre et la forme. L'un exprime la nature essentielle et active de l'Unité et du Binaire, d'une manière abstraite ; l'autre, le fait d'une manière concrète, Cela pourra faciliter la compréhension du rôle particulier du symbole comme véhicule de la volonté et de la pensée, dans la magie ou physique occulte.

Il y a une espèce de magie, appelée la magie cérémonielle, principe de la magie évocatoire qui en est une branche active. Son nom provient de la nature de l'opération magique dont elle enseignerait les formes sacramentelles, le rite. Les grimoires, œuvres d'ailleurs ridicules, sont des rituels de magie ; ils valent ce que valent la plupart des remèdes dits « de bonne femme ». Ils enseignent des cérémonies qu'on peut essayer sans avoir de résultats à redouter.

Toutefois, ils constituent une dégénérescence régressive de l'acte magique véritable : à lire attentivement les rares philosophes qui ont écrit sur ce sujet, dans un langage lui-même symbolique, on s'aperçoit que la magie est une volonté, suivant l'expression de Jakob Böhme. Elle s'exprime dans le monde matériel par la pensée, qui provoque l'action et la réalise, manifestation ultime de l'opération intellectuelle qui a transformé la pensée en volonté et en acte. Dans le plan astral, le terme astral de la réalisation de la pensée est la « forme », c'est-à-dire le modèle ou le moule de l'acte ou de l'objet voulu. Dans le plan spirituel, la volonté demeure une pensée qui se réalise par l'état mental constitué par le désir dégagé de tout élément matériel ou sensoriel. Pour faire une grossière comparaison la volonté dans l'esprit est la conception de la forme, dans l'astral la formation de son image et dans le plan matériel son remplissage par les éléments : cela pour les choses concrètes. Pour les actes, dans l'esprit c'est l'idée pure de l'acte, dans l'astral encore son image, réalisation astrale, dans la matière son exécution, ou réalisation physique.

L'opération magique exprime les trois états que je viens de décrire, ou de tenter d'expliquer. Elle agit sur l'astral, et par lui sur la matière, mais indirectement. Celle-ci obéit aux forces astrales, elle obéit sans intelligence. Dans le monde intermédiaire elle conserve, à un faible degré, l'intelligence qui se confond avec l'acte dans le monde spirituel pur. Le Sceau de Salomon sert à symboliser la réalisation astrale par une image.

Les forces astrales inférieures, mises en mouvement, ont un certain degré d'intelligence ; elles comprennent le sens du geste ou du symbole, comme nos chiens distinguent un geste de menace ou d'appel. On les repousse par les pointes de deux angles du Sceau. C'est le Binaire, symbole d'arrêt. Si on veut les attaquer, c'est par une seule pointe, symbole de l'unité active, qui étend indéfiniment sa force d'expansion.

Telle est l'image exprimée par l'emploi d'une pointe qui s'avance, ou de deux qui présentent leur face inclinée vers un angle rentrant qu'elles défendent comme des bastions.

Enfin, le Sceau de Salomon exprime les trois nombres du monde ou de l'Univers matériel, le trois, par les triangles, le six par les six angles et les six pointes, le neuf par leur somme 6 + 3. Le chiffre 12, également contenu dans le symbole est une autre expression du ternaire 1 + 2. Ces nombres sont révélés par la forme du pentacle ; ses éléments géométriques sont une image.

Le simple examen de la lame XII montre les symboles du 6, du 12, du 3 et du 9 et le 10 ou 1 y est caché. Ces symboles mêlés, d'origine numérique, astrologique, colorée ou formelle (dans le sens de forme) permettent de deviner le sens que cache l'arcane au point de vue de l'involution et de l'évolution.

L'esprit descend dans la matière, sa descente est graduelle. Il s'individualise en êtres de moins en moins semblables à lui, de plus en plus semblables à la lourde et inintelligente matière, dans sa réalisation finale.

Du Créateur procèdent de vastes intelligences, de celles-ci des intelligences moins puissantes, moins compréhensives et ainsi de suite. Chaque intelligence, suivant son élévation, a un domaine de plus en plus restreint ; elle devient individuelle et responsable de la direction qu'elle donnera à son royaume. Elle choisit sa voie. De là provient la multiplicité des formes de la sensibilité et de la vie. De là, les conceptions diverses de la vie minérale, végétale, animale, humaine. Ces intelligences correspondent aux éons de la Kabbale, aux génies, anges, démons des religions et des philosophies cosmiques. La magie cherche à entrer en contact avec ces intelligences qui existeraient à tous les degrés.

La philosophie hermétique, sans les nier, ne s'en occupe pas et demeure dans la généralité cosmogonique. La descente de l'intelligence se fait par la division — terme symbolique — de l'unité qui se répand comme l'eau d'un canal d'irrigation se répand dans une région pour la fertiliser. L'unité de l'eau demeure la même, mais sa puissance à certains égards, diminue à mesure que la division se poursuit. Le ruisseau peut à peine faire tourner un petit moulin, le fleuve porte des navires de 20.000 tonnes ; mais l'eau reste toujours l'élément nécessaire au germe, quelle que soit la grandeur de la source où nous la puisons.

Il en est analogiquement ainsi dans la division de l'esprit. Sa puissance diminue proportionnellement à sa division et cette diminution porte sur l'intelligence elle-même. Chaque entité spirituelle d'ordre inférieur en a une inférieure aussi à celle qui la précède, supérieure, d'un autre côté, à celles qui la suivront. Elle diminue quantitativement, mais reste toujours l'intelligence ne perdant ses qualités que dans la mesure où celles-ci dépendent de la quantité, comme la capacité d'une salle dépend de ses dimensions. Chaque être, entité collective, conçoit à sa manière l'évolution de la vie et la réalise selon ses conceptions. De là des erreurs et des fautes dont elle est responsable car c'est elle qui a formé le plan selon lequel l'espèce ou le règne se sont constitués.

Ceux qui ont formé les vertébrés et l'homme ont mieux réussi que les autres, malgré que chaque réalisation soit une merveille, du plus humble végétal à l'homme de génie. Mais il y a des formes qui ne peuvent atteindre un degré d'évolution comparable à celui de l'espèce humaine ; c'est là que l'organisme est susceptible de mieux servir l'intelligence et l'esprit.

Cette conception, dont j'esquisse les grandes lignes, confond l'esprit et la matière, l'Univers manifesté et son créateur, dans une sorte d'unité suprême. Dieu et le monde ne font qu'un. Cela justifie le reproche qui est adressé à cette philosophie : d'être un panthéisme matérialiste.

Ce n'est que l'apparence, car elle distingue l'Être suprême, du Créateur, qui émane de lui, mais n'est pas lui. C'est ce Créateur. Verbe ou Âme du Monde, âme universelle qui résume en lui l'Univers manifesté et le forme en se divisant, accumulant la matière à un pôle, l'intelligence à l'autre, et refait un monde nouveau en opérant leur synthèse.

On ne peut s'empêcher de songer à la loi d'Hermès en étudiant la génération des êtres vivants. Sans parler de la division par scissiparité, examinons la mitose. Le germe fécondé se divise, le protoplasma s'accumule autour des deux globules polaires ; la chromatine du noyau se divise à son tour, forme des figures mystérieuses comme celles d'une danse sacrée, puis rejoignent le nucléole nouveau, né d'une simple division de l'ancien, et forment un nouveau noyau autour duquel s'agrège le protoplasma. La cellule à deux centres d'attraction qui se séparent et s'éloignent comme le font les parties d'une étoile trop grande pour rester une masse unique. Ainsi, la division des astres, peut-être celle de la cellule, reproduisent dans les mondes inférieurs, du plus grand au plus petit, le plan divin de la création elle-même.

Dans la basse métaphysique occulte, les entités nées de la division de l'âme universelle sont considérées comme des génies, conçus sous une forme anthropomorphique. Il n'en est pas ainsi dans le Tarot : il ne leur donne forme humaine que symboliquement, mais semble plutôt incliner vers l'idée que ces génies sont moins des individus à la manière des êtres vivants que des êtres collectifs qui se résolvent en leurs éléments. Ceux-ci, dans l'isolement, contractent de nouveaux rapports avec les autres éléments, acquièrent de nouvelles propriétés d'ordre spirituel, et tendent à reconstituer par voie d'unions, de plus en plus complexes, l'être primitif. Mais cette reconstitution est une synthèse, non une fusion. La hiérarchie des cellules protoplasmiques, des tissus, des organes et des fonctions d'un corps matériel humain est peut-être l'image de cette reconstitution en une forme unique, mais synthétique. Cette rénovation est l'évolution, dont le sens est la marche de la base à la pointe du triangle.

L'arcane XII donne un dernier enseignement, moral celui-là. Dans un but de progrès, l'esprit descend dans la matière, sacrifie ses qualités propres afin de rénover toutes ses parties et d'amener chacune d'elles dans la mesure où elle se sera développée, à un état spirituel plus parfait, et à reconstituer ainsi un être collectif meilleur que celui qui a subi l'épreuve. L'esprit arrive à ce résultat par le sacrifice de lui-même.

C'est la condamnation formelle de l'égoïsme et de l'intérêt personnel, la proclamation de la solidarité des êtres. « Aimez les autres comme vous vous aimez vous-mêmes. »

C'est encore un des principes de l'éthique occulte.

On pourrait observer de curieuses relations entre l'interprétation occulte des religions et les conclusions que j'ai tirées de l'analyse du symbole représentant le Pendu. N'évoque-t-il pas l'idée des mystères de l'Incarnation et de la Rédemption ? C'est-à-dire du salut de l'humanité par le sacrifice que fait de lui-même le *fils de Dieu* ? Ne voit-on pas le ternaire apparaître dans le mystère de la Trinité ? Le duodénaire dans les douze disciples ? Le novénaire dans les neuf chœurs des anges ? Et l'on pourrait trouver bien d'autres analogies qui donnent une curieuse valeur à la mystique occulte du Christianisme.

Telle est, à des points de vue restreints, la partie philosophique et morale de la doctrine que l'arcane XII enseigne et que sa tierce supérieure, l'arcane IX réserve aux initiés.

42. L'arcane XIII — La Mort — La planète Saturne — Transformation

XIII — LA MORT

L'arcane XIII développe la doctrine de l'arcane X. Il n'a aucun titre, représente la Mort sous l'aspect d'un squelette, couleur chair (la matière). Sa faux a un manche jaune, une lame rouge.

La Terre est noire. Le squelette fauche le terrain d'où émergent trois mains, un pied, couleur chair et deux têtes : une d'enfant avec les cheveux blancs, l'autre d'homme mûr : cette dernière porte une couronne royale jaune ornée de 4 fleurons.

Ce symbolisme est très clair. La matière est l'artisan de la mort ; son instrument est formé par l'esprit, l'intelligence et la force créatrice. C'est en opposition complète avec l'idée d'annihilation. Les membres épars symbolisent bien la dissociation du corps, mais non la destruction de la vie ; les deux têtes sont bien vivantes, l'une avec le signe de la pureté ; l'autre avec celui de l'intelligence. Le terrain représenté n'est pas infertile ; il produit des plantes qui sont colorées en jaune, bleu ou blanc. Il semble qu'il y ait douze touffes complètes, ayant trois ou quatre feuilles. Ces symboles sont ceux de l'intelligence, de la pureté, du désir. Elles naissent du terrain fauché par le squelette. Cela indique la récolte plutôt que la destruction. Le néant (couleur noire) sur lequel la mort promène sa faux n'est donc qu'un néant relatif à nous : l'esprit et l'intelligence, le désir pur y vivent. La mort n'est pas une réalité ; elle est comme le dit l'ecclésiaste, vanité, illusion et tout est illusion.

La mort est chose de la matière. Elle ne détruit que le corps ; la partie intelligente de l'être n'y est pas soumise. Elle persiste et par conséquent évolue en se transformant.

Tel est le sens traditionnel de l'arcane « Changement, transformation ». Il ne signifie pas mort dans le sens funèbre que nous attachons à cette idée.

L'arcane est généralement attribué à la planète Saturne et cela paraît juste. Le squelette, la faux sont l'emblème de la mort, qui est le destin de toute chose de l'ordre matériel. Saturne est une planète ordinairement maléfique ; elle signifie souvent le Destin.

Il n'y a pas grand chose à dire du symbolisme numérique qui ramène le 13 au 4, sa racine, et en rappelle les propriétés ; c'est le nombre de la matière parfaite, prête à recevoir la sensibilité et la vie, c'est-à-dire à faire un pas de plus dans son évolution, à se transformer.

Le 13 à certaines vertus symboliques, d'origine astronomique. Il y a, en effet, à peu près treize lunaisons dans l'année de 365 jours. Avec la 14e commence une nouvelle année.

La mort est pour le Tarot une simple transformation : elle est liée à la matière et à ce qui touche la matière. C'est l'œuvre de l'intelligence et de la force créatrice. Il y a un lien entre elle et le progrès de l'existence, L'arcane X a déjà indiqué la continuité de la vie et l'enchaînement de ses manifestations, dans la matière, par la réincarnation du principe spirituel de chaque être.

Elle transforme aussi la matière astrale inférieure. L'astral supérieur persiste jusqu'à ce que l'être arrive à la vie spirituelle intégrale. Le Tarot paraît se taire sur ce point ; son enseignement est trop voilé pour que je me risque à l'analyser en détails.

Il suffit de retenir sa conception fondamentale, la perpétuité de la vie individualisée, l'utilité, la nécessité même de la mort, telle que nous la jugeons sur sa vaine apparence. Le progrès des êtres se réalise tant dans l'esprit dont il se rapproche, que dans la matière dont il s'éloigne. La destruction du corps usé en est une des conditions. Elle oblige l'être, principe formateur du corps qu'il doit habiter, à des reconstructions totales. De simples réparations perpétuelles n'auraient pas les mêmes effets.

43. L'arcane XIV — La Tempérance — Le Verseau — L'être spécifique et l'individu — Les combinaisons

XIV — LA
TEMPÉRANCE

L'arcane XIV révèle le procédé par lequel la vie se transforme. Il représente une femme ailée, ou un ange. Sa chevelure est bleue ; son corsage est bleu, avec une bande couleur chair au milieu. La jupe est bleue à droite, rouge à gauche ; le jaune paraît sur le terrain, sur la ceinture, sur le haut du corsage, sur un bracelet à la main droite, sur une fleur à 5 pétales qui couronne le front. Ses ailes sont couleur chair (matière). La femme, ainsi représentée, verse de l'eau d'un vase bleu, à gauche, dans un vase rouge à droite.

Le titre est *la Tempérance*. Est-ce une allusion à la chaleur « tempérée » nécessaire à l'évolution de la matière ? A la chaleur qui facilite les combinaisons chimiques et leur est quelquefois nécessaire ? Au-dessus de 40 °C les albuminoïdes, qui constituent la matière principale du protoplasma, siège des échanges qui caractérisent la vie, se coagulent et meurent. Leur activité esse quand l'eau se solidifie, sans être toujours détruite pour cela. Celui qui a fabriqué les rubriques des arcanes, a transcrit sans doute un sens alchimique, signifiant que le germe a besoin d'une chaleur tempérée sans bien comprendre le sens chimique du mot.

Il est probable que c'est bien la condition physique de la température qui est symbolisée ; car le sens traditionnel est « combinaison ». Or, les combinaisons chimiques sont en étroite corrélation avec la chaleur, soit qu'elles en absorbent, soit qu'elles en dégagent. Dans un cas, leur énergie latente est accrue ; elle se dépense dans l'autre cas.

Le nombre de l'arcane est 14, c'est-à-dire le 5 par 4 + 1. Il indique par ce quinaire qu'il exprime d'abord la pénétration de la vie dans la matière et que son symbolisme primaire se rattache au plan inférieur, ce qui confirme les autres indications de cette lame.

Les symboles numériques accessoires sont d'abord le sénaire (par 5 + 1) qui est le nombre de l'étoile frontale de la figure. Son gorgerin jaune porte 5 lignes noires parallèles à la ceinture, et 2 sur l'épaule droite : = 7 par 5 + 2. La bande couleur chair du corsage a le nombres. Les nombres cachés sont donc 5 : la sensibilité, source de l'affinité chimique ; 6, la sélection, le choix ; 7 l'influx de l'unité sur le sénaire (choix, épreuve) le total de ces différents nombres donne :

5 + 2 + 5 = 3, l'évolution.

5 + 2 + 5 + 6 = 9, la maturation.

Enfin les combinaisons se font d'une urne bleue (le désir, l'attraction) à une urne rouge (la génération). Les nombres de la première sont 4, 5 et 8 et leur somme : ceux de la deuxième 4, 6 et 4, soit de 8 à 5. Le désir à l'état d'équilibre actif (8) pénètre dans la matière sensibilisée, et y produit des combinaisons *électives*, selon l'affinité des mixtes (corps composés) qui sont en présence.

Cette électivité, l'influence de l'état liquide sur les réactions et celle de la température sont assez caractéristiques des combinaisons biologiques.

Astrosophiquement, le symbolisme de l'image se rattache à la constellation du Verseau, Aquarius, onzième du Zodiaque. Le XI est à la tierce du XIV, et ce dernier nombre est au degré ternaire supérieur. C'est donc l'énergie (XI) qui combine les éléments matériels ; il est à remarquer que la terre est colorée en jaune, symbole que l'élément le plus éloigné de l'intelligence est imprégné par elle. Les ailes, signe du mouvement dans l'air, élément supérieur, indiquent le mouvement dans la matière, dirigé par l'intelligence qui la pénètre. (collerette jaune couvrant les épaules sur lesquelles s'insèrent les ailes).

Le sens de l'arcane paraît être le suivant : l'origine de la vie est, dans ses degrés inférieurs, confiée à l'énergie, qui agit sur deux éléments : l'air et l'eau, les états liquide et gazeux. Elle naît dans des conditions de température modérée, au moins dans le plan matériel qui est le nôtre. La combinaison provient du désir (vase bleu) qui se transforme en force génératrice, forme matérielle de la puissance créatrice.

La combinaison, un des aspects de l'énergie est donc le désir, évoluant vers sa réalisation par la force génératrice. Cela dans le monde de la matière. Nous verrons, avec les arcanes XV et XVI suivants, le sens exact de l'énergie dans les trois plans ; il suffit pour entendre d'une manière simple le sens de la XIVe lame de s'en tenir à l'idée générale suivante : l'énergie agit dans la matière en combinant les éléments.

Force intellectuelle et spirituelle se dégradant dans l'évolution, elle dirige toujours les combinaisons, mais les entités, individualisées dans une hiérarchie presque infinie, ont leurs facultés spirituelles obscurcies dans les degrés inférieurs. Elles président toujours aux combinaisons de l'énergie qu'elles détiennent et en ce sens l'arcane XIV confirme l'interprétation que je donnais plus haut. D'où les erreurs de ces entités collectives ; elles sont solidaires des êtres qui procèdent d'elles-mêmes et qui font peut-être partie d'elles-mêmes. Cette solidarité maintient le règne, l'espèce, la famille dans la rigidité du plan conçu à l'origine par l'entité collective. C'est l'expression hermétique de la loi d'hérédité.

Il en résulte deux conséquences : la première est que le progrès des espèces est réalisé par les individus, l'être collectif étant enchaîné dans les formes qu'il a conçues, parce qu'il est le prisonnier des êtres qui dérivent les uns des autres par groupes ; chacun a son âme particulière dont l'ensemble forme une âme collective ; cette liaison ne lui permet de se transformer que par la modification préalable de l'être individuel. Plus l'âme collective, formée de ces éléments individuels, est éloignée de son principe, plus l'erreur est facile et doit être expiée. C'est le sens profond du *quisque suas patitur manes* de Virgile,[10] chacun expie ses propres manes

---

10 *Enéide* (chap. VI).

c'est-à-dire les erreurs de ses existences antérieures. L'esprit individuel est identique aux ancêtres dans lesquels il s'est incarné et il est responsable de ses incarnations antérieures.

C'est la loi de solidarité, forme astrale et spirituelle, morale en quelque sorte, de l'hérédité. Dans les plans supérieurs, l'évolution est une combinaison entre la rigidité de l'hérédité et la souplesse du transformisme. La première est la réalisation des formes astrales, mères des formes matérielles, et ces formes ont leur origine dans les conceptions de l'esprit, qui anime fa matière et en dirige les mouvements.

Les fautes commises à l'origine, dont l'être collectif est responsable, retentissent sur ses parties individualisées dans des êtres, eux-mêmes collectifs, mais gouvernant un moindre domaine ; et la correction des fautes de l'être supérieur dans son unité synthétique résulte de l'effort de chaque individualité pour les réparer.

La seconde conséquence est que si l'espèce ne se transforme pas, elle s'éteint sans laisser d'héritiers pour continuer son œuvre. Les individus, proprement dits, se résorbent dans leurs éléments, la matière retourne à la matière, la forme devient une image astrale usée et l'idée spirituelle reprend son unité dans la parcelle de l'Intelligence universelle qui forme l'essence de l'être collectif. Et ce dernier doit recommencer son travail.

Les applications de ces lois dans les sciences naturelles permettent de comprendre, sans les expliquer cependant, la nature de certains aspects métaphysiques ou cosmogoniques des transformations et de l'extinction des espèces.

Il y aurait encore beaucoup à dire pour développer l'enchaînement symbolique des idées dont le germe est dans l'arcane XIV. Mais une analyse sommaire doit pour celui-ci comme pour les autres se limiter aux notions les plus générales.

Le sens traditionnel s'applique seulement à l'idée de combinaison et il comprend les différents modes que nous venons d'analyser.

La loi de combinaison, exprimée par l'arcane XIV et qui, sous la forme matérielle, s'applique aux trois mondes, nous fait remonter de la matière à l'esprit, en montrant comment elle agit sur lui et contribue à son évolution en l'instruisant. Action de l'esprit et réaction de la matière ; involution et évolution. Tel est l'enseignement profond de la XIVe lame.

44. L'arcane XV — Le Diable — La tête du dragon — L'attraction universelle

Les arcanes XV et XVI continuent l'enseignement commencé avec l'arcane X et nous expliquent faction de l'énergie dans les combinaisons, base matérielle des échanges qui constituent la vie et toutes ses manifestations de la plus basse à la plus haute, dans le plan inférieur.

Ils sont d'une grande importance.

L'arcane XV représente trois personnages. Celui du milieu est plus grand que les autres. Il figure un génie ailé, androgyne. Il est coiffé d'une calotte ornée de deux cornes, qui semblent être des rameaux ayant chacun six feuilles. Sur le devant de la coiffe sont deux ailes ou deux plumes ; derrière la tête apparaissent deux ornements qui peuvent être l'extrémité de deux ailes ou plumes placées comme les précédentes, mais du côté postérieur de la calotte. Il y a donc six ornements. Ils sont disposés symétriquement, 3 de chaque côté. Le tout est de couleur jaune.

Le torse et les bras, couleur chair, sont nus. Les seins sont très accusés. Les doigts se terminent par des griffes. La main droite est levée, l'avant-bras en flexion. La gauche est dirigée vers le bas ; elle tient ce qui paraît être un cierge allumé. Autour du corps est une ceinture rouge, abaissée vers les parties génitales qui semblent être celles d'un homme ; les jambes sont bleues. Les pieds ont des doigts très longs et ressemblent à des pattes terminées aussi par des griffes. Ce personnage, qui n'est ni un ange, ni un diable, a des ailes semblables à celles d'une chauve-souris, telles qu'on en prête au diable ; à part cela, il n'a aucun emblème classique de la figure de Satan. C'est un génie, un démon, dans le sens grec du mot. Il est debout sur un tabouret dont le sommet est chair et le corps rouge.

XV — LE DIABLE

Le sol est noir, avec des raies jaunes horizontales.

A côté de lui sont deux personnages qui semblent représenter un homme et une femme ; les organes caractéristiques ne sont pas indiqués, mais l'allure générale du corps le fait présumer. Leur corps est couleur chair ; ils ont une calotte rouge sur la tête, avec deux rameaux noirs. Le dessin de l'arcane est très défectueux, la planche devant être fort usée ; on croit voir les détails suivants : le personnage à gauche du démon a des cornes ou rameaux sur la tête avec l'un 7 efflorescences, l'autre 4. Deux pointes l'une à droite, l'autre à gauche, ornements, oreilles ? Le personnage de droite a deux ornements pareils à ces derniers et deux rameaux l'un à 6 branches, l'autre paraît-en avoir 7.

Ces personnages sont nus. Ils ont, l'un une queue bien dessinée (à droite) ; l'autre une queue esquissée ; il y a un carré noir bordé de jaune au bas de la jambe gauche de l'homme de gauche. La bordure jaune touche la jambe. Enfin, les deux figures ont les bras liés derrière le dos, et une corde, passée au cou, les rattache à un anneau fixé à l'escabeau, dans sa partie rouge.

Le titre de l'arcane est le *Diable*.

Son nombre est XV, c'est-à-dire 6 par 1 + 5. C'est le sénaire progressif, l'harmonie en développement favorable ; la sensibilité s'acheminant vers l'intelligence. C'est aussi le nombre propre de chacune des trois grandes forces astrales.

L'attribution de cette lame a soulevé des difficultés. On ne savait à quelle constellation les attribuer, car on trouvait 7 planètes et 12 signes zodiacaux, soit 19 symboles, et il en fallait 22. J'ai dit pourquoi il faut écarter le Mat qui est hors-série.

Restent 21 symboles. Ils existent, car les nœuds ascendant et descendant de l'orbite lunaire jouent un rôle important en astrologie. L'un est la tête, l'autre la queue du Dragon constellation voisine du Zodiaque.

Les nœuds de l'orbite lunaire sont les points où cet orbite coupe l'écliptique ou plan de l'orbite de la terre ; c'est le centre de la ceinture zodiacale, route annuelle du Soleil.

Ces points ont beaucoup d'importance dans l'astrologie traditionnelle. La tête du Dragon est bénéfique, la queue maléfique. La première a les influences de Jupiter et de Vénus ; la seconde celle de Saturne. Elles subissent aisément celles des planètes qui agissent sur elles. Quand le Soleil et la Lune se rencontrent ou s'opposent aux nœuds de l'orbite lunaire, il y a des éclipses de Lune ou de Soleil. Les premières dues à l'interposition de la terre entre le Soleil et la Lune ; les secondes à celles de la lune entre le Soleil et la Terre.

Dans certaines religions gréco-syriennes ces nœuds jouent un grand rôle relativement à la réincarnation des âmes ; à la mort du corps, elles entrent par la tête du dragon dans la lumière, la partie du ciel éclairée par le Soleil ; quand elles se réincarnent pour recommencer une vie terrestre, elles pénètrent, par le nœud descendant, dans les ténèbres (partie nocturne de la moitié de l'orbite lunaire), Ces deux points sont en opposition l'un de l'autre, c'est-à-dire aux deux extrémités du même diamètre, à 180° de distance.

Il est donc obligatoire d'en tenir compte et de vérifier si cette attribution concorde avec l'hypothèse qui nous sert de guide.

Cherchons si ces symboles ont un caractère spécial, leur appartenant en propre. Le premier est d'être constamment opposé l'un à l'autre ; ils sont les pôles d'un diamètre, comparables à ceux d'un aimant et dépendent du même élément, un axe de l'orbite de la lune. C'est un caractère constant, renfermant l'idée de l'unité s'opposant à elle-même, principe du Binaire.

L'image évoque d'ailleurs des idées analogues à celles que suggère la notion d'un orbite. La corde qui lie les êtres placés au bas du génie est la force d'attraction. Le génie qui porte un flambeau fait penser à la lumière et la lumière au soleil. Le soleil est l'emblème du Démiurge, arcane I. Enfin les deux petits personnages attachés l'un à l'autre ne symbolisent-ils pas la terre et la lune, circulant la seconde autour de la première et toutes deux autour du soleil ? Ne sont-ils pas liés par les nœuds de la corde ?

La disposition de la figure XV, au point de vue des nombres exprimés est :

15 = 5 + 1, le Sénaire.

1 + 2 = 3, le nombre des figures, le Ternaire par 1 + 2.

Le Novénaire est caché dans leur somme 6 + 3 = 9.

Nous verrons un peu plus loin que le chiffre 9 est une sorte de nombre symbolique des forces spirituelles astrales et matérielles et qu'en dessinant, dans l'espace à trois dimensions, la figure des trois plans, nous retrouvons constamment le triple ternaire.

C'est, en effet, le nombre symbolique de la dégradation et de la réintégration de l'esprit se plongeant dans la matière et en ressortant avec sans doute des qualités nouvelles, comme le fer plongé, à haute température, dans l'eau se trempe. Ainsi l'esprit après son mélange avec la matière s'en dégage et se réintègre. Il retrouve son unité dans une synthèse finale. Le 9 est la matière parfaite, le 4, à laquelle s'ajoute le 5, c'est-à-dire cette matière devenue sensible par 4 + 1, par un influx de la force créatrice de l'Un ; le 9 représente donc la préparation finale de l'Univers matériel à sa reconstitution dans une unité supérieure, le 10, par lequel les forces spirituelles rentrent dans leur domaine unitaire.

Il est malaisé d'analyser les curieuses subtilités que l'on découvre en suivant le fil symbolique d'Ariane, dans la philosophie des nombres, qui pénètre le Tarot tout entier. Ce fil est composé de plusieurs brins, le plus visible est l'analogie, l'application du principe hermétique que j'ai souvent rappelée.

Malheureusement, la méthode hermétique, en exprimant les idées dans la langue universelle du Symbole et en ouvrant la voie à l'interprétation analogique, expose à de graves erreurs. S'il est vrai que cette science spéciale était communiquée secrètement par l'initiation, l'initié était sans doute préparé à retrouver sans difficulté le sens primitif qui lui avait été expliqué. La lecture des symboles est plus difficile quand il faut trouver ce sens sans l'avoir appris.

Le seul moyen est de contrôler les résultats auxquels conduit l'analyse comparée des idées que suggère, dans une œuvre symbolique, l'emploi simultané de plusieurs systèmes de signes. Mais on s'expose à ne trouver dans le symbole que ce qu'on y met soi-même.

Ce danger est particulièrement grave dans l'arcane XV et dans son complément l'arcane XVI à cause de leur complexité.

L'analyse numérique du XVe nous fournit le Ternaire avec ses dérivés et ses composantes. D'autres nombres y apparaissent d'une manière accessoire. C'est donc l'idée d'évolution qui est évoquée.

L'analogie astrosophique convient à cette idée, car l'évolution est un mouvement, et le choix de deux points importants de l'orbite de la lune, les nœuds, rappellent cette idée de mouvement et d'évolution cyclique perpétuelle ; la Lune, en parcourant son orbite, passe alternativement de la partie éclairée du ciel à la partie obscure ; ses phases, conséquence de son mouvement orbital, évoquent aussi l'idée du mouvement rythmique de la lumière qui va alternativement de l'éclat de la pleine lune, aux ténèbres de la nouvelle, de l'opposition au soleil, à sa conjonction. Ce rythme concorde avec celui de la vie, avec ses périodes régulières de manifestation et d'éclipse.

Mais l'arcane ne se réfère pas à l'involution et à l'évolution d'une manière abstraite. C'est la clef d'un enseignement qu'il faut déchiffrer.

45. L'évolution de l'énergie — L'union — L'amour — Le destin

Que représentent les figures ?

La principale n'est pas une figure humaine. Elle est androgyne et renferme en elle les principes constitutifs du Ternaire, l'Unité et le Binaire, les principes masculin et féminin.

Il est gouverné par l'intelligence qui entoure sa tête ; cependant cette tête a des caractères particuliers : les deux cornes évoquent l'idée de plantes qui sortent de terre, qui sont au premier stade de leur évolution.

Le désir colore des ailes qui ne sont pas celles des oiseaux ni des anges. Elles ne sont pas faites pour planer dans les hauteurs du ciel. Ce sont des ailes de chauve-souris, animal qui fuit la lumière et vole près du sol ; intermédiaire entre les créatures de l'air et celles de la terre, oiseau et souris, surtout souris, animal impur. Le personnage paraît représenter un génie, génie d'ordre élevé, mais non le plus élevé de tous. La lame est à la tierce de la XIIᵉ et à la quarte de la XIᵉ, ces nombres se ramènent au 3, au 2 et au 5.

Le génie est probablement l'entité de l'arcane XII. L'esprit est descendu dans la matière, et les rameaux surgissant de la tête indiquent que l'esprit commence son œuvre de fécondation. Il est déjà plus intimement uni à la matière, mais le flambeau qu'il porte dans sa main baissée indique sa nature ; elle appartient au monde de la lumière qui descend.

Le désir est aussi la couleur de ses jambes. C'est l'impulsion qui le met en mouvement, en marche.

Les reins sont ceints d'une écharpe rouge qui n'est pas une ceinture ordinaire ; elle descend jusqu'au bas du ventre, se courbe vers le siège de la génération, à la fois mâle et femelle.

L'être androgyne contient encore en lui les principes, actif de l'unité, passif du binaire. C'est donc autre chose que le Pendu, qui est la descente de l'esprit. La XVᵉ lame représente son action dans l'Univers. C'est une force. Et l'arcane XI nous a indiqué que c'était l'énergie, le principe du mouvement.

Dans notre arcane, nous assistons à sa division en deux forces, comme l'électricité se divise en fluide positif et fluide négatif ; l'un est le principe de l'Unité, l'autre du Binaire. Le premier est son pôle actif, l'autre son pôle passif ; action et réaction ; ces forces sont symbolisées par les deux personnages enchaînés, dans la matière qui emprisonne l'Esprit, l'Intelligence. Ils ne portent en eux aucun symbole de sa présence, sauf peut-être l'homme. Encore presque asexuées, les deux petites figures sont attachées au même anneau, dont la couleur rouge signifie la force créatrice, dans son aspect générateur. Le même agent couvre leur tête.

Ces êtres captifs sont cependant entourés par l'intelligence ; elle baigne l'espace sur lequel ils reposent. Ce n'est pas la terre, un sol ; c'est le mélange du noir, la matière, illusion de nos sens et du jaune l'intelligence qui la crée. Mais ils restent sur la bande noire ; seul un filet jaune touche le pied de l'homme. Leur queue, leur coloration, en font des animaux destinés à être humains, mais ils ne le sont pas encore. L'organe matériel, physique, par lequel la pensée réalise sa volonté ou son désir dans le monde matériel, la main, est liée, incapable d'agir. Ils sont encore plongés dans la vanité de la matière.

L'activité de leur vie se borne à la fécondation matérielle. Telle est la forme que revêt l'énergie dans les origines de la vie.

L'arcane précise cette hiérarchisation des formes successives que révèle la pénétration de l'esprit dans la matière. L'esprit a toujours été associé à la vie, dont il est le principe, et son action fondamentale est la propagation de la vie ; la formation du germe, sa conservation, sa multiplication, sont les premières tâches de l'Intelligence dans la matière. La Nature y a pourvu de plusieurs manières, qui s'échelonnent de la multiplication par le simple nombre des germes, jusqu'à leur réduction à un nombre restreint dans les espèces supérieures. Dans celles-ci, le salut n'est plus confié à la chance du nombre très considérable des germes abandonnés à eux-mêmes, mais aux soins de durée et de complexité croissantes dont ils sont entourés par leurs progéniteurs.

L'être, au bas de l'échelle est asexué. C'est une simple cellule ; elle a des devoirs restreints, vivre, s'accroître, se diviser tant qu'elle vit. Cette fonction, la propagation de la vie demeure fondamentale, au moins dans notre monde matériel, car l'essence du progrès est dans la vie, forme primordiale et base de l'œuvre commencée de l'évolution.

La nature prodigue la vie. Elle paraît indifférente aux individus, aux êtres concrets, mais pour elle, qui sait, là destruction de l'unité matérielle constituant le corps, ne touche pas l'unité essentielle qui est la parcelle de l'Intelligence contenue dans son enveloppe éphémère. Cette parcelle ne peut pas périr. La mort pour elle n'est qu'un état transitoire, une phase du rythme indéfini de son existence, dont le but est de la perfectionner par le contact avec la matière. Les germes inférieurs sont créés en nombre infini, et le nombre de ceux qui survivent, pour immense qu'il soit, demeure infime à côté de celui des germes qui périssent.

Le premier soin de l'Intelligence après cette immense semaille de vie, est d'assurer la conservation du germe par des moyens spirituels, l'amour des parents, l'instinct maternel d'abord.

Pour l'hermétiste, l'instinct n'est pas seulement une acquisition héréditaire ; il représente aussi le résultat d'une volonté qui se précise graduellement. Il sait que les progrès de l'œuvre divine sont extrêmement lents, mais il sait aussi que le temps lui est largement mesuré. La durée d'une vie planétaire est plus grande qu'on le croit, et il faut l'apprécier en milliards d'années.

Le but auquel tend l'action de l'énergie en son travail de création, de conservation et d'amélioration de la vie dans la matière se réalise donc par l'éclosion d'une forme supérieure de conservation des germes : les soins que les parents lui donnent. L'amour des parents entre eux, et pour leurs enfants, est le principe de toute la morale, c'est-à-dire de la réalisation relative de la vie spirituelle dans la mesure où les circonstances, notamment le degré de l'évolution individuelle ou collective, le permettent.

L'arcane XV régit toutes les formes que revêt l'amour dans les mondes. Il est curieux de voir l'arcane XV insister sur son rôle au point de vue de l'énergie. Nous verrons que cette forme apparaît dans les manifestations matérielles qui l'expriment, dans tous les mouvements qui tendent à l'union et à la construction : union des éléments dans un composé doué de propriétés supérieures, union d'atomes pour former la molécule des corps simples de la chimie minérale, union de molécules complexes pour la construction de la matière vivante, des tissus et des organes d'un être animé.

Dans la matière seule, cette loi d'union engendre l'attraction universelle, l'affinité, la cohésion, la coagulation alchimique, etc. L'arcane XVI est plus explicite comme nous le verrons. Le symbole de ces forces unitives dans le XVᵉ est la corde qui relie entre elles les deux figures.

Ces forces ont un autre aspect dans le monde astral et certains agents de l'énergie terrestre nous l'indiquent, comme des jalons posés par la nature pour guider nos recherches. La masse, la densité, l'étendue, l'impénétrabilité, toutes les propriétés de la matière que nous connaissons, changent de physionomie dans la haute physique, celle qu'élabore l'intelligence humaine, qui a su trouver des sens nouveaux, ou plutôt des instruments qui amplifient le champ d'action des sens ordinaires. Sans ces derniers, nos instruments nous seraient inutiles, comme le télescope et le microscope le sont pour un aveugle. Cette physionomie nouvelle des forces nous révèle déjà leur unité, en même temps que leur nature presque immatérielle.

Ce sont des agents qui déjà touchent à l'astral inférieur. Ils demeurent réels pour nous dans un sens matériel ; le plomb reste pesant, les astres s'attirent en raison, directe de leur masse, inverse du carré de leur distance ; cependant nous savons déjà que la masse est une apparence et qu'elle n'est peut-être qu'une conséquence d'interactions électromagnétiques. Dans notre hyper-physique, les lois de nos sciences usuelles restent vraies ; mais elles ont une forme en quelque sorte alourdie et limitée.

Elles en ont une autre qui est leur analogue dans l'astral. Ce plan est pour les hermétistes le monde des formes. C'est dans l'astral que leurs contours matériels se dessinent ; elles sont matérielles dans la proportion où l'hydrogène est matériel par rapport au plomb ; elles sont aussi plus compréhensives, et l'arcane XV nous donne sur ce point, un enseignement très clair.

Il symbolise les forces d'union, les mouvements qui rapprochent, et il conserve ce caractère sur tous les plans. Dans l'astral inférieur, leur manifestation se traduit par le désir de l'union en vue de la procréation, et toute procréation dérive à l'origine de la division d'une cellule. Mais déjà, on y voit poindre la division plus avancée qui transporte chaque fonction, celle du mâle et de la femelle, d'abord dans des organes distincts, mais coexistants dans le même être, et ensuite dans des êtres différents, et dès lors, le mouvement, qui tend à unir, dans la matière, des atomes ou des molécules par des combinaisons de plus en plus complexes, agit sur l'être entier qui recherche son complément dans le sexe opposé au sien.

Désir brutal, inintelligent à l'origine, forme matérielle du désir astral, ce mouvement de deux êtres l'un vers l'autre prend des qualités nouvelles dans les espèces supérieures. Le principe est le même, c'est l'attirance, l'attraction, mais sa forme est complexe, riche, compréhensive. La sensibilité, don du quinaire, se développe, et de sensation devient sentiment. C'est l'Amour, et cette forme de l'énergie dans la vie sensitive est le principe qui fait éclore dans l'être le germe de toutes les vertus : dévouement, sacrifice, abnégation, devoir.

Il en est de même, assurent les hermétistes, dans l'astral supérieur et dans le plan spirituel. L'amour n'est plus l'attraction de deux êtres, il n'a plus les mêmes formes matérielles et l'union, dégagée de la matière, y revêt une physionomie plus pure, plus désintéressée. Mais cette source suprême d'énergie reste toujours un mouvement, ou son équivalent, dont l'effet est de rapprocher et d'unir.

La mystique nous en donne une idée dans sa conception de la charité, qui est l'amour dans ce qu'il a de plus pur et de plus rapproché de l'esprit. Ce que la mystique entend par l'union avec Dieu, par l'extase unitive, peut s'entendre de cette forme spirituelle de l'amour qui cherche son bien dans le bonheur et le salut des autres. C'est une vérité de ce genre que la mystique chrétienne symbolise, pour l'occultiste, dans le mystère de la Rédemption, symbole manifeste de la descente de l'esprit dans la matière, de son sacrifice pour le salut d'une ingrate humanité.

Il y a dans le XVe arcane une doctrine dont l'étude révèle une conception des forces universelles simple mais grandiose.

La signification traditionnelle de l'arcane XV est « Chance, fortune favorable », dans le sens du destin ; on comprend que l'énergie, la force qui engendre toutes les autres, Intelligence et Volonté de l'âme universelle, soit assimilable au destin. Ce dernier est, en définitive, l'ensemble des circonstances qui constituent le jeu des forces ambiantes et le milieu dans lequel l'être est placé. Ce milieu est hors de lui et en lui ; sa liberté relative est un des éléments actifs de l'ambiance intérieure. Il y a aussi le milieu extérieur, soustrait d'une manière générale mais non absolue, à l'action de la volonté de l'être vivant et qui constitue l'influence des phénomènes ambiants sur son évolution individuelle.

Les cartomanciens érudits hésitent à interpréter sa signification quand la carte est renversée, c'est-à-dire maléficieux. Les uns suivent la règle ordinaire et lui donnent le sens diamétralement opposé à sa signification quand elle est droite. C'est la malchance, l'action mauvaise des circonstances extérieures et des combinaisons intérieures. Il y a une autre interprétation qui laisse à cet arcane son sens favorable, mais en lui donnant une valeur réduite.

Il semble que telle soit l'idée qui a présidé à la conception de ce symbole. Il ne saurait être absolument mauvais et laisse toujours, à chaque être, la possibilité de triompher des difficultés qui lui sont créées. Elles sont toujours des épreuves, contribuant à son perfectionnement. L'être triomphera s'il a l'intelligence et l'énergie nécessaires pour se défendre.

Mais il lui faut faire usage de ces qualités spirituelles et ne pas s'enliser dans la matière, augmenter son inertie par sa propre paresse, sa crainte de l'effort et de la lutte.

La lecture de l'arcane XVI confirme ces conclusions.

46. L'arcane XVI — La Maison Dieu — La haine

XVI — LA MAISON
DIEU

Le XVIe arcane représente une tour carrée percée de deux fenêtres, la supérieure simple, l'autre double, comptant deux arcades. Elle est foudroyée, l'éclair renverse son couronnement et des pierres diversement colorées tombent sous la forme de globes ronds. Deux personnages sont précipités sur le sol.

La coloration est ainsi répartie : le sol est chair ; on y distingue 7 plantes : 3 à gauche, 4 à droite ; en faisant face à la Tour, à gauche, celle qui est au bas de la carte a 3 feuilles jaunes. Celle du milieu est verte et a 3 feuilles ; la plus haute a 8 feuilles ; 3 nettement dessinées, les 5 autres indiquées. A droite, la plante du bas paraît moitié jaune et moitié verte. Ce détail est douteux, parce que les couleurs sont, dans cette édition, grossièrement apposées en plaques, et le vert, au moins dans l'arcane XVI, est fait par du bleu ajouté au jaune. Cette plante a 7 rameaux. Un groupe de 3 autres, et plus haut, une verte et 2 jaunes. Elles ont chacune trois rameaux. Le terrain, couleur chair, est la matière ayant déjà l'intelligence et la vie.

La Tour est entièrement matière, sauf les créneaux qui ont la couleur de l'intelligence. Une corniche jaune est au-dessous. Cette couleur se trouve uniquement dans la partie que renverse l'éclair. Les fenêtres sont bleues, le désir.

L'éclair est jaune et rouge. La tour est foudroyée par l'esprit et sa force créatrice. Les personnages sont colorés en rouge et bleu ; leurs cheveux (sur la figure de droite au moins) sont bleus. Il n'y a chez eux aucune trace de spiritualité, le jaune.

La répartition des globules est à examiner. Leur forme et leur distribution éveillent l'attention. Il y en a, au-dessus de la partie foudroyée de la Tour :

2 à droite: 2 bleus.

2 à gauche: 2 rouges.

Au dessous :

19 à droite de la Tour: 2 blancs, 4 bleus, 5 jaunes, 8 rouges.

14 à gauche: 1 blanc, 5 bleus, 4 jaunes, 4 rouges.

Au total : 37 globules : 3 + 7 = 10 = 1.

A gauche, on trouve : en haut le Binaire rouge.

Au-dessous du couronnement, 2 Septénaires : 14, dont la racine est 5 par 4 + 1. L'intelligence apportant la sensibilité à la matière parfaite. Ce 14, joint au Binaire, reproduit encore le Septénaire par 5 + 2 = 7. Et c'est le 7 né de l'opposition du 5 et du 2 dans la synthèse Septénaire.

Il y a 1 globule blanc.

4 jaunes.

4 rouges.

5 bleus.

Le double Septénaire d'en bas est donc de la composition (4 + 1) + (4 +5) quinaire et novénaire.

A droite, on remarque :

En haut, un Binaire bleu-et au-dessous de l'éclair :

1 Binaire blanc.

1 Quaternaire bleu.

1 Quinaire jaune.

1 Octénaire rouge.

Le 19 reproduit l'unité. Il est formé par 5 + 4 + 8 = 17 = 8 (5 jaunes, intelligence ; 4 bleus, désir ; 8 rouges, force créatrice). Cet octénaire est ramené au 19 par les 2 globules blancs (pureté) et 19 a pour racine 1 + 9 = 10, le dénaire.

Le sens de ce symbolisme numérique est :

La Tour, édifice purement matériel, est l'œuvre de l'intelligence, mais son symbole, 4 créneaux et une corniche est un quinaire qui repose sur la matière pure : c'est donc la sensibilité matériellement considérée, la sensualité. Les seules ouvertures de la tour sont colorées par le désir sans spiritualité. Les deux habitants de la Tour, le Binaire, sont également dénués de toute trace de spiritualité, ils expriment la domination du désir et de la force génératrice brute.

L'édifice est fait de matière, c'est-à-dire du mal. Aussi la force créatrice céleste jointe à l'esprit (5 flammes rouges, 5 jaunes = 10) le détruit et libère ses matériaux pulvérisés. Le quaternaire supérieur, 2 + 2 est rejeté et une seconde division est faite, à droite et gauche.

Isolés de ce quaternaire, les éléments se répartissent en un double septénaire de 7 binaires où dominent l'intelligence et la pureté (quinaire jaune et blanc) équilibrant le désir et dominant la force génératrice. Et il se forme un quinaire pur aux dépens du septénaire impur ; purifié par la foudre faite de force créatrice et d'intelligence, le binaire supérieur s'y unit pour reformer un septénaire, c'est-à-dire un élément de progrès spirituel.

A droite, le symbolisme indique : le Binaire est fait du désir uni à l'esprit et ramené à lui par l'unité.

J'entre dans cette analyse parce que la lame XVI exprime par ces nombres et ces couleurs que la force opposée à l'amour, définie par la XVᵉ lame, est celle de désunion, de disruption. Elle rompt et détruit l'œuvre mauvaise, dans laquelle l'intelligence est asservie à la matière au lieu de la dominer.

Cette œuvre est vouée à l'anéantissement : ses éléments sont purifiés par la foudre qui la frappe et ils reconstituent les éléments de progrès par les symboles des chiffres, bien composés, que sont l'Unité, le Binaire purifié, le Ternaire, le Quinaire et le Septénaire.

Et le total des globules, 37, représente le retour à une unité supérieure le 10, par l'union de deux nombres symbolisant le progrès par l'esprit.

Le sens traditionnel de cette lame est l'opposé de la XVe. C'est la répulsion dans le plan matériel, la haine dans l'astral inférieur, l'antipathie dans l'astral supérieur, la volonté annihilatrice dans le monde spirituel ou la justice règne, inséparable de la bonté. L'édifice du mal doit être détruit pour que le bien le reconstruise.

L'interprétation de cet arcane ne soulève aucune difficulté ; tous les auteurs sont d'accord. Il signifie : droit, le malheur sous toutes ses formes, prison, exil, ruine, pertes considérables ; renversé, son sens mauvais est atténué, et le mal est réparable. Le titre « La Maison Dieu » concorde avec ce symbolisme. L'œuvre divine ne peut être mauvaise.

En résumé, cet arcane est l'opposé des forces d'attraction symbolisées par la XVe lame. Il représente, dans le plan matériel, les forces de dissolution, de désunion ; ces deux forces coexistent dans toutes les parties de l'Univers, des plus grandes aux plus petites. La stabilité apparente des éléments constituant la matière n'est pas statique, mais dynamique ; ce n'est pas l'inertie, au sens ordinaire du mot, qui se rencontre dans la passivité de la matière, mais un état d'équilibre de forces opposées qui se balancent mais ne s'annulent pas. Pour être latente, l'énergie demeure formidable.

Il n'est pas inutile d'attirer l'attention sur le symbolisme astral et spirituel de cet arcane dont l'analyse complète entraînerait à de trop longs détails. Je me bornerai à signaler les rapports des arcanes XV et XVI, le Bien et le Mal, avec certaines théories religieuses ou mystiques, qui en font deux principes en lutte perpétuelle. C'est Ormuzd et Ahriman dans la religion des anciens Perses, c'est l'hérésie mani-chéenne des premiers temps du Christianisme ; on retrouve cette doctrine dans beaucoup de livres spirites, émanant des meilleurs auteurs, par exemple dans les *Spirit Teachings* de Stainton Moses, dans la lutte des bons et des mauvais esprits dans le spiritisme kardéciste. Pour Stainton Moses, la guerre entre les disciples du Bien et « les Légions, les hordes » des soldats du mal est une guerre perpétuelle.

Le Tarot n'enseigne pas cette doctrine décourageante. Le Bien et le Mal sont des notions relatives, des aspects déformés d'une réalité unique, d'une force spiri-tuelle qui n'obéit qu'au bien, mais qui exige que les êtres créés par elle apprennent à connaître le bien, par sa pratique, et le mal en souffrant de ses excès. Rien ne peut suppléer à cet enseignement personnel, il n'y a ni faute inexpiable, ni châtiment éternel. Le mal est le maître qui nous fait aimer le bien. Nous avons en quelque sorte l'éternité pour apprendre sur ce point les vérités que la nature enseigne à ceux qui la consultent avec sincérité, ardeur, patience et désintéressement.

L'Intelligence suprême n'a pas d'adversaire, et rien n'existe que par elle, infinie, omnipotente, juste et bonne.

Je ne vois pas l'origine du mot « Maison Dieu ». Est-ce la Tour de Babel ? Ce n'est pas impossible, mais rien ne justifie cette hypothèse. Il n'est pas facile, dans beau-coup de cas, de retrouver la source des titres donnés aux figures par le cartographe. La Maison Dieu, l'Hôtel Dieu signifiaient quelquefois l'hôpital. Est-ce une allusion aux misères diverses qui attendent l'être encore inapte à comprendre le but de la vie, la leçon qu'elle donne ?

47. L'arcane XVII — L'Étoile — Le Taureau — Le germe — L'espoir

L'arcane XVII développe la doctrine des arcanes XV et XVI telle que je l'ai exposée.

Son sens traditionnel est « Espérance ». Il est intitulé l'*Étoile*. Le Ciel est occupé par huit étoiles. Une grande, rouge et jaune. Elle a 16 rayons alternativement de ces couleurs : le centre est jaune et les rayons qui portent sa couleur sont plus longs et plus aigus que les rouges. Sept étoiles l'entourent, 3 jaunes, 2 rouges, 2 bleues.

XVII — L'ÉTOILE

La terre est jaune : deux arbres verts y poussent. Sur l'un d'eux, à gauche, est un oiseau noir. Un terrain vert avec cinq lignes noires est à droite, et au-dessous une plante verte, à 3 rameaux. Le bas de la carte est occupé par une source d'eau bleue. Une femme nue y est agenouillée. Sa couleur est chair ; les cheveux sont bleus. Elle tient deux urnes rouges, puise de l'eau dans la source et l'y reverse.

L'attribution est facile : tous les signes indiquent la constellation du Taureau. La grosse étoile est l'Œil du Taureau, Aldébaran, dont la couleur est rouge orangé. Les sept autres sont les Pléiades, groupes d'étoiles situées dans le Taureau, et qui annonçaient les pluies de printemps dans les idées grecques de l'antiquité.

Son sens traditionnel se justifie par le symbolisme astrosophique. Avec l'équinoxe de printemps (le Bélier) le signe du Taureau amène les pluies vivifiantes qui féconderont la terre.

Les Pléiades, quand l'équinoxe de printemps était dans le Taureau, annonçaient le retour du Soleil et le commencement de l'année. Elles étaient pour les laboureurs, les régulatrices de leurs travaux ; leur coucher, à l'équinoxe d'automne était l'époque du labourage, de la préparation des champs à recevoir la graine qui restait en apparence inactive pendant l'hiver et germait au retour des Pléiades se levant le matin dès l'équinoxe de printemps. Elles présidaient ainsi aux semailles, à la germination, à la maturation et la moisson des récoltes.

Leur association ancienne avec l'agriculture, les récoltes, les espoirs qu'elles font naître explique le sens symbolique et le sens traditionnel de l'arcane.

Numériquement, l'arcane est le XVIIe : il a pour nombre radical le 1 + 7, l'octénaire. Le 8 est un équilibre actif, quand il est composé comme dans cette lame par 1 + 7. Équilibre instable, qui tend au progrès par ses deux éléments. Il contient donc un sens, dans son système symbolique, qui correspond à la terre, ensemencée, prête à recevoir l'eau, élément nourricier du germe ; il reproduit le symbolisme de l'image.

Le sens philosophique est le suivant : le germe, soit qu'il commence son évolution (arcane XV) soit qu'il la recommence après un essai infructueux (XVII) se développe dans le monde matériel au sein du troisième élément, l'eau. Nous verrons que cet élément est le symbole de la sensibilité, source où l'être vivant puise la nourriture nécessaire à son premier développement.

En lisant un recueil logique d'emblèmes, on doit toujours, dans une série de symboles, tenir compte des intervalles numériques. Je l'ai indiqué pour le Ternaire, la tierce. Nous en avons ici un autre exemple s'appliquant au Septénaire. La Xe lame indique la continuité de la vie ; réincarnation, loi du rythme vital, s'applique à tout ce qui vit. La XVIIe est à l'octave. La XIVe entre les deux.

Dans la logique symbolique, ce sont des signes d'étape. Le rythme de la vie, but de la création et support du progrès est alternatif (X) ; sa source, son principe est le mouvement ou l'énergie. Elle agit toujours par combinaisons (XIV) et le Verseau implique l'idée de liquide et d'eau. On indique ainsi que l'eau est le véhicule de la vie et de la fécondité. Le Xe arcane est le rappel, à l'octave de la IIIe lame. Le XVIIe, à l'octave de la Xe, répète ce principe cosmogonique. L'eau est le véhicule du germe des vies matérielles, ce qui veut dire des promesses de l'avenir. L'analogie persiste dans les plans supérieurs.

En effet, le symbole de l'élément fécond et nourricier dans la matière, le signe de la propagation de la vie est germe de l'être. Matériellement c'est l'eau, élément où se forment le plus aisément les combinaisons. Astrologiquement, les signes fertiles sont le Cancer, le Scorpion et les Poissons ; ils appartiennent à la triplicité d'eau. L'eau est le signe de la fécondité. Le Taureau est un signe de terre, mais dans la description symbolique de l'évolution matérielle féconde, la terre joue un rôle de support, de base. C'est l'appui de tout ce qui vit sur elle.

Toutefois elle demeure stérile, cette mère des moissons et des fruits, si l'eau ne s'unit pas à elle. Le symbole du troisième élément, est donc le signe de l'union féconde de la terre nourricière et de l'eau, véhicule du germe et de ses aliments.

Les analogies sont trop nombreuses pour que j'insiste davantage sur cette idée. Il suffira de rappeler que, dans les espèces inférieures, le germe est dans l'eau ; chez les animaux supérieurs, la vie fœtale est dans le liquide amniotique dont la densité est celle de l'eau de mer.

Transportons cette analogie dans l'astral, conformément aux lois d'Hermès. L'eau apparaîtra sous l'aspect matériel d'une force plastique et nourricière. La plasticité symbolise l'absence d'égoïsme. L'eau prend la forme du récipient qui la contient et ne lui impose pas la sienne, alors que la terre, ou tout corps solide, impose sa forme à ce qui l'enveloppe. Prendre une forme autre que la sienne, sous l'action de l'énergie, dans les conditions décrites à propos de l'arcane XV, c'est une sorte de sacrifice de soi-même. C'est le germe de la sensibilité qui a pour terme spirituel l'abnégation, la Charité, *Caritas*.

L'élément astral inférieur, la sensibilité, devient dans l'astral supérieur le sentiment. Et telle est la forme astrale de l'élément liquide.

L'élément, dans sa forme spirituelle, est l'ardeur, la passion dans ce qu'elle a de noble et de désintéressé. C'est le feu dans sa pureté, l'élément subtil qui ne se renferme pas en lui-même, mais rayonne autour de lui, radie. Dans le monde minéral c'est ce que nous appelons radio-activité ; cette forme d'énergie devient l'Od dans l'astral inférieur et dans l'astral supérieur la force qu'Éliphas Lévi appelle la lumière astrale. Dans le monde spirituel, c'est l'amour universel, pur et désintéressé. C'est déjà une synthèse reconstituant l'énergie cosmique dans sa pureté essentielle.

Tout cela est symbolisé dans le germe matériel. C'est en lui qu'est l'espoir de l'avenir promis. Tout concorde dans ce système avec les recoupements que nous faisons dans les diverses catégories de symboles, clefs de l'interprétation du livre mystique que nous cherchons à lire.

Il est naturel, qu'après la destruction d'un édifice trop humain, il ne reste plus que l'espoir. C'est ce que nous enseignait déjà la fable de Pandore.

Deux détails demandent un examen sommaire :

a. Les nombres contenus dans l'arcane sont donnés par les rayons des étoiles ; ils révèlent les clefs numériques suivantes :

8, équilibre d'activité interne ;

7, progrès ;

6, épreuve à subir, danger ;

3, évolution en acte.

Ces idées générales expriment bien la situation du germe de l'être futur, dans les trois mondes :

1. Matériel : le germe physique de l'être ;
2. Astral, sa formation intellectuelle ou mentale ;
3. Dans le monde spirituel, l'évolution du germe d'où sortira l'homme nouveau, le régénéré.

b. Le second point est un détail difficile à interpréter. L'eau, symbole du liquide physique, de la sensibilité astrale, et du sentiment spirituel, est entourée de terre jaune ; l'eau est bleue : c'est le désir contenu et entouré par l'intelligence, source de la sensibilité.

Le mélange du jaune et du bleu, de l'intelligence et du désir, produit le vert, emblème de la vie. Les vases que tient la figure, agenouillée dans l'eau, sont rouges ; force génératrice, binaire réceptif du germe. Du sol jaune naissent 5 symboles de vie : une plante ternaire, à gauche de la femme, en bas ; plus haut, une sorte de petite prairie quinaire ; enfin un arbuste qui porte, autant qu'on puisse en juger, la signature de l'octénaire par 5 + 3. A droite de la figure, sont deux petites taches vertes et un arbre qui pousse entre trois lames blanches et paraît porter 16 feuilles. Mais ces feuilles sont fort emmêlées et difficiles à compter. Les nombres trouvés à propos des influences célestes (rayons des étoiles) avaient en dernière analyse la clef septénaire. La vie représentée par la végétation, fille de l'intelligence, de la sensibilité et du désir créateur, porte les signatures du 3, du 5 et du 8, et peut-être du 7. Mais la dominante est le 5, la sensibilité.

Enfin, un oiseau grossièrement dessiné en noir se perche sur l'arbre de droite. C'est sans doute une allusion au phénix, oiseau qui renaît de ses cendres. C'est le symbole du. caractère continu, mais successif, de la vie manifestée. dans le monde des apparences (le noir). Cela rappelle l'arcane X, dont le XVIIe est l'octave.

48. L'arcane XVIII — La Lune — Le Cancer — La vie aquatique — Les dangers cachés

XVIII — LA LUNE

La XVIIIe lame nous met en garde contre le danger qui menace le germe, l'espoir que nous avons de fleurir un jour dans un monde de lumière.

Elle représente une lune bleue ; elle émet 7 rayons bleus, 14 rouges, 8 blancs, soit 29 rayons ; c'est un Binaire. 20 flammèches descendent de la Lune : 1 blanche, 4 jaunes, 8 bleues, 7 rouges, soit encore le Binaire.

La terre est jaune ; à droite et à gauche s'élèvent deux châteaux : sur une surface blanche poussent, entre deux chiens, deux plantes noires avec chacune trois feuilles. Au milieu, deux chiens couleur chair, semblent hurler à la lune. L'un d'eux, à gauche, a la langue colorée en rouge. Au bas de la carte est un étang couleur bleue dans lequel nage une grosse écrevisse.

Le sens de la lame est « Ennemis cachés, danger caché ». Son attribution astrosophique est certaine. C'est le signe tropical du Cancer. L'écrevisse en est le symbole, et la présence de la Lune, qui est obscure, et par conséquent. secondaire, peut-être même éclipsée, laisse la première place au symbole du signe, qui est d'ailleurs le domicile astrologique de la Lune.

Il y a 29 rayons, le binaire par 11, 1 + 1, dans lesquels s'équilibrent les émanations d'énergie spirituelle astrale (désir) et génération (rouge).[11]

Il y a 20 flammèches : 4 jaunes, 1 blanche, 7 rouges, 8 bleues. Le désir domine et on espère (XVII) ce qu'on désire (XVIII). La Lune obscurcissant le Soleil, l'eau, où nage l'écrevisse, symbolisent encore le désir (bleu). Les chiens, matériels, couleur chair, hurlant à la mort, signalent le péril. Les châteaux-forts qui représentent l'esprit, sont les défenses qui protègent l'eau où dort le germe.

---

11   Ce nombre se décompose en un septénaire de désir, deux septénaires d'énergie génératrice et un octénaire de pureté spirituelle. Le nombre 2 est donc Composé de 7 X 3 + 8. Ce Binaire supérieur se distingue de celui du premier degré par son caractère actif, 7 x 3, et son équilibre du type octénaire. Le germe est dans un état d'activité interne dans le milieu où il évolue.

C'est le symbole du souci qu'a le Créateur du salut des germes confiés à l'eau nourricière. L'allure générale de l'arcane XVIII exprime l'idée d'obscurité, de danger, de défense. Cela rappelle ce que le Tarot nous a indiqué : le premier effort de la nature porte sur la propagation et la conservation de la vie. Cette volonté se manifeste de plusieurs manières que j'ai indiquées à propos de l'arcane XV. Car, il y a plusieurs sortes de périls : dangers physiques dans le plan matériel, périls moraux cachés dans la sensibilité et le sentiment (plan astral), péril spirituel créé par l'orgueil, tel est le sens de l'arcane XVIII.

Mais il se résume dans cet enseignement : espérer toujours et ne jamais se décourager.

Numériquement, au-dessus du Binaire qui est exprimé, il ne faut pas négliger le nombre propre de l'arcane XVIII, qui est le novénaire, symbole de la maturation du germe à tous les degrés et dans tous les mondes. C'est le symbole de la préparation du retour à l'unité supérieure, le 10, par le Novénaire, nombre de maturation. Ce progrès annoncé par l'arcane XVII se continue dans la période résumée par l'arcane XVIII.

C'est d'ailleurs la racine de l'arcane 18 = 1 + 8.

Il faut remarquer, au sujet de cet arcane, le détour employé par le dessinateur des symboles : au premier aspect, on est tenté de l'attribuer à la Lune. C'est ce qu'a fait le rédacteur des rubriques ; cette attribution ne donne aucune liaison logique entre l'arcane XVIII et ceux qui le précèdent et le suivent, ou du moins l'analogie n'est qu'indirecte et secondaire, et dépend du rôle de la Lune dans le monde de la matière, par exemple son action sur le mouvement des marées et sur les périodes de maturation des germes. Il faut donc chercher l'attribution dans un signe qui ne soit pas la Lune, mais qui soit en étroit rapport de dépendance avec elle, Ce qui convient au signe du Cancer.

C'est un signe tropique, solsticial, qui annonce les chaleurs de l'été, la période des moissons et des principales récoltes. Le germe est un fruit comme le blé.

La moisson est menacée tant qu'elle n'est pas engrangée. La température, son excès ou son insuffisance, l'action de la lumière solaire, l'état du temps, beau et propice à l'évolution, ou mauvais et la ruinant par les pluies, les orages, la grêle, enfin les insectes et les parasites qui l'attaquent sont autant de dangers cachés dans l'avenir.

C'est à ce symbolisme dérivé que s'attache l'interprétation traditionnelle de l'arcane XVIII. Il symbolise les ennemis embusqués, les périls cachés. Il est, matériellement, assez exact ; le sens philosophique a une plus grande portée ; il exprime le souci primordial de la nature ; la perpétuation et la multiplication de la vie. L'arcane nous instruit en nous montrant que si nous voulons vivre dans l'esprit de la volonté créatrice, notre premier devoir est de contribuer à la propagation de la vie. La paternité, la maternité, l'amour de notre progéniture sont les plus saints de nos devoirs. Il en est ainsi dans tous les mondes. Nous devons réaliser tous les germes qui sont en nous, germes de science, d'art, de dévouement social. Cette réalisation est une paternité astrale et spirituelle.

49. L'arcane XIX — Le Soleil — Les Gémeaux — La vie aérienne

XIX — LE SOLEIL

La XIXᵉ lame marque un grand progrès. Le germe a échappé aux ténèbres et à leurs dangers. La vie dans l'obscurité des mers a fait un pas vers la lumière et la vie aérienne. Elle entre en rapport direct avec le Soleil, symbole astrologique du Créateur et de sa pensée.

Elle représente le Soleil, dont l'éclipse est terminée. Il est jaune, émet 4 rayons jaunes et 2 blancs, 5 rayons rouges, 3 rayons bleus et 2 verts. C'est encore le chiffre 16, dérivé du septénaire par 6 + 1. Il y a, autant qu'on en puisse juger, 59 rayons dessinés en noir, ce qui ramènerait au double septénaire 5 + 9 = 14 = 7 + 7, et au quinaire 1 + 4. L'intelligence et la spiritualité dominent dans le Ciel et sur la Terre ; sol et muraille sont jaunes ; la muraille a un plat-bord, couleur rouge, la force créatrice et l'intelligence. Treize flammèches tombent du Soleil : 6 à droite, 6 à gauche plus une au milieu ; 3 blanches, 3 jaunes, 5 bleues, 2 rouges. Celle du milieu est bleue. Soit 6, intelligence et pureté, l'esprit ; 5, le désir ; 2, la force créatrice. Le désir, guidé par l'intelligence et la pureté, vient féconder la terre que domine déjà l'intelligence.

Deux personnages, des enfants, sont debouts ; l'un s'appuie sur l'épaule de l'autre, signe d'amitié. Tous deux sont nus ; leur taille est entourée d'une écharpe bleue, le désir ; leurs cheveux blancs indiquent que la pureté règne dans leur esprit et dirige leurs pensées.

Le sens cosmogonique de l'arcane XIX est clair. Il est impossible, quand on considère qu'il suit immédiatement l'arcane XVIII, de n'y pas voir une allusion à l'évolution des êtres vivants. L'eau a été leur premier élément d'habitat. Ils ne sont arrivés à la vie aérienne qu'après un long stage dans le milieu liquide. Tel est l'enseignement donné par l'arcane, relativement à l'évolution dans le monde matériel. Dans l'air, les échanges biochimiques sont plus actifs, les animaux développent une température interne plus élevée, 36 °C pour les mammifères, 37 °C pour les oiseaux. Le système nerveux dans la série des mammifères prend une importance croissante, et il s'adapte mieux aux fonctions propres à l'intelligence incarnée. Le développement des facultés intellectuelles entraîne une conséquence importante : celle de la responsabilité individuelle ; l'inégalité des individus s'accuse en traits plus marqués, et cette inégalité détermine des degrés dans la responsabilité morale.

On arrive à cette conclusion en analysant les radiations qui émanent du Soleil. Deux expriment la pureté spirituelle, Il ne faut pas la confondre avec la pureté isolée de la matière ; il ne faut pas en faire une règle morale en opposition avec la volonté de la Nature qui prescrit le devoir de la génération. La loi de l'esprit ne saurait être en contradiction avec celle de la Nature qui procède de lui. C'est pourquoi le Soleil rayonne 5 rayons rouges, sur 16 qu'il émet. Son influx est principalement créateur, générateur.

L'intelligence vient ensuite : 4 rayons jaunes, associés à deux rayons blancs ; c'est la spiritualité associée à la pureté. Qu'est donc la pureté dans l'idée hermétique ?

Elle n'est pas identique à ce que certaines religions conçoivent comme la pureté idéale. Le culte romain en faisait une condition du sacerdoce des Vestales, qui n'étaient tenues de respecter les règles de leur état que jusqu'à 36 ans, âge où elles rentraient dans le droit commun. La religion romaine, comme la plupart des religions anciennes, plaçait la pureté dans l'ordre physique plutôt que dans la sphère intellectuelle et morale. Les idées de la religion védique la considèrent à un point de vue différent et font de la paternité le devoir de l'adulte qui ne peut se livrer à la vie contemplative qu'après avoir fondé une famille. La religion hébraïque et l'Islam, s'attachent à l'intégrité physique plus qu'à la pureté morale. Le Christianisme a exagéré cette idée d'abstention physique, et la légende de saint Maurice en est un curieux exemple. Ce saint appartenait à une noble famille byzantine. Il se maria, mais pour demeurer chaste, abandonna sa femme, vécut en mendiant pendant quelque temps et revint chez lui en paria, logeant dans un obscur réduit sous le somptueux escalier de son palais. On ne découvrit son identité qu'après sa mort.

Le Tarot n'a pas les mêmes conceptions. La pureté réside dans l'intention, non dans l'acte, tant que celui-ci demeure en harmonie avec les lois de la nature. Il devient impur quand il y déroge. Dispensateur de la vie, le soleil, emblème matériel du créateur, répand ses rayons bienfaisants sur tout ce qui contribue à multiplier la vie. Mais il faut que les germes, l'actif, comme son réceptacle passif, soient purs, et propagent une vie physiquement et moralement saine.

La violation de ces lois est une faute qui atteint, non seulement les individus qui les méconnaissent, mais aussi les sociétés ou les groupes dont les lois artificielles, œuvre des préjugés humains, condamnent, de quelque manière que ce soit, l'essaimage de la vie saine, premier devoir de l'être vis-à-vis de sa destinée et de la nature.

L'étude des flammèches, donne comme clef numérique 13 = 4, la stabilité dans le plan matériel et social (3 + 1) ; l'évolution progressive. Elles comptent 5 flammes bleues, 2 rouges, 3 blanches, 3 jaunes. La pureté et l'intelligence régissent le désir et la force génératrice. Le créateur sème la vie.

Enfin, les deux personnages représentent le Binaire. Ils sont encore matière, mais le désir, c'est-à-dire l'attrait vers le mieux, les entoure et les anime. Ils s'appuient l'un sur l'autre, enfants faibles et nus. C'est encore une indication de la solidarité qui unit tous les hommes entre eux, leçon que l'humanité est encore loin d'avoir comprise. Ceux qui pensent semer les germes d'un avenir de bonheur en répandant les graines d'où naîtra la lutte, le conflit et la haine entre les peuples et les classes sociales, ceux là sont de mauvais prophètes et préparent le recul, non le progrès. L'avenir est dans la paix et dans l'amour du prochain.

Le sens traditionnel est bonheur matériel. Ce sens, quand la carte est renversée, reste toujours favorable mais avec une valeur réduite. Cette lame marque une étape progressive de la vie aquatique à l'aérienne, et ce progrès reste acquis.

Toute cette évolution est l'œuvre de l'énergie qui est le moteur de toute la nature. Le sens traditionnel n'est qu'un fragment du sens philosophique de l'arcane. Le bonheur est dans l'accomplissement du devoir. Il est dans la lumière, l'esprit et non dans la matière.

50. L'arcane XX — Le Jugement — Le Scorpion — La seconde naissance

XX — LE JUGEMENT

L'arcane XX est l'expression de l'état de maturité auquel l'être, guidé par l'esprit, peut arriver. C'est la naissance du nouvel homme.

Il représente un ange, dans un nuage bleu ; ses cheveux sont jaunes, ses manches rouges. Il sonne de la trompette. Cet instrument est jaune. Au tube est attaché un petit drapeau blanc, avec une croix jaune. Du nuage où est l'ange, aux ailes couleur chair, s'irradient 17 rayons. A partir de la gauche de l'ange, le 1re et le 9e sont blancs, 8 sont jaunes, 7 rouges. Ce symbolisme exprime l'épuration de la matière. Les êtres qui sont arrivés à ce degré sont mûrs pour l'appel définitif. La matière est, en effet, devenue l'instrument de mouvement dans la sphère aérienne ; elle est soumise à l'intelligence qui couronne la tête de l'ange. Le désir est toujours puissant : sa force créatrice obéit au septénaire (7 rayons rouges) l'intelligence et la spiritualité régissent cette force (8 rayons jaunes), et le Binaire y est pur (2 rayons blancs). L'appel est fait par un instrument qui représente l'esprit et la pureté.

Cet appel s'adresse à l'humanité. La terre jaune est imprégnée par l'intelligence, trois personnages nus semblent sortir du tombeau, dont la cavité vide est colorée en vert, symbole de vie. Ces figures font un geste de prière. Leurs cheveux bleus indiquent le désir ; leur attitude, son objet : la vie spirituelle.

Le symbole est clair. C'est la Résurrection. Il est emprunté manifestement au système chrétien. C'est le Jugement dernier, rappel du jugement égyptien des âmes et du tribunal grec dont les juges étaient Minos, Eaque et Rhadamante. Ces hommes vont entendre la décision suprême. Seront-ils dispensés de recommencer la vie dans le domaine de la mort et du tombeau ? Iront-ils vers l'existence supérieure qui leur est promise, dès que leurs épreuves dans la matière auront produit leurs fruits ? Cela dépendra de leurs actes.

Le sens traditionnel est « Rénovation ». Il s'accorde bien avec l'idée hermétique de la naissance du nouvel homme. On peut étudier à ce sujet les livres de saint Martin l'Homme de désir, et l'Aurore naissante ; il y exprime la théosophie mystique de Jakob Böhme.

Dans la philosophie hermétique, le but de la vie est justement de préparer l'homme à sa nouvelle naissance. Elle semble l'entendre en ce sens, que le développement de la vie intellectuelle, unie à la spirituelle, est l'objet qui nous est proposé, que par là, nous arriverons à nous connaître nous-mêmes et par nous l'Univers. A ce degré de notre évolution morale, un homme nouveau se sera formé en nous. Notre âme sera prête à la délivrance : elle sera libérée de la matière, telle qu'elle existe dans notre monde inférieur.

Tout ce qui s'attache à la matière s'éloigne de l'esprit : aussi est-elle le symbole du mal pour l'initié dans la doctrine d'Hermès. Il faut la connaître, cultiver les sciences qui la concernent, mais ne jamais oublier que la source de toute science est l'esprit, et le mode de connaissance supérieure est l'intuition. C'est vers elle que nous nous acheminons.

Nous n'y parviendrons pas d'emblée. D'autres épreuves nous attendent. Les écoles mystiques modernes les plus en vogue, spiritisme et théosophie, ont repris cette doctrine, en y mêlant des idées, les unes empruntées à l'Inde (théosophes) ; les autres à la philosophie néoplatonicienne et au Christianisme.

Pour les théosophes, notre prochain état serait de vivre dans l'astral, et de nous y élever progressivement. Les âmes les plus évoluées atteindraient le stade astral de collaboration à l'édification des formes que réalisera concrètement, pour nous autres mortels, la matière connue de nous. Une suite indéfinie de progrès hiérarchiques nous attend. De notre mission encore terrestre, nous progresserons jusqu'à la direction de mondes de plus en plus vastes, nous rapprochant graduellement de l'âme du monde dans laquelle nous finirons peut-être par nous absorber, sans perdre d'une certaine manière notre individualité, notre Ego.

La théorie spirite est plus simple : comme chez les théosophes, la mort de l'être non encore mûr est suivie d'un repos plus ou moins long, puis d'un travail de préparation à la réincarnation. L'être, encore dans le plan le plus proche de la matière, est chargé de missions dont la plus fréquente est la direction des êtres vivants qui leur sont confiés. Ce sont les guides des spirites. Ils sont hiérarchisés, selon les « sphères » auxquelles ils sont affectés. Ces sphères sont. d'autant plus élevées que l'être a plus de mérites et de maturité.

Ces idées sont très voisines de celles qu'exprime symboliquement le Tarot, et que résume l'arcane XX. Dépendant du Binaire, il marque une étape, un temps d'arrêt dans le mouvement évolutif. Ce temps, qui n'a rien de commun avec la durée, correspond au jugement.

On retrouve cette conception du jugement des âmes dans une foule de religions, anciennes et modernes.

L'attribution astrologique de ce signe doit être faite à la constellation zodiacale du Scorpion, qui succède à la Balance, symbole de la Justice. Elle précède le Sagittaire, signe de l'épreuve et du choix ; à celle-ci succède le signe tropique du Capricorne emblème de changement. Ici encore le symbolisme concorde.

La renaissance, ou rénovation de l'homme, naissance du nouvel homme, est une sorte d'entrée dans le monde céleste. Cette croyance est attestée par Varron (cité par Servius. *Georg.* I, 34, d'après Bouché Leclercq, *Astrologie grecque*, p. 23, note 1). Les portes du Ciel étaient au nombre de trois, une dans le Scorpion, par laquelle Hercule était allé auprès des Dieux ; les deux autres étaient à la jonction du Lion et des Cancer et, à la jonction du Verseau et des Poissons. Ces trois portes correspondent aux signes de la triplicité d'eau et celle du Scorpion lui est attribuée sans mitoyenneté.

L'idée que le Scorpion conduit au ciel, convient parfaitement à la rénovation de l'homme qui sort du tombeau de la matière pour entrer dans la vie spirituelle à l'appel d'un messager divin. J'ajouterai qu'Hercule est le type du triomphateur.

Il en est de même des nombres exprimés par les symboles de l'arcane XX. D'abord le binaire. Il est pur, ce que nous indiquent les deux rayons blancs. Le nombre de ces rayons est de 7 + 10 ; la trompette en cache ou en remplace un, ce qui nous donne 17 + 1, par 1 + 7 + 10. Nombres progressifs comme l'apprennent les couleurs figurées. Nous retrouvons donc l'unité à deux degrés, le septénaire et enfin, caché dans le symbole, le novénaire, emblème de la préparation à l'épreuve finale qu'est le jugement. Car le 9 est la matière spiritualisée, mûre pour la synthèse unitaire supérieure qui résulte de son union avec le 1 : 9 + 1 = 10.

La trompette porte 12 lignes horizontales entre le drapeau et le pavillon, 8 entre celui-ci et la main de l'ange. C'est le nombre 20, le binaire supérieur, formé dans l'esprit (jaune). Ses éléments sont 8 et 12 (3) qui ramènent au binaire. L'arcane est donc de l'ordre passif actif, et donne au symbole le sens du novénaire qu'on y trouve déjà.

Le binaire n'est que le rappel du nombre XX qui est celui du Jugement, arcane considéré.

Enfin la croix jaune sur fond blanc (4 branches jaunes et 4 carrés blancs) nous donne deux quaternaires spiritualisés qui forment l'octénaire. Le drapeau est joint à la trompette ce qui donne 8 + 1, ou le novénaire.

Les personnages qui sortent d'un tombeau où figure le symbole de la vie (le vert) sont mûrs pour le jugement final qui les admettra dans le monde supérieur ou les renverra dans celui des vies unies à la matière. Il faut remarquer une influence chrétienne dans la croix qui décore le drapeau. L'ange rappelle ceux de l'Apocalypse et les trompettes annonçant la fin du monde. La croix est le signe du salut apporté aux élus.

On trouve aussi dans l'arcane XX le ternaire et d'autres symboles accessoires qui suggèrent de nombreuses associations d'idées. Il serait trop long de les analyser.

Le sens traditionnel est en harmonie avec ceux qui découlent des autres systèmes de symboles. C'est comme je l'ai dit, la Rénovation, la naissance du nouvel homme. Cette rénovation n'est pas certaine, et elle dépend du 'jugement d'êtres qui nous sont supérieurs. Aussi les figures sont-elles suppliantes, et sollicitent-elles l'admission à la récompense dont l'arcane XXI, le dernier, indique la nature.

51. L'arcane XXI — Le Monde — La Vierge — La rétribution

XXI — LE MONDE

La XXIe lame, comme la XXe, s'inspire d'un symbolisme astrologique peut-être chrétien. Il représente une femme nue, debout, couleur chair ; elle tient à la main gauche un bâton. Debout sur la jambe droite, la gauche repliée, elle a une attitude aérienne. Elle est dans une couronne de lauriers de forme ovale, allongée. Cette couronne est colorée en haut de jaune, au milieu de rouge, en bas de bleu. En haut et en bas des nœuds de ruban formant croix, sont rouges. Aux quatre angles sont des animaux qui rappellent les quatre évangélistes ; en bas, à gauche de la figure, un lion ; à droite, une sorte de taureau. Cette figure ne porte pas de cornes, de sorte que sa nature véritable reste incertaine. Ces animaux sont de couleur chair.

En haut, à gauche est un oiseau, dont la crête rouge fait penser à un coq, mais son attitude, la forme de son bec, ses serres et l'absence d'ergots à ses pattes ne s'accordent pas avec le coq ; il rappelle plutôt l'aigle. Il est coloré en bleu et en jaune. Ses pattes blanches reposent sur un nuage blanc. A droite est un ange dont le corselet est rouge, la robe bleue, les ailes chair et jaune. Il porte une coiffure (auréole?) rouge.

Le nombre de la carte est 21, le Ternaire. Son sens traditionnel est Rétribution. Elle conserve le sens de la carte précédente, le jugement, et indique la décision. Droite, récompense ; renversée, châtiment ; chacun est jugé selon ses mérites.

Astrologiquement, la carte, par la personnalité figurée, femme svelte, aux seins petits, évoque l'idée de la Vierge, sixième constellation du Zodiaque, qui préside aux moissons, et dont la plus brillante étoile s'appelle l'Épi. Le sens, traditionnel s'applique bien au symbole qui représente la moisson. L'être figuré a terminé heureusement ses épreuves dans la basse matière, et il s'en dégage. La couronne de lauriers symbolise sa victoire. Sa force créatrice persiste, mais l'intelligence et l'esprit entourent sa tête ; elle foule aux pieds le désir proche de la matière.

Celle-ci est cependant relativement épurée puisqu'elle a pour emblème deux des Évangiles : celui de St Marc (le Lion) ; celui de St Mathieu (le Taureau).

La figure tient dans sa main gauche un bâton qui rappelle celui de la lame I ; le cycle de sa formation est fini et elle entre dans une forme supérieure de la vie ; elle a la puissance sur la matière, comme l'indique son bâton.

L'être spiritualisé a, au-dessus de lui, les symboles de St Jean et de St Luc. L'un symbolise manifestement la vie dans l'intelligence, dans les hautes sphères. C'est l'aigle. L'autre est un être spirituel, voisin cependant du monde terrestre, mais soutenu par l'esprit (ailes chair et jaune). Le désir, la force créatrice l'animent, mais l'intelligence lui sert d'organe de mouvement. Les deux animaux reposent sur des nuages couleur de la pureté.

Si, d'une manière générale, on comprend bien le sens de ce symbole, il est plus obscur quand on recherche ses sens cachés et complémentaires. Les quatre évangélistes peuvent, en effet, symboliser les quatre éléments de la matière, dont la figure centrale est isolée par le signe de sa victoire. Le taureau représente la terre ; lé lion, le feu ; l'ange et l'aigle, l'eau et l'air qui sont les bases de la vie[12]: l'eau prise dans le sens de la sensibilité est celle de l'amour. Saint Jean était le disciple préféré de Jésus-Christ.

Si cette interprétation est vraie, elle révélerait des tendances peu conformes à l'orthodoxie et impliquerait que l'Évangile est une parole divine, mais que l'initié doit considérer son enseignement comme le pain spirituel des êtres encore dans la matière ; il est au-dessus des êtres moyens qui n'ont pas encore compris le véritable enseignement de la Parole divine cachée dans la nature. Elle ne se découvre que par le travail et dans la communion avec le monde spirituel.

Numériquement, l'arcane XXI est régi par le ternaire, symbole de l'évolution. On remarquera que la figure triomphante est dans une couronne où apparaît le chiffre 8 ; aux quatre angles sont des figures symboliques 4 + 8 = 12 = 3.

C'est le terme de l'évolution, soit qu'on envisage ce ternaire comme 20 + 1, ou comme 4 + 8.

On peut hésiter à considérer le symbolisme des arcanes XX et XXI comme ayant la même origine que les autres. Il n'est pas impossible qu'ils aient pris la place d'emblèmes différents. Ils paraissent être les seuls où une influence chrétienne se laisse soupçonner.

52. Résumé

Tel est le sens général que paraissent avoir les curieux symboles que représentent les 22 lames ou arcanes majeurs. J'ai essayé, en employant la méthode des recoupements, de déterminer le système de chaque catégorie de symboles, de comparer les résultats auxquels ils conduisent, et de considérer comme un sens probable celui qui concorde avec les différents systèmes symboliques employés.

L'analyse que je tente a pour but de faire fonctionner sous les yeux du lecteur le mécanisme psychologique du langage symbolique, de rechercher ses sources, d'expliquer les raisons du choix de chaque symbole. Je n'ai pu faire qu'une œuvre très imparfaite, car je n'ai pu étudier dans leur évolution les symboles eux-mêmes antérieurs au XVIᵉ siècle. Il doit en exister et je souhaite que des chercheurs plus instruits que moi reprennent l'étude de ce livre mystérieux.

---

12   Comparez l'ange à l'arcane XIV.

Il me paraît pouvoir éclairer le sens caché de certaines doctrines occultes, spécialement de l'alchimie et peut-être de la magie. En tout cas, son emploi dans l'art divinatoire permet des observations intéressantes sur la psychologie de l'intuition.

Avant d'aller plus loin, je résumerai brièvement les 21 idées fondamentales qui me paraissent s'enchaîner logiquement.

0   Rien n'existe sans l'Intelligence.

1   Le Créateur émane de Dieu : il incarne sa Volonté.

2   La connaissance totale de l'Univers est dans l'esprit du Démiurge ou Créateur.

3   L'Univers est le résultat d'un acte de sa volonté.

4   Il réalise sa pensée par cet acte.

5   L'essence de l'Univers est dans la Bonté et la Justice. L'esprit révèle la science de la nature à ceux qui la cherchent d'un cœur pur.

6   Nous n'arrivons à la connaître que si le Ciel nous en juge capable et si nous subissons avec succès les épreuves qui nous sont imposées. Nous devons choisir notre route.

7   Nous n'arrivons à la Science et à l'Initiation qu'en la cherchant et en triomphant des épreuves auxquelles nous sommes soumis.

8   Nous saurons alors que l'Univers a la Justice et l'Équilibre pour base. Il n'aura pas de secrets peur nous.

9   Nous devons cacher notre science qui se résume ainsi:

X   L'existence est un cycle de réincarnations : elles cessent pour ceux qui connaissent l'énigme de la nature.

XI   Son essence est l'énergie spirituelle.

XII   Elle est le caractère fondamental du Démiurge ou âme du monde : elle anime la matière en s'incorporant à elle, en sacrifiant pour un temps sa nature céleste (Incarnation et Rédemption).

XIII   Ce qui nous paraît la mort, n'est que transformation.

XIV   Car tout est combinaison.

XV   Et résulte de l'énergie qui se divise en deux principes : attraction et répulsion, amour et haine.

XVI   La haine ne contient rien de solide. Le créateur détruit l'œuvre de haïne.

XVII   Il laisse même au coupable l'espoir dans l'avenir. Il retourne à son germe. Le germe de la vie est dans l'eau, la sensibilité et le sentiment.

XVIII Au début de son évolution, elle est exposée à toutes sortes de périls. .

XIX   Puis elle devient la vie à l'air et à la lumière et l'intelligence s'y développe.

XX   L'homme doit se purifier de la matière et devenir l'homme nouveau.

XXI   Il est libre et responsable, et sera rétribué selon ses mérites.

Je ne crois pas me tromper beaucoup en déchiffrant ainsi l'enseignement donné par les arcanes majeurs.

Il faut tenir compte d'un curieux détail qui aura sa signification pour la lecture des arcanes mineurs.

En classant les arcanes majeurs en séries d'après leurs nombreux radicaux, on trouve deux catégories, le o est bien entendu laissé de côté.

Il y a une série ternaire de 3 arcanes, appartenant aux racines 1, 2, 3. Ce sont :

$$I \quad X \quad XIX$$
$$II \quad XI \quad XX$$
$$III \quad XII \quad XXI \quad \text{soit 9}$$

Il y a six séries binaires :

IV	et	XIII
V	et	XIV
VI	et	XV
VII	et	XVI
VIII	et	XVII
IX	et	XVIII soit 12 arcanes.

Leur lecture révèle une association logique : d'abord la triplicité :

1. Volonté. — Réincarnation. — Vie dans la lumière ou fortune ou bonheur.
2. Science, sagesse. — Énergie. — Rénovation.
3. Action féconde. — Sacrifice. — Rétribution.

Les Binaires se balancent :

4. Réalisation et Transformation.
5. Bonté, enseignement et combinaison.
6. Choix, épreuve et force d'union.
7. Victoire et force de désunion.
8. Équilibre et germe, espoir.
9. Prudence et dangers cachés.

Ceux de mes lecteurs qui auront la curiosité d'étudier eux-mêmes les arcanes majeurs, y trouveront, par les associations d'idées qu'évoque leur symbolisme général, une foule d'indications qui complètent et précisent celles que j'ai dû me borner à mentionner.

LIVRE III
Les Arcanes Mineurs

53. Nombres et couleurs

Il ne m'a pas été possible de remonter jusqu'à l'origine des cartes qui forment la série des arcanes mineurs. Je ne saurais avoir les éléments suffisants pour établir une hypothèse sur la source historique de leur symbolisme. On ne peut exprimer qu'une opinion raisonnable : les jeux fondés sur les nombres ont dû exister depuis fort longtemps. Leur emploi dans la divination, notamment dans les présages tirés du vol des oiseaux, suffit pour justifier l'ancienneté de leur symbolisme.

Les arcanes mineurs ont pour base de leur signification, le sens mystique des nombres de 1 à 10. Ces nombres constituent la racine de tous les autres et représentent des idées générales, dont par analogie on peut tirer une infinité d'idées associées. Les personnages, quoique jouant leur rôle dans ce système de symboles, en ont un autre qui leur est propre. Ils sont au nombre de quatre dans Chaque couleur.

Le nombre de ces arcanes est de 56, chiffre dont la clef est 11, 1 + 1, ou le Binaire dont j'ai indiqué le sens général. Le nombre véritable des arcanes majeurs positifs (le Mat excepté, symbolisant le Néant, ou plus exactement l'Univers non manifesté analogue au *pralaya* hindou) est 21, c'est-à-dire 3 : le ternaire. Le nombre des arcanes positifs est donc 21 + 56 = 77, soit onze Septénaires. Ce nombre se ramène au quinaire. La somme totale des 78 arcanes forme 7 + 8 ou 15, le sénaire : 6. La somme des deux séries isolément additionnées est 3 + 6 ou le novénaire.

A côté de ces chiffres apparents, il y en a une autre série, dont le sens est plus clair. Ces nombres sont cachés, et il faut pour les chercher recourir à un procédé géométrique, et tracer une figure correspondant aux trois dimensions de notre Univers.

Avant de faire cette recherche, il faut examiner les arcanes mineurs dans leur ensemble. Ils forment quatre séries de 14 cartes chacune. Les nombre 4, 5 et 7 y apparaissent clairement.

Il y a quatre couleurs représentant les bâtons, les coupes, les deniers ou sicles, et les épées.

Les bâtons représentent la végétation, la terre. Cela évoque l'idée de l'élément matériel « Terre ». La forme solide. Ils équivalent aux carreaux des cartes ordinaires. Je ne puis y voir les trèfles comme l'enseignent Papus et le Dr Thierens. Le sens traditionnel des bâtons correspond à celui qu'on donne aux carreaux, par exemple pour les personnages, pour le 4, le 5, le 7, etc.

Les coupes font penser aux liquides, à l'eau. C'est encore un des éléments de la matière. Ils correspondent aux cœurs et expriment la sensibilité.

Les deniers correspondent à l'élément air, les épées au feu.

Les quatre séries représentent donc les quatre éléments dans le sens matériel. Elles ont d'autres sens, caractérisés par l'As, symbole de l'unité, contenant le sens général de la couleur. Le bâton est vert ; la vie, l'existence. Les sections sont rouges, la force génératrice et créatrice associée à la vie.

L'As de coupe est un vase très ornementé. On a voulu y voir le Graal : c'est possible, mais rien ne l'indique dans les symboles accessoires. C'est l'intelligence, contenant le désir et la force créatrice.

Le denier est jaune : l'intelligence.

L'épée est bleue ; elle supporte une couronne jaune, à cinq fleurons : 3 rouges, 2 bleus ; deux rameaux la traversent, chair, jaune et bleu ; matière, intelligence, désir.

La garde de l'épée et le pommeau sont jaunes, la poignée rouge. Une main la tient. Elle sort d'un ornement chair et bleu, où l'on compte six taches bleues entourées de chair. La manche est rouge et bleue. L'ornement chair compte 18 pointes par 12 et 6 : c'est le symbole du novénaire 3 + 6.

A gauche de l'épée, il y a 9 flammèches : 4 rouges, 2 jaunes, 3 bleues. Le novénaire par 2 + 3 + 4. A droite sont 15 flammèches : 7 rouges, 4 bleues, 4 jaunes : le sénaire par 1 + 5. Le nombre total est 9 + 15 = 24 = 6.

Ces détails ne sont pas inutiles et paraissent résulter d'une intention cachée. Comparons cette carte à l'As de bâtons, également tenu par une main et entouré de flammèches.

L'ornement de la main compte 28 pointes : l'unité par 2 + 8 = 10.

AS D'ÉPÉES

Il y a 18 flammèches à gauche du bâton. Soit le novénaire par 8 + 1. 9 sont jaunes, 5 rouges, 4 bleues.

A droite, 11 flammèches : 2 blanches, 2 rouges, 3 bleues, 4 jaunes : c'est le binaire.

11 et 18 font 9 + 2. Le novénaire et le binaire. On voit que l'addition de ces accessoires nous ramène, dans l'As de bâtons, à l'unité, au quaternaire, au sénaire, et au novénaire, avec domination du binaire.

Dans l'As d'épées, on trouve le binaire faible, le ternaire, le quinaire et surtout le six et le neuf. Voyez la couronne par exemple : cinq fleurons par 3 + 2. Les fleurs, ont un centre, un pied, 3 pétales : le quinaire, désir ; le rouge du calice a six parties : le pétale supérieur est surmonté d'un appendice : le sénaire et le septénaire.

La branche, à droite du lecteur, a 6 rameaux jaunes, 8 bleus : le sénaire, l'octénaire et le quinaire (6 + 8 = 14 = 5).

A gauche, la branche porte 10 rameaux : 2 jaunes, 6 bleus, 2 verts (jaune et bleu). Les pre-

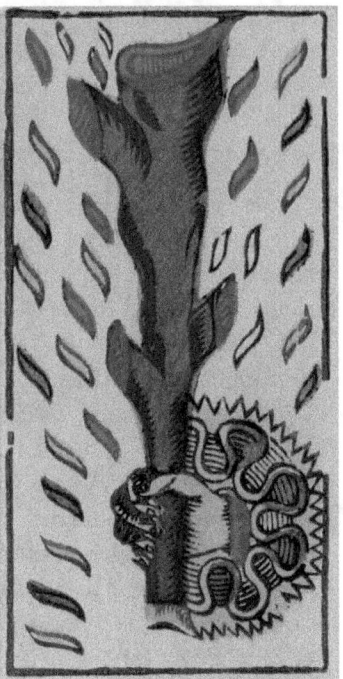

AS DE BÂTONS

miers ont : l'un, 2 feuilles, l'autre 6. Il faut examiner tout cela avec une loupe. Celui qui porte 6 feuilles, les à par 2, 1 et 3. Les 6 bleus n'ont qu'une feuille, de même que les verts.

On a donc l'unité, le binaire, le sénaire, l'octénaire.

En effet, 2 rameaux jaunes, 8 feuilles 1, 2, 3, 6, 8, 10 rameaux. 1. Neuf fruits noirs ; les fruits de la matière sont des illusions.

Dans les deux as, les mains sont tournées en sens contraire.

Ce retour constant du 1, du 3, du 6 et du 9 avec des apparitions du 5 et du 8 n'est pas sans avoir un sens, comme nous le verrons. Je ne pourrai que choisir des exemples ; le lecteur curieux fera lui-même les observations que je serai forcé de négliger. La mystique numérique est bien la base des symboles principaux des arcanes mineurs.

Ces arcanes ne sont pas limités à la matière. A les étudier de près, on s'aperçoit qu'ils contiennent un enseignement moral pratique, s'appliquant à quatre catégories types des quatre genres de vie généraux.

Les bâtons concernent ceux qui s'occupent des choses matérielles, agriculture, industrie, commerce, affaires.

Les coupes concernent la vie sensitive et sentimentale.

Les deniers, la vie sociale et intellectuelle.

Les épées, la vie active, ardente, les passions. Ils comportent enfin un sens plus profond, qui n'est plus un enseignement moral, mais qui révèle les conceptions occultes de la science hermétique.

Les arcanes mineurs ont un symbolisme plus difficile à découvrir que celui des arcanes majeurs. Il est évident que les 10 premières lames de chaque série se rattachent occultement au symbolisme des nombres.

54. Les trois mondes et leurs nombres

Il n'est pas cependant l'unique système de symboles qui soit utilisé. Quand on essaye de comprendre ces signes, on se trouve en présence de contradictions apparentes. Elles s'expliquent si l'on se rapporte aux divisions numériques des arcanes majeurs, où nous trouvons trois chapitres : I à IV l'idée céleste ; V à IX l'initiation ; X à XXI ce qu'elle apprend.

En appliquant cette règle analogique aux arcanes mineurs, nous sommes amenés à diviser les 14 lames de chaque couleur en trois parties : 1 à 4 ; 5 à 10 ; 11 à 14. Ces nombres correspondant aux mondes : matériel, 1 à 4 ; astral, 5 à 10 ; divisé lui-même en inférieur 5 à 7 et supérieur 8 à 10. Enfin au monde de l'esprit représenté par les personnages humains, valet, cavalier, dame et roi.

Est-ce une hypothèse sans fondement ? Nous verrons qu'elle en a un et c'est la figuration du nombre dans l'espace qui nous apprendra la réalité de cette division ; le nombre de chaque partie, celui de l'ensemble et celui de l'amorce de notre monde avec celui qui lui est supérieur.

Je rappellerai brièvement les conclusions auxquelles nous sommes déjà arrivés.

La clef du symbolisme numérique du Tarot est donnée par les idées suivantes attachées à chaque nombre.

1. — La force créatrice, intelligente et appartenant au, monde de l'esprit. Son essence est la Volonté. Son sens général est le principe de la couleur.

2. — Le binaire. L'opposition féconde, la fixation du germe de l'évolution. Son sens général est l'opposition, l'obstacle, l'arrêt.

La figure géométrique suivante donnera une idée graphique de ce symbolisme. Soit un point C. IL est le centre d'un nombre infini de cercles et de sphères.

Comment en naîtra-t-il une sphère, un cercle ayant son individualité, sa réalité concrète ? Par la création de son rayon. Ce rayon est une longueur ; elle mesure la distance qui sépare le centre de la circonférence individuelle et déterminée. La force expansive de l'unité s'arrête, se fixe et engendre. Cet état est l'origine du symbolisme du binaire. L'arrêt est la volonté se fixant et voyant son objet, l'opposition est la force de l'unité s'opposant à elle-même et se précisant en se limitant. Le symbole géométrique de ce stade est la circonférence. Emblématiquement, c'est le serpent qui se mord la queue : symbole de la création telle que le Démiurge la conçoit, et l'opposition entre la circonférence et le rayon est telle que les deux nombres ne peuvent se réduire : leur division, c'est-à-dire leur. rapport numérique, donne un quotient qui ne se termine jamais. C'est un nombre infini, le π des géomètres, le rapport de la circonférence au diamètre : il est 22/7.

Le binaire est l'unité s'opposant à elle-même : deux forces contraires et égales s'affrontant comme deux taureaux.

Si le point est l'emblème de la force créatrice d'où émane perpétuellement l'énergie, le deux est la première détermination de la longueur, c'est-à-dire de la mesure. C'est le principe du rayon.

Les deux formes de l'énergie agissent en sens opposé. Le binaire naît d'une division, force de séparation : son action contraire détermine une division nouvelle de l'unité qui, sous l'action des forces en mouvement équilibré forme le diamètre A. B. C.

C'est le triomphe des premières forces répulsives : de ce symbolisme dérive l'action maléfique attribuée par l'astrologie à l'opposition des luminaires et des planètes.

La conjonction, ou union de deux astres, est au contraire le symbole de l'énergie attractive et est en principe favorable.

3. — L'apparition d'un troisième point détermine un état d'équilibre entre les trois points quand ils sont à 120° l'un de l'autre. C'est le trigone astrologique, aspect favorable. C'est la première surface. Le symbole, suivant son sens, donne les triangles d'involution et d'évolution.

Le sens général du 3 est progrès, évolution, développement.

4. — Le quatrième point donne le carré, sur le cercle, les quatre points sont à 90° l'un de l'autre. Les points sont en opposition deux à deux : cette double opposition doit être l'origine de la signification maléfique du carré ou quadrat (90°) en astrologie.

Le quatre, dans le Tarot, marque la stabilité.

5. — Le quinaire rompt l'équilibre du carré ; c'est astrologiquement le quintile, aspect mineur favorable.

Je ne reviens pas sur le symbolisme de ce nombre et des suivants que j'ai déjà analysés. Dans les arcanes mineurs, il symbolise une influence étrangère ou nouvelle.

6. — Le sénaire (60°) est, en général, un état harmonique : il indique rarement une action. C'est le sextile astrologique.

7. — Le septénaire est au contraire un nombre indiquant généralement une action ou ses conséquences. Il ne donne aucun angle astrologique ; 360° n'est pas divisible par 7.

8. — L'octénaire est le symbole d'un état, supérieur au quaternaire ; souvent il traduit des qualités morales ou l'inverse. Il se rattache astrologiquement au carré ; l'angle de 45° correspond au semi-carré.

9. — Le novénaire est à la fois actif et passif. C'est un état qui prépare à un changement, c'est aussi une maturation. Son angle de 40° ne détermine aucun rapport astrologique.

10. — Le dix ramène à l'unité. Il exprime la fin d'un cycle et rappelle le sens de l'arcane XX.

Le premier quaternaire représente l'Univers au point de vue matériel ; le sénaire qui suit, l'astral. Le dernier quaternaire est en rapport avec l'évolution spirituelle et morale de la vie. Il exprime des qualités ou des défauts, à différents degrés. Il représente aussi l'enfance, l'adolescence par le Valet, la jeunesse par le Cavalier, l'âge mûr par la Dame, la vieillesse par le Roi.

La signification des lames mineures varie avec leur position, droite ou renversée. La première n'est pas nécessairement un signe favorable, ni la seconde une indication mauvaise. Elles résument l'action du milieu sur l'homme, et sa réaction personnelle à ces actions : cela dans les trois mondes. Chaque lame a par conséquent un triple symbolisme.

J'ai indiqué les curieux rapports que l'on trouvait entre les symboles numériques et les trois mondes superposés du Tarot. Pour s'en rendre compte, il faut établir une figure géométrique représentant l'ensemble du Cosmos envisagé sous la forme d'un double septénaire.

Il part de l'Unité et s'arrête au quinaire 14. L'évolution qui peut se faire dans notre Univers n'est donc qu'une étape. Notre monde est celui des choses sensibles.

Il est à trois dimensions ; part de l'unité pour aboutir à une synthèse qui n'est pas l'unité, mais un nombre appelant, en quelque sorte, un progrès nouveau. Les arcanes mineurs traduits dans une figure géométrique, nous donnent cette indication.

Je résume simplement ici les rapports numériques auxquels on peut arriver : en représentant l'Univers par un prisme triangulaire, terminé par des pyramides triangulaires, on est amené à considérer que le feu est l'élément ultime de la matière et qu'il se dégage du quatrième élément pour arrêter l'involution et commencer l'évolution ; que seul il possède l'énergie nécessaire pour donner l'impulsion ascensionnelle. Il évoque l'idée de la quintessence des alchimistes. Il occupe donc le sommet de la pyramide matérielle et porte le nombre 1. L'air est 2, l'eau 3, la terre 4.

Le nombre total du monde matériel est 10, racine 1. Mais l'unité est la reconstitution inférieure, sous la forme du feu, de la force créatrice émanant de la divinité. C'est le génie du mal, produit de la matière et terme de son évolution : c'est aussi le génie du bien, ressort initial de l'évolution : c'est Prométhée et Lucifer. Isolé du ternaire inférieur, 2, 3, 4, il s'oppose au 9. Lié à lui, il reforme l'unité, c'est ce que nous apprennent les arcanes majeurs XV et XVI.

Le nombre de la base de la pyramide inférieure est 9 : cette base est en contact avec l'astral inférieur, extrémité du corps du prisme constitué par l'astral, agent de liaison entre les mondes. La liaison avec le premier se fait par les nombres 5, 6 et 7 ; racine 9. Le septénaire, 7, agit sur le binaire 2 ; le sénaire, 6, sur le ternaire 3 ; le quinaire 5 sur le quaternaire 4. Ils sont associés par le 9.

L'autre extrémité du prisme est symbolisée par un triangle formé de 8, 9, et 10 : 27, encore le 9. Les rapports entre les deux triangles astraux sont 7 et 8, 6 et 9, 5 et 10, le sénaire.

Ce triangle supérieur s'unit à une pyramide supérieure, symétrique et opposée à celle qui symbolise le monde inférieur matériel ; elle représente le monde spirituel et son sommet est le Roi, nombre 14, ou le quinaire. La base de la pyramide a les chiffres 11, 12 et 13 dont le total est 36, racine 9 encore. Leurs racines sont les nombres de la matière : 11 = 2, 12 = 3, 13 = 4. Le total des nombres de la pyramide spirituelle est 50, un quinaire d'ordre supérieur.

Les côtés du prisme et les bases des triangles qui y sont contigus forment trois arêtes, dont le nombre est 30 = 3.

En y ajoutant les deux nombres du sommet des pyramides 14 + 1 = 15 = 6, on a pour chaque arête 30 + 14 + 1 = 45 = 9.

Nous avons vu que la clef des arcanes majeurs était 21 = 3.

Ainsi apparaissent les trois nombres radicaux des mondes, 3, 6 et 9, c'est-à-dire 3 X 1, 3 X 2, 3 X 3, avec prédominance du novénaire. L'incarnation dans le monde matériel a pour symbole la maturation : mûrir.

SCHÉMA DE NOTRE MONDE EXPRIMÉ PAR LES NOMBRES

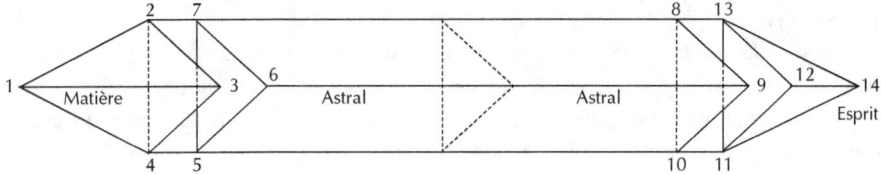

Les plans de contact sont tous régis par le 9 :

2 + 3 + 4 = 9 — Matière

7 + 6 + 5 = 18 = 9 — Astral-inférieur

8 + 9 + 10 = 27 = 9 — Astral-mental

11 + 12 + 13 + 36 = 9 — Mental-spirituel

Les arêtes, lignes d'évolution, donnent 45 = 9.

On ne peut rien savoir du monde supérieur sinon les indices que donnent les nombres : l'être évolué à la maturité, 14 = 5, a pour symbole le 5, appel d'une influence supérieure.

Le nombre qui ouvre le 3ᵉ septénaire est 15 = 6, choix et épreuve.

L'énergie, le labeur, les épreuves elles-mêmes qui sont nos meilleurs maîtres ont leur rétribution. Le Créateur paraît avoir voulu que nous nous perfectionnions nous-mêmes ; il ne nous mesure pas le temps. Une inépuisable bonté nous promet la jouissance du Vrai, du Beau, et du Bien éternels mais une implacable justice, exige que nous le méritions.

55. Le feu élémentaire et le nombre 1 — La révolte des anges — Les As

En appliquant aux arcanes mineurs les résultats de cette analyse, nous sommes amenés à considérer le feu comme l'élément le plus actif du monde matériel. Il est symbolisé par les épées et son nombre est 1.

Prenons la pyramide triangulaire inférieure comme étant sous la dépendance directe de l'Un, réaction finale de l'esprit au terme du mouvement dégradant qui aboutit à la matière solide. Il conserve assez de qualités, et en même temps, il se corrompt assez déjà, pour être tenté de considérer son œuvre comme parfaite par la formation du premier volume, la pyramide triangulaire à quatre plans.

Imaginez que le 1 initial, qui représente le feu, l'élément le plus subtil, c'est-à-dire l'intelligence collective arrêtant l'involution et commençant l'évolution, s'imagine pouvoir se suffire à lui-même et aux éléments procédant de lui.

Vous reconnaissez un symbole qui s'exprime dans beaucoup de religions, avec plus ou moins de netteté. A l'Un initial s'oppose le quinaire complet supérieur comprenant le quaternaire et l'unité. L'opposition du bien et du mal explique certains mythes, les révoltes des Titans contre Jupiter, le mythe de Prométhée inventeur du feu, la chute des anges rebelles du Christianisme, etc... Pour ne retenir que ce dernier récit, notez le symbolisme curieux qu'on y trouve : le trouble se produit au début du monde, il n'existe encore que les génies nés du Démiurge créateur et l'événement survient dans la sphère spirituelle. Lucifer est l'emblème du feu. Il se révolte, est précipité dans le feu de l'enfer.

C'est la condamnation morale de l'orgueil et de la présomption ; le symbole nous met en garde contre ce péril et nous apprend que les écueils se rencontrent à tous les degrés de l'intellectualité et de l'élévation spirituelle quand elle perd le contact avec sa source. C'est la forme hermétique de la chute des anges.

Cela nous indique en même temps que le feu est l'élément primordial : la logique nous le faisait déjà penser, puisque l'involution se produit par la dégradation progressive des forces supérieures ; c'est à la survivance des idées sur la nature de l'évolution que l'on doit les légendes persistantes et partout répandues, d'un état primitif de l'humanité, supérieur à son état actuel. C'est le mythe de l'âge d'or et des légendes analogues. Mme Blavatsky et les théosophes l'ont repris avec des détails circonstanciés. L'Atlantide et la civilisation des Atlantes ont inspiré l'imagination de beaucoup d'écrivains modernes.

AS DE DENIERS

Le principe est donc dans l'unité du feu, ou l'As d'épées. C'est du feu qu'émane la rénovation des autres éléments. Seul il a la couronne, symbole de la primauté, le glaive, symbole de la puissance, et les rameaux emblèmes de la fécondité. Il a tous les signes de la spiritualité et de l'intelligence.

Cela résulte du symbolisme des autres As. Celui qui lui succède immédiatement en dignité est le sicle ou denier (carreaux, ♦). Il est entièrement jaune, couleur de l'intelligence. Les signes de la force lui manquent, mais il représente une sphère avec des ornements exprimant des nombres.

Au centre est une rosace : fleur à 4 pétales avec un bouton central. Ce dernier est marqué de 12 points noirs : 12 = 3. Le Ternaire. Les pétales portent chacun 3 lignes noires. 4 + 4 X 3 ; quatre pointes entre les pétales sont indiquées ; c'est encore le ternaire, le quaternaire, le duodénaire et le quinaire.

$$12 + (4 \times 3 = 12) + 4 + 4 = 32 = 5.$$

Enfin, il y a une ceinture périphérique avec trois séries de 16 angles ; 16 angles, le septénaire ; 7 X 3 = 21 = 3. Le total 16 X 3 ramène à 3 par 48.

Deux branches s'échappent du haut du sicle, deux en bas ; elles sont bleues, le désir naît dans l'intelligence. Chaque branche porte des bourgeons. D'abord un rouge, à 5 pointes. Il est partout le même. Ensuite une feuille à 2 pointes. Dans un rameau, à gauche en haut, à droite en bas, une des feuilles est colorée en vert — la vie — l'autre en jaune.

Le rameau s'incurve et se termine par une sorte de fleur, à calice jaune et à corolle et bouton, rouge. Ici le détail change et le symbolisme de la vie naissant dans l'intelligence marque deux directions. Les fleurs d'en haut ont un calice à trois pétales : le ternaire, principe de mouvement et de progrès. Les calices, dans les rameaux du bas, ont deux pétales, le binaire, l'arrêt, la mauvaise direction.

L'emblème du troisième élément, l'eau, les coupes (cœur, ♥) est plus compliqué. Il représente un vase. Le pied montre 3 faces visibles ; il est jaune. A l'étranglement est d'abord un ornement bleu, à cinq lames. Au-dessus, un rouge à 3 fleurons. Le corps de la coupe, hémisphérique, est rouge, uni au pied par un espace bleu.

Trois pattes font saillie au-dessous du couvercle. Elles sont bleues et se terminent : à gauche par 4 pointes, au milieu par 6, à droite par 5. Nous trouvons, le 3, le 4, le 5, le 6 cachant le 9 par 18.

Au-dessus du vase est un couvercle qui représente une sorte de château avec 7 tourelles, 3 à gauche, 3 à droite, et 1 au milieu. Il est jaune ; le sommet des tourelles

est rouge, terminé par une pointe jaune. Sur les côtés, au milieu et à droite sont deux cabochons rouges. Il y a 7 ornements sur la ligne horizontale, au-dessus du cabochon rouge médian. C'est encore 3, 6, 7, 9.

L'intelligence domine encore l'élément liquide, mais le désir y est indiqué ; la force créatrice s'y manifeste, non en activité, maniant le glaive comme dans l'As d'épées, mais sous sa forme réceptive, la coupe, et active, le 3. Cela rappelle le rôle de l'eau dans la naissance et l'évolution des germes de la vie. La couleur du pied et du couvercle montre qu'à la base, comme au couronnement de la vie sensible et sentimentale, est l'intelligence. Enfin, le quinaire, uni au désir, nous révèle la sensibilité prochaine et le novénaire du couvercle, novénaire rouge et entouré de jaune, indique la maturation.

Elle est réalisée dans le quatrième As. Le bâton ne porte trace d'intelligence qu'à sa base. Il est vert, couleur de la vie. Le quaternaire y est

AS DE COUPES

représenté ainsi que d'autres nombres symboliques comme je l'ai dit plus haut. Il est entouré de flammèches, symboles des forces qui entretiennent et animent la vie dans la matière.

C'est par lui que la matière arrive au terme de son involution. Elle est parfaite et compte ses quatre éléments. L'espace est rempli, les trois dimensions réalisées.

La matière est prête à recevoir l'influx supérieur que représente le quinaire, le 5. Les trois cartes suivantes nous y conduisent.

56. Les Bâtons — La matière et la vie — L'As — Le deux, le trois et le quatre

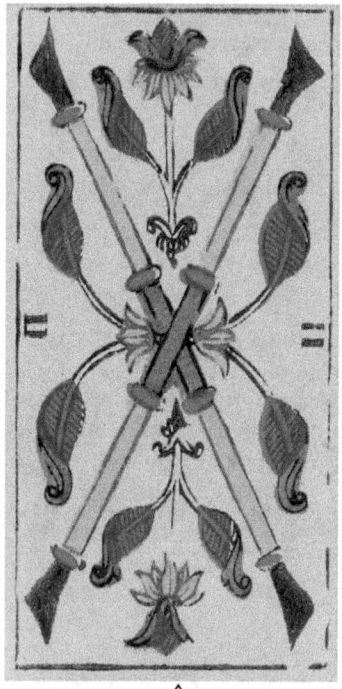

2 DE BÂTONS

L'As de bâtons a pour sens traditionnel *commencement* : c'est le symbole de tout ce qui naît. Renversé il signifie ce qui tombe ou finit. Son sens philosophique est celui de la carte droite. Le sens renversé est probablement une conséquence de l'emploi du Tarot pour la divination. Il en est ainsi pour toutes les cartes.

Les bâtons (trèfles, ♣), 4° élément, la Terre, représentent le côté matériel de la vie ; la carte qui suit est le 2, 2 bâtons droits, croisés. En étudiant ces bâtons, on remarque qu'ils ont la même forme dans toute la série : ils ont le même coloris, sauf une variante dans le 9 et le 10. Le centre est bleu, volonté, désir, le moteur. Ce centre bleu est enserré entre deux anneaux rouges, la force créatrice, génératrice. Puis vient une partie jaune, l'intelligence dans ses relations avec la matière la plus dense ; ensuite un anneau rouge ; enfin, une sorte de crosse noire. Symbole que toute œuvre matérielle est périssable, vouée à cette transformation qui, pour les êtres vivants, correspond à la mort.

En analysant cette carte, on découvre quelques autres indications ; du milieu de la croix, à droite et à gauche, partent deux rameaux, chacun avec une feuille. Ils sortent d'un bouton dont le calice montre trois pétales, d'où jaillissent les tiges. Les pétales sont jaunes ; les tiges blanches. On trouve le 2, le 3, le 4.

Ces rameaux sont stériles. La tige blanche signifie-t-elle la pureté ? La virginité ? On est dans le domaine du binaire, nombre féminin.

En haut et en bas, isolés en apparence des bâtons croisés, naissent deux rameaux semblables entre eux. La tige est encore blanche, mais part d'un bourgeon noir. Ces rameaux portent un fruit rouge, naissant d'un bouton bleu, au-dessous duquel sont des sortes de sépales jaunes. Ces rameaux ont deux feuilles, le rouge et le bleu s'y associent.

Les sépales, en haut sont plus développés que dans le fruit d'en bas. A bien les examiner, on s'aperçoit que ce fruit sort d'une enveloppe à deux sépales doubles ; en bas, les 2 sépales sont simples. Étant donné le sens de la carte, il doit y avoir une indication: le bon fruit sort du quaternaire, le mauvais du binaire.

Cette lame n'exprime aucune activité. L'unité n'y apparaît pas. Elle correspond au deuxième arcane, marque un repos, un arrêt. On lui donne généralement le sens d'obstacle d'ordre matériel. Astralement, ces difficultés naissent de mauvaises conceptions de détail ou d'exécution. Intellectuellement, elles procèdent d'une direction générale mal comprise. Les obstacles peuvent aussi être créés par autrui, mais passivement plutôt qu'activement. Ce dernier sens appartient au 5.

Moralement, elle avertit que dans la vie matérielle, il faut s'attendre à des obstacles et à des difficultés, mais qu'une œuvre ne fructifie qu'à la condition d'être préparée (le 4) et mûrie. Le nœud central est le désir, la volonté : l'intelligence dirige l'exécution. Mais encore une fois, tout cela disparaît quand nous quittons la vie matérielle pour la phase alternative, la mort.

Renversée, cette lame est interprétée d'une manière peu concordante. Elle se présente comme l'opposition à une opposition, et elle atténue la gravité des difficultés. Etteilla lui donne la signification de « chagrins ». Ce n'est qu'une idée accessoire, peu en harmonie avec le développement logique des symboles. Mais il est clair que les difficultés et les obstacles peuvent chagriner. Renversée, il la traduit par « surprise ». Encore une idée accessoire, n'exprimant qu'une partie du symbolisme général. Matters, et beaucoup d'interprètes, lui donnent : droite, le sens d'or, opulence. Encore un point de vue spécial, mais plus philosophique. La richesse est souvent le plus grand obstacle au développement de la vie active et productrice, mais il n'est pas le seul.

Renversée, les interprètes en font le signe d'un événement extraordinaire, d'une surprise. Le sens est trop général, et d'autres lames le comportent aussi. Il faut considérer que renversée, elle signifie simplement que l'obstacle disparaît, ou devient moins grand. Cela peut résulter d'un événement qui surprend, mais ce n'est pas toujours le cas. C'est encore un sens accessoire.

Le 3 n'a aucun signe particulier. Son sens, comme celui du 2, concerne les choses matérielles dans les trois plans. Il exprime le changement, l'évolution d'une entreprise ; elle résulte de l'influx de l'unité, principe actif. Mal tournée, la carte indique l'involution de l'affaire, sa régression au lieu de son progrès ; elle continue le mouvement dans le mauvais sens, indiqué par le 2 droit. On trouve quelquefois cette alternance des sens de l'impair au pair, suivant la position de la carte. Elle suit l'ordre logique.

Les deux rameaux isolés entre les branches du 2 se sont transformés en une nouvelle unité. Nous retrouverons cette disposition dans les cartes suivantes. Les nombres pairs ont des rameaux fleuris entre les branches, en haut et en bas. Ces fleurs diffèrent par des détails qui n'apparaissent pas à un examen superficiel, mais qui existent et ont un sens. Le plus simple est d'y voir l'idée que dans les nombres pairs, passifs et porteurs de germes, l'adjonction de l'unité se prépare. Elle est en germe et annonce le sens de l'évolution que l'état du nombre pair déterminera.

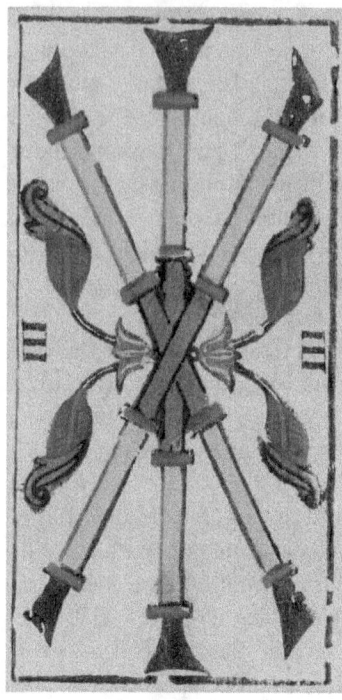

3 DE BÂTONS

Cela veut dire, au point de vue spirituel, que l'unité sera affectée par l'état moral de l'être dont elle va pousser l'évolution à un degré de plus. Ce degré sera un pas en avant qui, selon la route choisie, rapprochera ou éloignera du but véritable de la vie ; ce but est sa forme spirituelle.

Ainsi, l'état passif agit sur l'état actif ; ce que l'être a choisi se réalise, dans le sens que cet être aura préféré. Cette interprétation est en harmonie avec la doctrine indiquée par le VIe arcane majeur. La leçon qui s'en dégage est que nous nous faisons nous-mêmes, moralement et physiquement. Nous sommes ce que nous désirons être, notre choix est libre, entre la matière et les sens, ou l'intelligence et l'esprit.

Le 4 de bâtons développe cette idée. Il reproduit le dessin du 2 ; les détails qui diffèrent sont minuscules, mais significatifs. Le rameau florifère, en haut, porte une fleur ronde, rouge, dans laquelle on aperçoit des pétales non encore ouverts. Le calice a 7 sépales. Sept est le nombre des cinq planètes et des deux luminaires, le Soleil et la Lune. C'est l'ensemble des influences célestes : la fleur en est entourée. En bas, la fleur est plus ouverte et montre trois pétales formés en calice. Elle a cinq sépales, le nombre des sens.

Cela veut dire quelque chose encore. Le sens supérieur révèle la direction de l'esprit, l'inférieur celle de la matière et des sens. L'intelligence colore les sépales, mais nous savons par les arcanes V, VI et VII qu'elle peut être bien ou mal employée. En bas, le quinaire est seul, sans le binaire des luminaires, les astres les plus brillants, lumière du jour et de la nuit. Et nous savons que 5, nombre de l'âme du monde, est un nombre dangereux, qui peut être bon ou mauvais suivant les circonstances.

L'Astrologie fait de Mercure, symbolisé par l'arcane V, la planète qui préside aux sciences et au développement intellectuel ; elle est négative et convertible : c'est-à-dire qu'elle a peu d'action par elle-même et que ses vertus empruntent leur mouvement aux forces qu'elle reçoit des autres planètes. Elle agit donc selon les impulsions qu'elle subit et ces impulsions marquent le sens dans lequel agiront les vertus propres à la planète.

Dans le symbolisme du Tarot, cela veut dire que la science et l'intelligence ne sont pas nécessairement employées au progrès spirituel, dont elles ne sont qu'un élément séparable.

Le symbole du 7 en haut, du 5 en bas, exprime bien l'idée que nous trouvons déjà dans le 2.

Remarquons enfin que les branches stériles, latérales sortent d'un bourgeon à 4 sépales au lieu de 2. Le quaternaire remplace le binaire. Ces rameaux symbolisent les désirs stériles que l'intelligence ne féconde pas. Le fruit, même mauvais, vaut mieux, car il est le résultat de l'énergie dirigée par l'intelligence et promet un amendement qui n'existe pas quand la voie de l'intelligence est abandonnée.

Les deux cartes que je viens de commenter ont le sens traditionnel suivant :

Le 3 droit : les difficultés qui surgissent toujours quand on entreprend quelque chose sont surmontées et l'entreprise est en bonne voie.

Le 4 : l'affaire se stabilise, et comme toute entreprise entraîne des négociations ; mais tout est harmonique.

Renversés, leur sens symbolique s'interprète ainsi :

4 DE BÂTONS

Le 3 : l'évolution de l'entreprise quelconque — concernant la matière, commerce, industrie, agriculture, sciences appliquées — ne réussit pas. Elle n'obéit pas à la direction supérieure spirituelle, et se corrompt dans des préoccupations matérielles étroites. D'où résultent des ennuis, des contestations, des difficultés, causes de soucis.

Le 4 : autre conséquence, l'esprit d'union, la force spirituelle née de la bonté et de la justice n'existe pas, et la mésentente remplace l'harmonie, la discorde survient.

Dans l'ordre philosophique, le sens général est qu'en toute chose la bonne foi, le sens de la justice et de la bonté, forces spirituelles, assurent le véritable progrès et le succès, car ce n'est pas la possession des biens matériels qui doit nous préoccuper, mais l'usage que nous en faisons ; sans la droiture et la justice, les relations que nous aurons avec autrui pourront nous apporter des biens, dont la coloration des symboles nous dit la vanité, mais nous né tirerons pas de notre contact avec la matière l'or véritable qui doit être cherché : le progrès moral et la préparation de la nouvelle naissance.

Renversés, leur sens vulgaire est plus simple :

Le 3 signifie espoir, désir, tentative. C'est un sens secondaire. L'espoir nous abandonne rarement, le désir jamais.

Le sens du 4 est prospérité. Cela n'est exact que dans des cas particuliers, notamment quand les difficultés naissent par la faute d'autrui, que la personne en cause a le bon droit pour elle, et qu'il est reconnu.

57. Les Bâtons : le cinq, le six et le sept

5 DE BÂTONS

Je me suis déjà expliqué sur le 5 ; lorsqu'il est bien composé, il a pour éléments le 4 + 1. C'est une intervention extérieure développant un état d'équilibre préparé au progrès. C'est donc une intervention étrangère qui se manifeste dans l'état antérieur symbolisé par le 4. De là, son sens d'association, de coopération.

Quand on examine la carte, on n'aperçoit aucune différence entre le côté supérieur et inférieur. Il ne peut y avoir de nombres cachés que dans les feuilles, qui se détachent du calice entre les deux séries de bâtons. Malheureusement, le nombre de ces lignes est douteux ; de la comparaison de deux jeux, il paraît que le nombre des lignes cachées dans les feuilles est : d'un côté (7 + 8) + (10 + 7) = 32 ; de l'autre (7 + 10) + (9 + 9) = 35.

Ces chiffres sont significatifs : l'un nous donne le quinaire par 3 + 2, c'est le mauvais quinaire, l'évolution arrêtée par le binaire.

Le second nous donne l'octénaire évolutif favorable par 3 + 5 ; c'est donc le sens favorable qui nous révèle le sens caché de la carte ; nous sommes dans l'élément matière ; le mauvais quinaire représente donc les intérêts matériels arrêtant l'évolution spirituelle, tandis que dans l'autre, nous trouvons l'annonce de l'octénaire progressif par le quinaire et le nombre 3, la fécondité. Son opposition au symbole 3 + 2 matériel nous indique que le sens de l'évolution se fait vers l'esprit.

Tel est le sens philosophique de la carte ; son sens traditionnel est richesse, héritage et renversé, chicanes, procès. Il s'accorde assez bien avec le sens philosophique. La nécessité de la bonne foi, que nous indiquait le 4, assure l'harmonie et la prospérité de toute entreprise, d'où le sens de richesse. La mauvaise foi, au contraire, sens renversé, entraîne des chicanes et des procès.

Le 6 continue la série paire ; les symboles figurés par les rameaux changent. Les feuilles des rameaux verticaux se sont développées ; elles sont bleues comme les tiges ; le désir persiste. La fleur supérieure s'est ouverte. Elle a trois pétales rouges, 10 sépales jaunes. Le quaternaire supérieur par 13 : 1 + 3. Les feuilles bleues sont doubles ; encore le quaternaire.

La fleur inférieure reste ouverte avec cinq sépales. L'octénaire par 5 + 3. Les feuilles restent dans le binaire.

Les feuilles latérales se sont épanouies. Un bourgeon jaune naît entre elles. L'intelligence réapparaît, promettant le salut.

Le symbolisme est assez clair. Le 6 est la carte décisive, le nombre est celui de l'épreuve, du choix ; l'évolution supérieure progresse par le ternaire ; l'heure du choix est arrivée, prologue de la maturité par le 10 ; l'unité supérieure prépare le succès. C'est le symbolisme de la fleur d'en haut. Celle d'en bas, trop hâtivement ouverte s'arrête dans l'équilibre du sénaire. Le progrès a cessé, le mal est fait. Il est la conséquence, non seulement d'un choix mauvais, mais d'une indécision inerte qui n'en fait aucun. L'intelligence reste dans le domaine des sens, l'unité nouvelle ne trouve pas un terrain favorable. Cela rappelle les deux disciples de l'arcane V, les lames mineures nous racontent leur évolution individuelle dans l'ordre matériel.

6 DE BÂTONS

Le sens traditionnel est espoir, attente. C'est un espoir justifié, en harmonie avec le symbolisme de l'arcane droit. Cette signification est généralement adoptée.

Renversé, l'espoir n'est plus justifié. L'octénaire continue l'évolution purement sensuelle ; il y manque le binaire que nous avons vu dans la fleur supérieure du 4. Dans le 6, il a formé les 10 sépales. Nous savons que le binaire qui manque à la fleur d'en bas sont les deux luminaires. Le 8 n'est pas un nombre de maturation. Il n'assure le salut que s'il est prêt à recevoir l'unité qui le mûrira en le transformant en 9.

Quand ce nombre paraît en haut, l'échec de l'épreuve est annoncé, l'espoir est déçu ; le faux disciple conserve sa science, peut-être sa puissance matérielle, mais il ne s'élèvera pas au degré supérieur car il a été déloyal, en employant à la recherche des biens matériels l'enseignement qui lui était donné pour la conquête du bien spirituel.

De là provient le sens traditionnel de trouble harmonique, de déloyauté, d'infidélité.

Le sept est un nombre cardinal ; les nombres cardinaux astrologiques sont 1, 4, 7, 10, figurant l'évolution ternaire du cycle quaternaire de la matière et de la vie, l'Orient, de Zénith, le Couchant et le Nadir ; il annonce des changements. Dans les fleurs stériles, l'intelligence se développe et le bourgeon a 2 sépales, 3 pétales jaunes : les feuilles rouges expriment la force créatrice par le ternaire.

Aucune trace de fruit, ni de floraison. Cela doit symboliser le développement des formes inférieures de la vie. L'esprit les nourrit, mais elles s'arrêtent à la force génératrice dans le 7 où elles disparaissent pour reparaître dans leur forme initiale au 10. Un autre détail est à noter. L'unité additionnelle du 7 a sa partie centrale blanche et non bleue, symbole de l'épuration du désir et de la volonté, qui dispa-

7 DE BÂTONS

raît dans le 8, s'esquisse dans le 9 pour reparaître dans le 10 final. Dans les rameaux latéraux, l'intelligence ne sait pas former des créatures aptes à progresser ; elles arrivent au 5 intellectuel, la sensibilité, mais leurs ternaires créatifs s'opposent au sénaire 3 + 3 et retournent au binaire avec l'élément intellectuel 5. 6 + 5 = 11 = 2. Ils ne vont pas plus loin.

Le 7 marque une conquête intellectuelle ou plutôt morale. L'intelligence s'y purifie et la pureté pénètre le domaine du désir. Elle devient la volonté dans l'esprit. De là, le sens favorable du 7 qui symbolise le triomphe après l'épreuve du 6. C'est philosophiquement une victoire morale, l'être a triomphé de ses instincts matériels et s'est libéré de l'esclavage dans lequel les sens le tenaient. Matériellement, c'est le succès, le gain, un avantage.

C'est le sens traditionnel : avantage gagné, mais gagné par lé mérite.

Les interprètes lui donnent bien ce sens, mais demeurent dans l'ordre matériel.

Renversé, le 7, exprime l'échec de l'évolution inférieure qui est assez éclairée par l'intelligence pour s'apercevoir de son erreur. Le sens traditionnel est juste : l'indécision ; le doute naît dans l'esprit du pervers intelligent, mais évolué. Il hésite, est inquiet. C'est à peu près le sens généralement adopté. Il est en harmonie avec le développement psychologique des arcanes de la série ; le 7 marque en effet une étape décisive. Le terme de l'évolution inférieure est le sentiment d'erreur et d'inquiétude dans l'esprit qui a choisi la mauvaise route. Ce sens spirituel se matérialise dans les plans inférieurs par l'état moral traduit par inquiétude, doute, hésitation.

Le 8 indique cet état d'équilibre dans lequel les nombres s'apprêtent à recevoir l'unité qui, selon leurs dispositions les entraînera dans des mouvements de directions opposées. Le 8 est le nombre par lequel l'astral supérieur se lie à l'inférieur, et la force du 7 symbolique est justement dans son emblème. Il est le canal par lequel l'influx supérieur" pénètre dans les mondes inférieurs.

58. Les Bâtons : le huit, le neuf, le dix

Le 8 représente le chenal d'entrée et de sortie dans le plan mental proprement dit, formé par le 8, le 9 et le 10. Les vies inférieures n'y pénètrent pas ; les rameaux latéraux ont disparu. Les fleurs du haut et du bas se modifient. Du ternaire elles reviennent à l'unité, en haut, les sépales se réduisent à 7, le septénaire ; mais ils sont plus développés que dans le 6.

Dans la fleur inférieure, ils restent au nombre de 5, mais ont diminué. L'intelligence, alliée aux sens, s'épanouit dans le 6, semble s'affaiblir dans le 8, ce qui confirme le sens donné au 7 renversé. En haut, au contraire, elle passe de 10 petits sépales à 7 plus grands. La fleur est vigoureuse ; celle d'en bas semble flétrie. L'être se recueille. Il vient de franchir une étape décisive et se prépare. S'il a suivi une bonne direction, il sera mûr pour le progrès mental, c'est-à-dire l'intelligence associée plus étroitement à la matière dominée. Cet état de recueillement et d'équilibre nous rappelle le VIII arcane, qui a le même nombre.

Le sens traditionnel est bonne direction ordre ; le sens d'équilibre, c'est-à-dire de jugement droit, de santé morale et physique, de bonne direction de sa vie, de ses affaires et de ce qu'on administre, est le seul logique.

Renversé, il signifie le déséquilibre. L'âme du pervers intelligent a compris son erreur, s'en repent. Elle voit et condamne la mauvaise direction qu'elle a suivie et s'en prend à elle-même et à ceux qui l'ont entraînée.

8 DE BÂTONS

La carte indique donc l'idée de regret, de mauvaise direction, de luttes intérieures. D'où des sens accessoires et analogues dans le monde matériel ; ils se concentrent autour de ces idées, manque de direction, de surveillance, d'ordre, d'équilibre.

Enfin, l'unité s'ajoute au 8 pour former le neuf, le novénaire, nombre de la préparation, du recueillement qui mûrit. Il évoque cette idée dont le germe est dans le IXe arcane, symbole de la prudence, de la discrétion et du silence. Aucun ornement ne s'y ajoute, comme pour exprimer l'isolement de l'âme qui se renferme en elle-même. L'unité additionnelle remplace deux des anneaux rouges par des lignes blanches et pures.

L'épanouissement se fait dans le 10, où le nombre pair a la configuration des impairs. Deux bâtons sont ajoutés au milieu ; l'unité est donc un binaire synthétique, mais un binaire dont la couleur dominante est le blanc. Et ain-

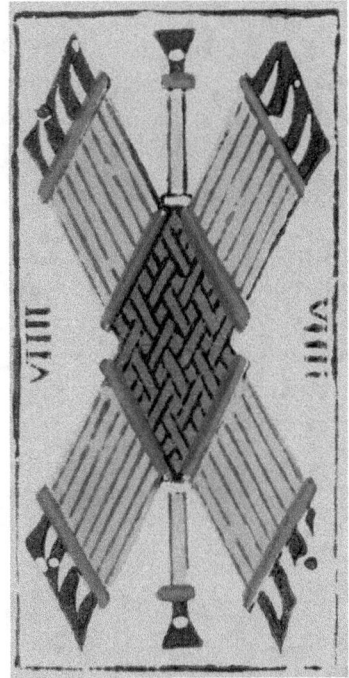

9 DE BÂTONS

10 DE BÂTONS

si se reconstitue l'unité supérieure du X. Par la conduite de sa vie dans le monde matériel, sous la direction de l'esprit, l'âme est mûre pour résoudre l'énigme du Xe arcane.

Cette évolution dans la voie matérielle a un sens. C'est que même dans les occupations les plus matérielles, le juste peut arriver à la rétribution promise. Quelles que soient son instruction et son occupation, quelque modeste que soit son rang social, il peut arriver par son obéissance aux directions spirituelles, par la- justice et la bonté, à pénétrer dans la voie initiatique : c'est la voie du Bien, de la vie morale pure et simple.

Il entre alors dans la vie spirituelle proprement dite ; il y entre comme un enfant dans la vie.

Le sens traditionnel du 9 et du 10 est : pour le 9 : ordre, discipline. Ces mots expriment bien l'ordre, la discipline, l'harmonie qui règnent dans l'âme se préparant à faire un nouveau progrès, progrès marquant la fin d'une étape.

Le 10, signifie : sécurité, tranquillité d'âme et mouvement vers le stade final, c'est-à-dire vers la rétribution d'une vie juste.

Les sens usuels se rapprochent du sens philosophique ; pour le 9, c'est ordre, discipline. Etteilla donne le sens de retard. C'est une traduction dans l'ordre matériel et inférieur de l'espèce de retard qu'est la maturation dans le novénaire.

Le sens de cet arcane, renversé, est l'opposé. La vie antérieure qui n'a pas préparé l'homme à sa nouvelle étape, l'emprisonne dans son passé et lui interdit l'accès du quaternaire supérieur.

Aussi, le sens habituel est : insécurité. L'homme arrivé, par une sorte de fraude, au 10 ne peut s'y maintenir que s'il est mûr, et il ne l'est pas. Insécurité de la situation est donc un sens logique ; il s'applique rarement dans le plan spirituel, sans y être impossible, mais il trouve son application fréquemment dans le plan matériel.

On le traduit souvent par trahison, subterfuge, duplicité obstacle. C'est à peu près son sens matériel ; obstacle donne le sens spirituel et plus exact ; mais c'est un obstacle que l'homme a lui-même créé.

Nous arrivons ainsi au dernier quaternaire symbole de la vie spirituelle, dans ses relations avec les mondes inférieurs.

59. Les Bâtons : valet, cavalier, dame, roi

La carte qui suit le 10 est le valet, dont le symbole numérique est 11. C'est un rappel du principe de l'énergie cosmique et son symbolisme est celui des arcanes VI et XIII.

L'être s'est moralement transformé après la synthèse unitaire du 10. Il renaît, sa nouvelle naissance en fait un adolescent dans la vie spirituelle. Il tient une branche coupée, difficile à manier, signe du commencement de sa vie transformée ; la branche est verte, avec quelques taches de bleu ; 2 rameaux coupés ont laissé leur section rouge. La vie nouvelle est dirigée par l'esprit qui borde sa coiffure, orne le col, la ceinture, la bordure de sa tunique bleue. Cinq carrés jaunes, avec un point noir au milieu, marquent la spiritualité dans la sensibilité de son désir. La force créatrice n'est pas encore dans ses membres, elle colore la coiffe de son bonnet et le vêtement jeté sur ses épaules. Mais le jaune s'y allie, l'esprit est autour de l'adolescent.

Il essaye de manier la lourde massue, à peine dégrossie, qu'il tient maladroitement des deux mains.

Il commence l'apprentissage de l'existence qui débute pour lui. Il rencontre des difficultés qu'exprime le binaire rouge de la massue. La volonté existe en lui,

VALET DE BÂTON

mais l'action féconde du rouge n'a pas gagné ses membres ; il ne réalise pas.

Le Cavalier est adulte. Il a un large chapeau, semblable à celui de certains arcanes. Ses couleurs sont : le désir, la force créatrice, — c'est-à-dire l'action féconde — et l'esprit, bleu, rouge, jaune. Il est vêtu d'une sorte de cuirasse rouge avec des ornements d'or jaune à l'entournure de l'épaule. Sa ceinture, son haut de chausses, ses épaulières, sa chevelure et les sabots de son cheval portent les couleurs du désir.

Le corps du coursier est blanc ; sa housse est matérielle, mais elle est bordée, autour de l'encolure, d'une sorte de collier jaune avec 8 cercles. Des lanières jaunes protègent le haut des cuisses du cavalier. Il y a 4 bandes avec chacune un cercle. Le cheval et le cavalier ont donc : le cheval un collier avec 8 cercles, l'unité et l'octénaire ; le cavalier 4 cercles et 4 bandes, encore 8. Nous retrouvons le 4, le 8 et le 9, stabilité de la

CAVALIER DE BÂTON

matière parfaite épurée (le blanc du cheval, les

REINE DE BÂTON

quaternaires jaunes du cavalier), octénaire spirituel ; 12 cercles sont le ternaire spirituel jaune, la maturité dans l'action et le choix des moyens (le novénaire du collier de la monture).

Les avant-bras et les jambes sont rouges : il agit, mais son action est dirigée par le désir guidé par l'esprit.

Il est armé d'une massue maniable, qu'il tient de la main gauche ; massue jaune, arme spirituelle dont l'extrémité supérieure rouge indique l'action féconde, la force intelligente qui crée.

La dame est couronnée d'or ; la couronne a 5 fleurons, 2 ont 3 branches rappelant la pure fleur de lys, 2 surmontés d'une seule boule : l'intelligence dirige sa pensée dans les voies de l'esprit. Elle est vêtue d'une longue robe rouge. En elle est la fécondité ; sa ceinture est jaune ; ses avant-bras sont bleus, ainsi qu'une sorte de couverture qui repose sur ses genoux ; c'est le désir, la volonté ; mais le jaune de ses bras, et de la massue sculptée, qu'elle tient de la main droite et appuie sur son épaule, indique la nature de son action ; elle est selon l'esprit.

Enfin le roi a un chapeau rouge et bleu surmonté d'une couronne jaune d'or ayant 4 fleurons bien visibles. Le dessin est empâté et l'on distingue mal les détails. Il semble qu'il y ait un fleuron, à droite, mais on ne sait s'il compte une ou deux boules. On voit bien le quinaire général, comme dans la couronne de la reine, mais on ne dénombre pas les éléments visibles ; chez la reine, il y en a 9.

En tous cas, il y a 12 pointes sur le cercle jaune de cet insigne chez le roi. Un d'eux, écrasé, est caché par le bleu ; c'est le ternaire. La tunique du roi est bleue, avec un corselet jaune. Ses épaulières sont rouges, des lanières jaunes en descendent. On en compte 4 à droite. Il porte 4 + 2 cercles sur le corselet jaune ; 2 sur la partie bleue de sa tunique ou cuirasse. C'est le 6 par 4 + 2, et le 8. Les avant-bras, les genouillères et les souliers sont rouges, les jambes bleues. Il est sur un trône de couleur chair, dont le siège est entouré d'une triple bordure jaune. Le seul montant visible est bleu.

Il tient un long sceptre, dont la tige est blanche. Le sommet est jaune, ainsi que l'extrémité inférieure, terminée par un lourd ornement jaune, divisé en trois parties, 3 + 3 et la pointe 1 : le septénaire.

Ce symbolisme numérique, associé à celui des couleurs, indique l'action et la volonté gouvernées par l'intelligence et l'esprit.

C'est le couronnement d'une vie spirituelle dans le monde matériel, la fin d'une évolution qui va de l'As au nombre final, le 14, c'est-à-dire le quinaire du Bien. Cette évolution, dans le monde inférieur de la vie, fait passer des sens de la matière, de la sensibilité de l'Âme astrale à la sensibilité spirituelle de l'âme divine, la Bonté.

Le sens philosophique est clair. La vie nouvelle commence l'évolution de l'existence dans la voie du 4° élément, la Terre avec le valet, le 11 ou binaire en exprime les difficultés ; difficultés d'adaptation à la vie transformée. C'est l'enfance, l'adolescence, une nouveauté pour l'individu qui pénètre dans la sphère supérieure de son monde.

Avec le cavalier, symbole de la jeunesse, c'est la vie active, militante, productrice, utile et bienfaisante. C'est de ternaire, 12 = 3.

Avec la reine, c'est l'âge mûr : la maturation de l'esprit ; l'individu après avoir agi, réfléchit et se prépare au dernier stade. Il procrée, c'est ce qu'indiquent le vêtement rouge et la nature féminine ; mais c'est un progrès réceptif, succédant au progrès actif de la jeunesse. C'est l'automne apportant les fruits mûrs, nés des fleurs du printemps. C'est le 13, c'est-à-dire le quaternaire,

ROI DE BÂTON

signe de la perfection matérielle. La maturation est marquée par les neuf signes visibles de la couronne. On retrouve ces nombres dans les lignes noires qui sont dessinées sur le sommet de la massue, au-dessus de la dernière bande en saillie : 3 d'un côté, 6 de l'autre, 3, 6 et 9.

Enfin le roi résume le progrès final. C'est le 5, image du Pape, du grand sage. C'est la Sagesse, la Bonté, la Justice, comme l'indiquent le 5 et le 8 exprimés dans la figure. Mais sagesse, bonté, justice actives comme le marque le 7.

Le jaune, qui domine dans ces figures est le symbole de l'esprit ; le blanc, couleur de leurs cheveux et du sceptre. du roi, indique la pureté.

Le sens traditionnel est : le valet : emblème de la vie nouvelle, de quelque chose de nouveau et d'heureux. Le sens de bonne nouvelle est le plus approché du symbolisme hermétique.

Pour le cavalier, c'est départ. Ce sens est dérivé d'un fait usuel. La vie active du jeune homme entraîne son éloignement de la famille.

La dame signifie ordinairement, châtelaine ou femme vivant à la campagne, femme bonne, attachée à la terre et à sa possession. Le sens d'avarice est plus rare et n'existe pas dans l'interprétation logique qui comprend l'ordre et l'économie, mais non l'avarice.

Le roi est un personnage vivant à la campagne, un propriétaire foncier, un agriculteur, un commerçant, etc. Il exprime la science, l'éducation, la sagesse. Cela se rapproche assez du sens philosophique. L'idée de « campagne » qui domine dans ces sens usuels dérive évidemment de la nature de l'élément « terre » représenté par les bâtons.

Renversé, le sens philosophique devient mauvais, parce que mauvais usage est fait de l'intelligence, dont la pureté et l'esprit se séparent. C'est la chute dans une évolution déjà avancée, et nous savons qu'elle est toujours possible.

Les interprètes donnent des sens moins abstraits.

Le valet est « mauvaise nouvelle ». C'est une traduction concrète et simple.

Le cavalier signifie querelle, rupture. C'est un sens approché ; le mauvais départ.

La dame : est une femme avare, ou aimant trop l'argent, ayant le défaut fréquent à la campagne : celui d'être cancanière.

Le roi n'est jamais pris dans un mauvais sens et il est difficile de découvrir l'origine du sens habituel : bons conseils, bons avis. Il dérive peut-être de cette idée que, même dénuées du secours de l'esprit, la science et l'intelligence du personnage sont utiles dans la vie matérielle, à laquelle d'ailleurs s'attachent les interprètes, car le côté spirituel n'intéresse guère leur clientèle.

60. Les Coupes — L'as, le deux, le trois, le quatre

Les Coupes représentent l'élément eau, la forme liquide de la matière. Elle symbolise les facultés sensitives du corps matériel, le sentiment dans le monde astral, l'amour dans le monde spirituel.

Ces idées sont figurées par les coupes, vases destinés à recevoir les liquides.

C'est la seconde voie mystique : celle du Beau, qui est le domaine de la sensibilité et du sentiment. Ce sont nos sens qui nous révèlent la beauté et éveillent en nous les impressions les plus vives. L'ouïe par la musique, les sons divers qui frappent nos oreilles ; la vue, par les harmonies d'un paysage, d'une œuvre d'art, de la figure et de la forme d'un être. C'est une voie astrale, car le monde intermédiaire est celui des formes ; il est en étroite relation avec la partie sensitive, émotive de notre être ; c'est là que l'astral agit sur nous, par là que nous pouvons agir sur lui. Son ressort est le désir dans sa forme la plus puissante, de la volonté passionnée dans ce qu'elle a de plus violent. L'eau peut avoir le calme apaisant d'un ruisseau limpide, ou la fureur irrésistible de la tempête et de l'inondation.

Dans le monde spirituel, le symbole de l'eau représente non plus l'amour et le désir orageux de l'âme sensitive, mais l'amour rationnel de la Beauté, du Vrai, du Bien qui illuminent l'esprit de leurs clartés.

L'analogie est évidente. Il est moins facile de découvrir pourquoi cette couleur est affectée à la vie sensitive et au sentiment. L'hypothèse la plus probable est que l'eau est, d'après les arcanes XVII et XVIII, le véhicule des germes ; que le germe, ou la progéniture, est le but naturel de l'attraction des sexes, et que cette attraction se manifeste par le sentiment le plus fort que nous puissions éprouver, l'amour.

Coupes qui apaisent la soif du corps, coupes d'amour apaisant celle de la sensibilité, coupes mystiques où l'âme s'abreuve du sang divin.

J'ai décrit l'as de cette couleur qui correspond aux cœurs (voir page 111). Le symbolisme dominant est celui des chiffres 3, 4, 5, 6, 7 et 9 qui ramènent au septénaire par leur total 34. D'ailleurs ce nombre est au commencement des sept tours symboliques de la couverture du vase et il est formé de 3 + 1 + 3. La base de la coupe est jaune et exprime le 7 par les 4 + 3 triangles du pied et le ternaire par ses trois faces. Un ornement bleu à cinq lames — le désir — est au-dessus, symbole de la sensibilité. Plus bas, est un ternaire rouge, force créatrice.

Enfin la coupe elle-même est de la même couleur et exprime la puissance créatrice, enfermée dans le vase. Les trois palmettes qui en sortent sont bleues, le désir, et ont 4, 6 et 5 pointes. L'intelligence domine par le symbole du couvercle qui est jaune, mais cette intelligence sert le désir, tout en le guidant ; tel est le sens des toitures rouges dominées par une pointe jaune. Philosophiquement, cet arcane donne à la sensibilité une source spirituelle et intellectuelle. L'intelligence, la pensée sont d'ailleurs l'essence de l'esprit. C'est à l'influence de cet élément supérieur que les mouvements de la sensibilité doivent leur direction et leur fixité. La durée est le caractère d'un sentiment vrai, comme celui d'une pensée vraie : là où elle manque, le sentiment n'a plus ce caractère.

La tradition donne à l'as de coupes le sens de joie, fête, de toutes les impressions heureuses que donne un sentiment à son début, impression d'art ou d'attraction. Ce sens est généralement adopté.

Quand il est renversé, c'est la fin d'un sentiment, l'usure d'une impression, la lassitude, le désir du changement, l'infidélité et l'inconstance.

C'est à ces dernières idées que se rallient les interprètes ordinaires.

Le binaire, le deux de coupes est constitué par deux grandes coupes jaunes ; le pied repose sur une base dont trois côtés sont visibles, deux noirs et un jaune. C'est le ternaire, l'intelligence, la vanité des choses matérielles, il représente l'illusion, c'est un de ses sens, par exemple dans l'arcane XIII et dans les bâtons et les épées.

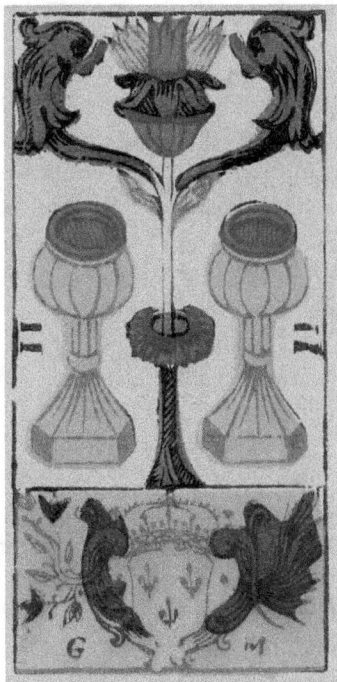

Il y a quelque mélancolie à associer à l'intelligence et à la force créatrice le symbole de l'illusion dès qu'il s'agit du sentiment.

Au-dessus de la base, le pied s'amincit en cône vers la tige : 3 faces et 5 lignes noires, sans compter les arêtes, qui font partie du dessin et accusent sa forme. Puis un cercle, 1, la tige a 3 bandes verticales, la coupe en a 5. L'intérieur de la coupe est rouge, la force génératrice. On y distingue 3 cercles concentriques et 10 bandes rouges parallèles séparées par des lignes noires. Nous avons le 5, le 3 et le 10. Sensibilité, évolution progressive et force expansive contenues dans la puissance génératrice.

Les deux coupes sont séparées par un ornement compliqué. Un pied mince, où l'on dis-

2 DE COUPES

tingue le ternaire ; puis une sorte de corolle rouge à 17 pétales, le centre est bleu. La tige continue, blanche, et à son sommet supporte une cupule rouge à 5 bandes et dont l'intérieur est noir. Il en jaillit une fleur bizarre : 5 sépales bleues, 3 corolles, 2 jaunes à 4 pointes, et un rouge ; au milieu, à 3 pointes (3 + 4 + 4 = 11 = 2 le binaire) ; les sépales ont la signature du quinaire, leur somme donne 16 = 7.

Enfin, un peu au-dessous de la cupule, la tige émet d'abord 2 feuilles jaunes, et 2 rameaux, en forme d'arabesque terminée par une tête de dauphin. Cet ornement est bleu, la bouche de chaque dauphin est rouge.

Du désir, naît la force génératrice ; elle s'épanouit d'abord dans l'octénaire par 7 + 1 (17) puis elle s'élève, pure jusqu'à sa véritable floraison. Ce n'est pas le désir qui est son fruit. L'ornement est stérile : le désir et sa réalisation matérielle sans l'esprit. Au contraire, la force créatrice supportant le désir, au lieu d'en procéder, aboutit à la fleur féconde. Le quinaire lui sert d'enveloppe (le sentiment pur) et il en jaillit le ternaire jaune et rouge, la génération selon l'esprit et selon le mouvement divin du septénaire par 5 + 4 + 4 + 3. Je n'insiste pas sur le caractère occulte du 7.

Dans le monde matériel, le sens philosophique de cette carte est celui du binaire spirituel, seul véritablement fécond ; il indique l'action de l'énergie exprimée par le binaire de la série du 10, 2e unité: c'est le XIe arcane majeur (11 = 1 + 1). Son sens droit rappelle la XVe lame, renversé la XVIe ; les forces de cohésion et de dissolution ; dans l'astral, le désir et la répulsion, dans le monde spirituel, l'amour et la haine.

Son sens dans la série des coupes, se rattache à la sensibilité et au sentiment. C'est l'amour qu'il interprète généralement. Droit, l'arcane signifie sentiment réciproque et sincère. Ce sens est généralement adopté.

Maléficié, c'est-à-dire renversé, le symbole indique un amour malheureux, indigne, trompeur ; au surplus, il faut entendre ce sentiment dans un sens large et ne pas en faire simplement le symbole de l'amour au sens ordinaire du mot.

Au bas de la carte examinée ici, il y a un cartouche jaune qui sert de base au motif central. Il porte les armes des rois de France et les initiales G. M. probablement une marque. Les supports de l'écu ne $ont pas habituels et signifient peut-être quelque chose.

Le trois de coupes porte trois calices en triangle. Le sommet dirigé en haut, marque l'évolution progressive de la force créatrice associée à l'intelligence et l'esprit. Le calice d'en haut n'a que 8 bandes rouges séparées par 7 lignes noires. On y trouve le symbole numérique de la communication entre les plans astraux supérieur et inférieur et le sénaire.

Entre les calices est un ornement en forme d'arabesque. En bas est une fleur renversée, rouge. Les 2 sépales bleus ont 2 pointes chacun : le quaternaire. Les signes numériques de la fleur renversée sont le quinaire par 2 + 1 + 2, désir et force génératrice. L'esprit en est absent, c'est l'involution, ramenant au monde matériel. Au-dessus est un ornement jaune, 3 lobes en bas, d'où sort une lame en fer de lance, à 4 bandes. 2 branches sortent de cet ornement, blanches s'incurvant l'une vers l'autre et formant une sorte de cœur. Plusieurs rameaux, symétriquement placés, poussent sur ces branches. D'abord 2 bleus, incurvés l'un vers l'autre en forme de cœur, terminés par 2 feuilles ; le 2 et le 4. Plus haut, 2 floraisons rouges. Chaque floraison a 2 feuilles à 3 pointes : le 2, le 3 et le 6. Enfin les 2 rameaux se terminent chacun par une feuille bleue et rouge. Il faut s'arrêter sur ces arabesques.

Cette carte où le quinaire domine, a un caractère particulier, C'est la seule où l'on voit figurer, dans les rameaux qui forment les arabesques, entourant les 3 coupes, un curieux détail.

Au centre de la carte, au pied du calice supérieur, 2 rameaux bleus forment un écusson en forme de cœur : dans l'espace qu'ils enclosent pénètre une feuille ovale, allongée, jaune, sortant de 3 bourgeons. Les nombres cachés sont 2, 3, 4, 5, le quinaire étant exprimé par l'ensemble du dessin.

L'écusson est entouré par une sorte de cœur plus grand, dont la partie supérieure embrasse la tige du calice du haut.

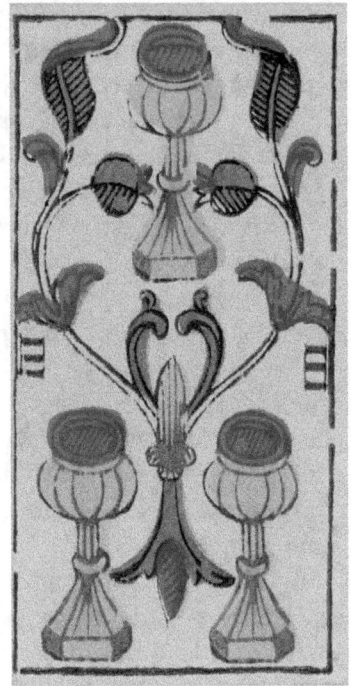

3 DE COUPES

61. Le symbolisme de la grenade et des nombres cachés dans le 3 et le 4 de coupes

Les rameaux formant l'ornement cordiforme se terminent chacun par une grenade bleue avec une efflorescence rouge. Le corps des grenades est bleu, divisé en 2 parties. L'efflorescence a 3 pointes, On trouve les nombres 2, 4, 5, 12 avec retour au quinaire.

Les grenades ne sont dessinées que sur cette carte.

On est tenté de se demander pourquoi la grenade aurait une signification particulière.

On la trouve justement dans un mythe qui se rattache au culte de Déméter, Cybèle, à laquelle se relie l'arcane XII, le Pendu, figure d'Atys. La fille de Déméter, Koré ou Perséphone (Proserpine) fut enlevée par Pluton et conduite aux enfers, royaume du Dieu ravisseur. Déméter la chercha partout et apprit enfin que Pluton l'avait épousée. Sur les instances de la déesse de la terre fertile, que la douleur avait stérilisée. Zeus décida Pluton à restituer sa captive ; mais pour qu'elle pût sortir de l'empire de Pluton, il était nécessaire qu'elle n'eût encore rien mangé. Or son amoureux époux avait pris la précaution de lui faire avaler un grain de grenade. Il fallut l'omnipotence du maître de l'Olympe pour trancher la difficulté. Il décida que Perséphone resterait six mois sous terre et six mois avec sa mère. C'est un mythe relatif aux saisons et à la végétation.

La grenade a donc un sens occulte. Le symbole accessoire que j'analyse a pour clef le ternaire, pour sens spécial l'activité des sens (monde matériel) puis les instincts (monde astral), enfin la pensée (monde spirituel). Le symbolisme du ternaire est le mouvement, l'évolution.

Dans la sphère sensitive, correspondant à l'astral, l'apparition d'un quinaire répété nous indique l'action d'une influence extérieure sur la direction des divers mouvements indiqués par le 3 dans la sphère du 5, c'est-à-dire dans l'astral.

Ce mouvement, ou cette sensibilité particulière, est donc en relation avec les forces astrales et, dans le plan supérieur, avec la pensée elle-même. Ces associations d'idées se combinent avec le sens des grenades, qui ne sont probablement pas dessinées sans motif. Dans le mythe, la grenade empêche Perséphone de revenir définitivement à l'air et à la lumière du jour. Elle exprime donc un danger, qui est l'emprise des forces infernales, non dans le sens. chrétien de diaboliques, mais dans le sens païen, qui n'est pas aussi mauvais. C'est pour cela que les rameaux qui portent les grenades sont faits d'intelligence et de spiritualité. Appuyé sur l'esprit, celui qui entre en contact avec l'astral ne s'expose pas à un danger comparable à celui dont est menacé l'homme qui se laisse entraîner à des désirs et à des actes inspirés par la matière.

Il y a plus d'un sens symbolique dans cette carte ; son analyse mérite quelque détail. Elle servira d'exemple pour la démonstration pratique d'une méthode compliquée. Les clef d'un livre hermétique écrit en symboles ne sont pas d'un maniement facile.

Le sens général dépend de deux systèmes d'énigmes : les nombres et la série. La lame est 3, la série coupes. Elle suggère l'idée de la sensibilité en mouvement, en action, et rappelle le sens général de l'arcane majeur III, l'Impératrice, limité à la sphère sensitive. Nous savons qu'il faut considérer chaque enseignement sous trois aspects matériel, astral ou sensitif, et mental ou spirituel.

La lecture nous apprend, qu'au degré de l'évolution atteint par l'homme, se préparant à la rénovation, le plan spirituel est celui dans lequel il doit se placer pour régler sa conduite et progresser utilement. Sa nature mixte, triple, l'oblige à ne pas négliger les deux autres éléments dont il est composé. Le trois de bâtons s'est occupé spécialement de l'évolution dans la matière, c'est-à-dire dans le plan relativement inférieur, et nous a fait comprendre les avantages de l'association, de la coopération, applications concrètes du principe de solidarité et d'amour[1].

---

1   Ces indications sont données par les nombres du 3 de bâtons. Les arabesques forment 2 rameaux, chacun à 2 feuilles. Ils sortent d'un calice jaune à 3 sépales, un cercle est à la base 3 + 1 = 4.

4 feuilles doubles rouge et bleu 4 X 2 = 8.

Il y a sur chaque feuille 1 et 2 = 3 ; 2 feuilles = 6.

Le nombre des grands dessins est donc de chaque côté 3 + 2 = 5 et le total est 10. On ne s'aperçoit pas du sens droit ou renversé si on n'examine pas les hachures des feuilles. On y aperçoit alors les nombres 5 en haut et 2 en bas. Le binaire est l'arrêt, s'oppose au 3 qui est mouvement. Astrologiquement, ces nombres n'ont pas le même « tempérament ». Il en est autrement du 3 qui prépare d'accès au 4 et à la carte suivante qui porte sa signature.

Le trois de coupes évoque des idées analogues dans le monde sensible, L'idée de coopération n'y est pas exprimée avec la même valeur. Son symbolisme est plus clair, comme je l'ai indiqué, mais il faut y arriver par un sentier plus caché.

Sans aller plus loin dans le détail, le symbole numérique général, combiné avec les couleurs, pureté, désir, action féconde ou force créatrice, indique, dans la partie au-dessus de l'ornement jaune, esprit, intelligence, une floraison féconde.

L'ornement d'en bas, dont le chiffre total est $4 + 1 + 8$ est le désir et la force génératrice régis par le quaternaire, aboutissant au quinaire inférieur — l'unité additive est la force génératrice sans l'esprit — et retournant au symbole matériel du $13 = 4$.

On peut remarquer à ce sujet le symbolisme du 13 dans le Christianisme. La présence d'une unité mauvaise, Judas, ramène le nombre des apôtres au 11, le binaire mauvais, et la mort du Sauveur s'ensuit. Son œuvre d'évangélisation reprend et fructifie quand une nouvelle unité pure reconstitue le 12 et par lui le 3 spirituel (l'apôtre Paul).

D'où le sens philosophique de l'arcane. Dans l'ordre du sentiment, l'évolution progressive dépend de la liaison constante entre le désir et la force créatrice (génération dans la matière) ; de là procède l'évolution féconde.

Sans l'esprit, aucun fruit : des fleurs stériles et trompeuses qui ramènent à la matière. Il est facile de développer le côté moral de cet enseignement.

Le sens traditionnel, adapté au côté pratique de la vie humaine ordinaire, se déduit de ce sens philosophique. Les conséquences d'un sentiment sincère et pur sont favorables à l'évolution vers l'esprit : les autres non.

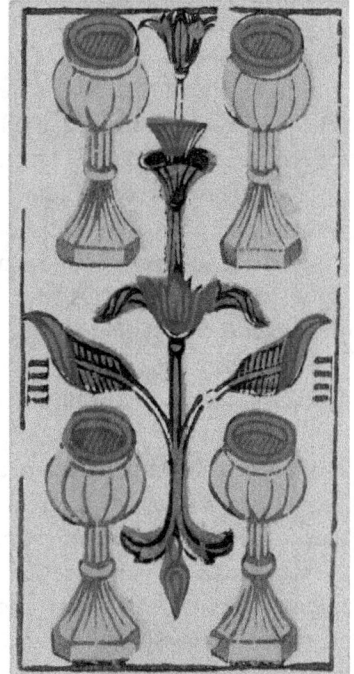

Droite, la carte a le sens de progression heureuse, d'un succès, réussite, issue avantageuse, principalement dans l'ordre du sentiment.

Le sens traditionnel de la carte renversée est : quelque chose qui se termine ou se fait rapidement. Il dérive bien d'une idée secondaire contenue dans les symboles. La fleur inférieure n'a aucun développement comparable à celle d'en haut. Son évolution vers la stérilité est marquée comme rapide, courte.

Le 4 marque la première réalisation dans le quaternaire inférieur : c'est toujours un temps d'arrêt, une stabilisation. Les premiers fruits sont recueillis et mis à l'abri. Mais la carte indique toujours la double orientation.

Les quatre coupes ou calices sont en carré. Le motif du milieu est simple. Une tige bleue, avec des ornements rouges ou bleus, monte vers les calices supérieurs. D'abord 2 feuilles, puis 2

4 DE COUPES

feuilles bleues sortant d'une corolle rouge à 5 pétales, le septénaire. Plus haut, un calice bleu à 5 bandes, un rouge à 9 bandes : 5 + 9 = 14 ou 5. Une dernière partie de la tige, pureté, supporte une fleur bleue à 5 pointes, le quinaire pur. Un bouton blanc s'aperçoit, arrêté par l'encadrement. En bas, le bouton n'a pas fleuri, il reste dans le quaternaire et le quinaire séparés de l'esprit.

L'évolution inférieure régresse, se flétrit ; la fleur mauvaise est moins développée que dans la carte précédente. C'est l'involution par rapport à l'être. En haut, une floraison nouvelle s'annonce. Le symbolisme est clair, l'être qui a subi avec succès les épreuves dans le quaternaire matériel est prêt à recevoir l'influx supérieur que représente le quinaire. L'être qui a mal évolué va le recevoir aussi. Il peut se régénérer et recommencer s'il accepte l'aide de l'esprit, sinon il périra moralement comme nous le dira le 5.

L'idée philosophique du 4 se résume donc dans une sorte de stade, où le mouvement s'équilibre pour se préparer à recevoir une impulsion nouvelle. Droit, il signifie un arrêt favorable, une bonne préparation à la marche ascensionnelle. Maïs cet équilibre, comme tous Îles états actifs ou passifs de l'évolution de la vie et du sentiment, est instable ; le mal est toujours possible. Il se réalise quand la carte est maléficieux, renversée.

Le sens habituel de cette carte doit être pris sous des. réserves. On en fait « lassitude, ennui, mécontentement », Ce sens est mauvais et n'est qu'une conséquence secondaire. Elle doit être indiquée par des combinaisons avec d'autres symboles, Elle a au contraire le sens de bonheur calme dans la vie sentimentale et cette idée générale qui renferme l'indication du danger de la monotonie, ne peut être modifiée que par l'indication de ce danger.

L'idée générale est la stabilité du sentiment, état qui ne se limite pas à l'amour, mais à tout ce qui touche à la sphère sensitive, à la sensibilité.

Renversée, elle signifie l'instabilité des mêmes choses, avec ses conséquences. Les plus naturelles sont l'inquiétude, la lassitude, la prévision et le désir d'un changement, d'où conjecture sur ce qui adviendra.

Certains interprètes lui donnent le sens de nouvelle connaissance, conjecture, signe, pressentiment. Ces trois derniers sens sont des dérivés directs. L'autre est très éloigné, et n'est qu'un résultat indirect de l'instabilité d'un sentiment usé qu'un nouveau remplace ; c'est « une nouvelle connaissance », interprétation adoptée par Etteilla, non dans le sens philosophique, mais dans le sens matériel ; d'autres signes peuvent compléter et préciser ce Symbole. Dans le plan astral, il exprime quelquefois une sensibilité particulière aux impressions psychiques. J'ai indiqué à propos du 3 le symbolisme de la grenade ; c'est une allusion au danger que courent les natures sensibles aux impressions astrales. Le sens traditionnel secondaire de « pressentiment » a peut-être son origine dans cette interprétation. Il s'explique par la carte précédente et la régression de la fleur inférieure accentue la force de l'avertissement. La sensibilité astrale ou psychique ne doit être cultivée et utilisée (le 4, réalisation) que dans un esprit de désintéressement et de détachement des choses matérielles.

62. Les Coupes : le cinq, le six, le sept

Le cinq est toujours difficile à lire. Il indique une intervention étrangère, l'addition d'un facteur nouveau représenté par l'unité. Le symbolisme est intéressant dans le cinq de coupes. La fleur signifiant l'évolution, naît au-dessus du calice central, source du quinaire. Son progrès continu est exprimé par une tige blanche, ayant deux grandes feuilles bleues et rouges. Elles portent sur leur partir bleue, à gauche 7 + 10 hachures, à droite 8 + 9 (deux traits noirs sont effacés). Ces nombres sont 17 = 8 et 17 = 8 soit 8 + 8 = 16 = 7. Nombre de mouvement et de progrès. La tige ne sort pas du calice central, mais derrière lui. Le motif entre les coupes a un sens très clair. Au-dessus du binaire, formé par les 2 feuilles, naît un calice à 3 sépales et 5 pointes bleues ; puis vient un calice rouge assez semblable (leurs nombres sont 3 et 5). Les additions successives donnent 3 + 5 = 8 ; 8 + 8 = 16 = 7, le septénaire. Du calice rouge (force créatrice) naît un fruit bleu, désir ; il engendre une nouvelle fleur qui montre le nombre 5 sous la forme de 2 pétales doubles jaunes surmontés d'une pointe de même couleur.

5 DE COUPES

L'évolution de la sensibilité se fait donc vers l'esprit. Elle a fructifié.

La fleur du bas a subi une curieuse métamorphose : le bouton ou fruit rouge s'est encore atténué mais il a développé 4 pétales, marqués de 4 traits noirs et révélant les nombres 4, 8, 16 et 25 = 7. Ces nombres expliquent la métamorphose. Le cinq de coupes est la seule carte quinaire où l'on voit marqué l'effet du repentir et l'arrêt de la régression. La sensibilité est une qualité qui rend le salut plus facile, le retour au bien plus prompt.

De la fleur inférieure, rouge créatrice, naît une autre corolle bleue, signée du quinaire et du ternaire, 3 pétales, 1 simple, 2 à 2 pointes. Le 2, le 4, le 5 et le 8. De cette fleur du désir naît une floraison rouge, créatrice, 2 pétales en bas, 3 au-dessus ; encore le 5 par 2 + 3 ; là, le binaire enfante le ternaire, duquel jaillit un nouveau binaire, sous la forme de deux rameaux bleus, désir. Ils portent une première branche double, jaune, marquant comme des bourgeons, le retour de l'esprit. Les tiges poursuivant leur croissance, donnent un rameau bleu et une fleur rouge à 4 pétales ; on y lit les nombres 4, 8, 12 et 1, ou 4, 5, 12, 21 = 3. L'évolution de la fleur inférieure a recommencé. Elle porte deux fleurs, promesse de fruits à venir, rouges de la sève créatrice qui la gonfle.

Le sens philosophique est le suivant : dans le plan inférieur, la sensibilité, le cœur, dans le monde astral les rapports sentimentaux avec les forces et les entités astrales, dans le plan spirituel, la force intellectuelle de la sensibilité qui est la bienveillance et la bonté sont les voies les plus sûres pour arriver au progrès, à la rénovation spirituelle. La bonté est une sorte de génie qui attire à lui, appelle à son aide les forces astrales et spirituelles que symbolise le quinaire favorable ; le double ternaire, dont les fleurs nouvelles portent le sceau, prépare l'épreuve à subir et le choix à refaire.

Je n'insisterai pas davantage sur l'analyse de ces symboles accessoires, malgré l'intérêt qu'ils présentent. Ils donnent souvent la clef des sens dérivés. Il appartiendra au lecteur de faire, si bon lui semble, l'examen des moindres détails.

Le symbolisme principal est dans l'ornement dont j'ai commencé l'analyse. Les indications que je viens de donner sur le nombre des bandes et des hachures indiquent le ternaire, le quinaire et l'octénaire, la préparation au salut par l'évolution. Cette évolution a pour principe le désir, l'énergie créatrice la met en mouvement et elle aboutit à l'aspiration, au désir de la vie spirituelle symbolisée par la floraison jaune placée au sommet de la carte. Le quinaire spirituel par 4 + 1.

En bas, l'évolution aboutit au même quinaire mais rouge, la force simplement génératrice, la sensualité. Comparez ce quinaire des fleurs inférieures 25 + 25 = 50 = 5. 5 + 0, rouge, au quinaire supérieur d'or de 4 + 1 auquel s'ajoutent 5 hachures noires formant avec lui le dénaire. Les arabesques inférieures restent dans la matière ; elles sont un signe de l'involution, comme les sépales rouges et bleus (5 par 3 + 2) renversés annoncent le dessèchement de la fleur sensuelle qui a perverti l'unité ajoutée à son quaternaire ; mais le novénaire apparaît aussi par les hachures des pétales rouges (4 X 2 + 1 dans le bouton). Et cela fait encore un ternaire. Ainsi le novénaire permet le repentir et le retour au droit chemin.

L'étude réfléchie de ces jeux numériques éclaire le symbole. L'évolution vers l'esprit purifie le sentiment, élève l'âme prête à recevoir le secours de la force supérieure que représente l'unité. Mais cette force doit trouver un terrain favorable ; sinon, elle est employée à de mauvais usages. La délicate sensibilité de l'âme, dans les mondes supérieurs devient la sensualité grossière et se dégrade dans l'involution. Cependant, dans cette couleur encore, l'apparition de l'intelligence dans les rameaux aux fleurs stériles, indique la possibilité de l'amendement et d'un recommencement meilleur.

On lui donne traditionnellement le sens de mariage, union. Le sens est assez logiquement déduit pour les besoins de l'art divinatoire, qui sont plus près de la terre que de la philosophie hermétique. C'est, en effet, l'apparition de l'unité nouvelle se joignant à la stabilité du 4 et se fixant.

On lui donne aussi le sens d'héritage, conséquence sociale et légale de la filiation résultant de l'union du père et de la mère. C'est un sens secondaire ; mais il faut d'autres signes pour qu'il soit précisé.

Renversée, le sens logique est désunion. C'est la réalisation des inquiétudes du 4 renversé. On lui donne habituellement le sens d'événement imprévu. La rupture de projets de mariage est bien dans la vie ordinaire, un événement imprévu ; c'est un sens dérivé. La carte est en tout cas mauvaise et doit être prise, d'une manière générale, comme l'indication d'un événement fâcheux dans l'ordre du sentiment. Cet événement est dû à une intervention étrangère, à la survenance d'une personne ou d'une influence nouvelle. Cela peut être une cause de surprise, comme de projets qui ne se réalisent pas.

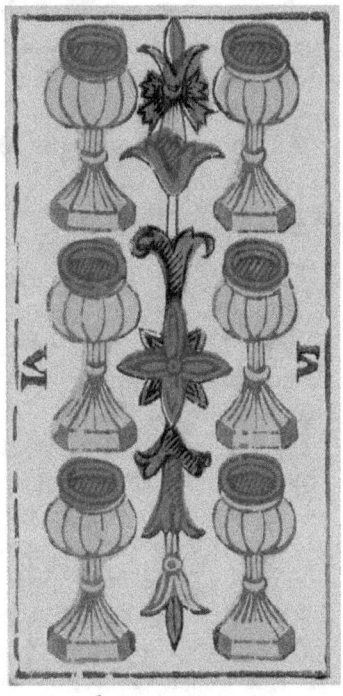

Le 6 est en principe un état harmonique. Il est réceptif comme-tous les nombres pairs. Les six coupes sont placées deux à deux. L'ornement linéaire qui les sépare à pour centre une étoile rouge, à 4 rayons, derrière elle 4 pointes bleues forment l'octénaire. Ces 8 pétales sont doubles, un petit ovale dans le grand ; cela donne 16 ou 7. Mais le point central arrive, et donne 7 + 1 = 8. Le retour des chiffres 7, 8 est assez significatif, quand on y voit encore le 9 par les 4 pétales rouges, les 4 bleus et le bouton. C'est la marche en avant, avec la présence du désir et de la force créatrice. En même temps, l'idée de sénaire révèle l'existence perpétuelle de l'épreuve, du choix à faire, du constant exercice de la volonté éclairée.

L'évolution supérieure commence par une fleur bleue, le désir, la volonté de se perfectionner elle à 10 hachures ; la synthèse unitaire supérieure. La tige blanche exige la pureté de l'intention. Elle supporte la fleur rouge à 2 pétales doubles et au bouton central à 5 spirales. L'épreuve qu'annonce le 5. L'esprit triomphe, partie jaune, et il en sort la

6 DE COUPES

récompense : le nœud de ruban bleu a 3 X 4 pointes ; le ternaire par 12. Du nœud sort le ternairé, 2 pétales bleus et l'activité féconde promise par le bouton rouge de la fleur en formation.

L'évolution inférieure est symbolisée par une fleur bleue à 2 doubles pétales, le quaternaire et le désir, la matière et son aspiration ; chaque pétale a 3 hachures ; le désir, et l'épreuve qui le suit, Il en sort une fleur rouge ; celle-ci a 9 hachures ; la fleur supérieure n'a pas ces lignes. C'est la maturation. L'âme qui s'est jusqu'ici trompée de route a reçu et fait fructifier le germe spirituel contenu dans l'arabesque inférieure du 5 de coupes. Aussi il en jaillit une tige jaune à 2 bandes, puis un cercle avec son point, symbole du cycle à recommencer. La fleur a 2 pétales jaunes à 2 bandes. Le quaternaire matériel s'est spiritualisé, il en naît, non la force créatrice rouge habituelle, mais un bouton bleu, le désir de revenir à l'esprit.

Le sens de cette carte est donc la réalisation du progrès annoncé par le 5. Le nœud de ruban, et son signe numérique 12 (avec le centre du nœud 13, progression, et matière animée par le désir spirituel), produit une fleur dont le rouge annonce qu'elle engendrera quelque chose, et ses couleurs indiquent que l'esprit guide son progrès. Mais l'épreuve est à subir.

Le motif inférieur est le symbole du repentir et de l'amendement. Le choix mauvais doit être abandonné et l'âme doit se remettre au travail. Les 10 pétales des 3 fleurs rappellent le cycle à recommencer, enseignement de l'arcane X.

On dira peut-être que ces indications, tirées des nombres dissimulés dans les ornements, sont une pure imagination. Cette idée perdra sa vraisemblance si l'on étudie avec soin et sans parti pris tous les détails. Comparez la fleur supérieure et sa symétrique inférieure : le jaune, en bas, indique le retour de l'esprit en arrière, vers l'élément inférieur, et il y fait fleurir, non la force créatrice, jusque-là mal employée, mais le désir né de l'esprit.

En haut, un ruban, signe de récompense. En bas, un cercle, l'idée de roue avec son point central (arcane X). Les pétales bleus en haut n'ont pas de ligne médiane. Le binaire est pur. Divisés en bas, ils nous ramènent au binaire et au quaternaire, à la matière.

Ces détails précisent l'idée logique qui imprègne le symbolisme du Tarot. Les arcanes mineurs sont le développement, dans les quatre éléments, des quatre grandes directions de la vie humaine avec ses besoins, son ambiance, ses sentiments et ses passions. Le système d'interprétation que je propose n'est assurément qu'un essai très imparfait, mais la méthode suivie jusqu'ici nous donne une suite d'idées logiques, cohérentes, qui s'enchaînent et se coordonnent. Il est difficile de n'y pas découvrir une intention et d'attribuer, au hasard du dessin et de la couleur, tant de symboles concordants.

En résumé, le 6 de coupes rappelle les grands arcanes V, VI, et VII. Il annonce le succès ou l'échec, mais promet aussi l'espoir à celui qui a succombé, s'il écoute la voix de l'esprit, s'il s'éclaire des lumières qui sont à la portée de chacun de nous.

Le sens traditionnel donné à cette carte est : droite le passé, renversée, l'avenir. On peut hésiter, car c'est un sens dérivé ; mais la convention s'adapte au symbole dans les-deux sens. Le passé, c'est le Karma acquis et portant ses fruits ; sens droit. L'avenir c'est l'obligation de recommencer la vie au point ou le mauvais choix a été fait. Cette idée implique bien que ce qui est acquis par l'un, doit l'être dans l'avenir par l'autre.

Cela n'a d'intérêt que pour la pratique divinatoire ; dans cet art, le symbole a moins d'importance ; l'interprétation est la chose principale ; l'interprète, à la rigueur, suffit seul. Toutefois, il est bon d'avoir des notions exactes sur le sens philosophique des arcanes, car ils fournissent des points de repère utiles, qui peuvent orienter l'intuition.

L'involution s'arrête au 7, du moins pour les choses de la matière et de la sensualité grossière. La voie que suit l'individu, dont l'essence est dans la partie spirituelle de son être, est à moitié parcourue. La coupe de ses mérites est à demi pleine, et les hachures désormais ne couvrent que la moitié inférieure du rouge qui remplit les calices. Les hachures qui délimitaient des bandes rouges au nombre de 11 dans le 2, de 10 dans le 3, de 9 dans le 4, et le 5, de 8 dans le 6, sont 7 dans le 7 et vont rester dans le septénaire jusqu'au X, non compris la dernière coupe supérieure.

La concordance de ce détail avec la progression de la série et le symbolisme correspondant ne peut être l'effet du hasard. Remarquez que 11 est le 2 par 1 + 1 ;

10 est le terme de l'évolution dans chaque stade, et le 3 est le signe de cette évolution ; le 4 et le 5 préparent à l'épreuve du 6, et 9 est leur total. Enfin 7 est le nombre du triomphe (arcane VII). N'est-ce pas clair ? Et si l'on pousse plus loin l'analyse, — en comptant les hachures là où elles sont nettes, — on trouve encore d'autres analogies numériques.

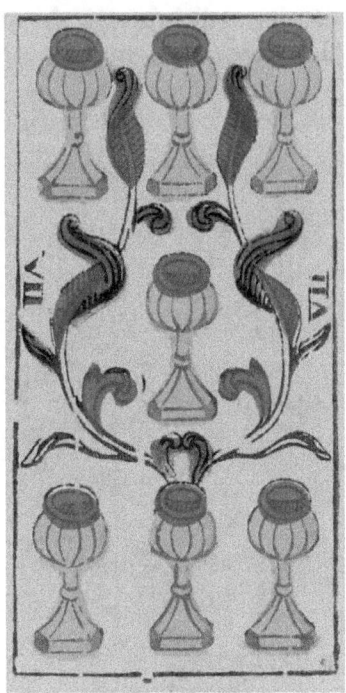

J'ai dit plus haut quel était le sens divinatoire habituel et combien il était éloigné du sens philosophique. Les sens « le passé » et « l'avenir » sont cependant utiles à conserver, mais en considérant que l'avenir est la coupe encore pleine, le passé celle qui a été vidée, la tête en bas.

Le sens du 7 est : une première étape a été parcourue ; les sentiments sont purs, comme le signifie la tige désormais blanche des rameaux formant l'arabesque du motif. Ce n'est donc pas la sensualité grossière qui y est exprimée, mais la force créatrice, le désir d'action, c'est-à-dire le désir se réalisant, qui persiste et s'élève. Des dangers, autres que celui des sens de la sphère inférieure, peuvent résulter de ces désirs. En

7 DE COUPES

constatant une première victoire, la conquête de la première étape, le 7 contient un enseignement : veillez toujours sur vos sentiments, ne les laissez pas s'égarer ; l'esprit ne doit pas s'endormir.

Traditionnellement, cette carte a le sens de la pensée, dans l'ordre du sentiment. Comme nous l'avons vu, son symbolisme signifie le triomphe dans les épreuves du deuxième degré en quelque sorte : droite, c'est une pensée affectueuse, tendre. Elle survient dans un état actif et comporte l'idée de mouvement en avant, idée qui s'associe à celle de désir et de notion de ce que sera le désir réalisé. C'est le rappel des arcanes I et III.

Philosophiquement, c'est la marche vers le progrès spirituel, dans la voie du sentiment. C'est donc implicitement la pensée aspirant à l'évolution, formant en elle-même le plan de son avancement. La présence du novénaire indique la maturation, c'est-à-dire le temps marqué par l'arcane majeur II. Il y a l'idée de l'arrêt provisoire à la moitié de l'évolution. Son nombre total est 14 où 7 X 2.

Le sens ordinaire est « pensée sympathique, projets ». IL est assez juste.

Renversée, la carte n'est pas véritablement mauvaise. Elle n'a plus le sens involutif des précédentes, mais elle marque l'hésitation, le doute, l'esprit ne se fait pas une conception nette de ce qu'il désire. Ce sens général est habituellement traduit par décision, projet.

Le sens véritable est doute, inquiétude, méprise. Ce dernier, quoique dérivé, est juste. S'il n'y a pas l'idée de doute et d'incertitude, celle de méprise aurait d'autres éléments et d'autres caractères. Le sens de méprise, erreur, dans. l'ordre de la sensibilité est le plus acceptable.

63. Les Coupes : le huit, le neuf, le dix

8 DE COUPES

Le 8 est une lame difficile. Nous savons que l'octénaire est un nombre pair, réceptif et germinateur. Il y a plusieurs huit, et le sens de chaque octénaire dépend de ses éléments.

Les 8 calices sont disposés par 3 + 2 + 3. Au milieu de la carte est une étoile bleue, à 15 pointes rappelant le sénaire (1 + 5) et le septénaire avec le cercle.

De l'étoile partent deux rameaux à tige blanche ; il y en a 4 de chaque côté, l'octénaire ; 4 fleurs quinaires bleues. et rouges. Les rameaux sont pareils et ne diffèrent que par les hachures des 4 grandes feuilles. Celles du haut en ont 10 et 7 : 10 + 7 = 17 = 8 ; à gauche ; 5 + 8 = 13 = 4 à droite, octénaire et quaternaire ; et 8 + 4 = 12 = 3 le ternaire.

En bas, elles ont à gauche 10 + 7 = 8 et à droite 10 + 10 = 20, le binaire. Le symbole total annonce le 10.

Cette lame exprime une idée d'équilibre et de préparation au mouvement qui se déclenchera après le 9. C'est le symbolisme du VIII des arcanes majeurs. Le sens particulier aux coupes, celui de la sphère sensitive, s'applique et se combine avec le sens de l'arcane majeur.

Le sens traditionnel est secondaire. Il signifie amitié, attachement, tendresse. C'est une idée accessoire. Le sens philosophique est celui de l'équilibre dans le sentiment et de stabilité : stabilité différente de celle du 4 en ce sens qu'elle est sur un plan plus élevé, le 8 étant l'entrée dans l'astral supérieur ou mental ; l'équilibre du 8 n'est pas celui du 4 que l'influx de l'unité, apportant la sensibilité, trouble profondément. Le 5 est la liaison entre la matière et l'astral ; il change l'être de plan. Le 8 ne comporte pas en tel changement ; il demeure dans le plan astral et n'élève l'être que d'un moindre degré.

Cependant, la conséquence est celle qu'indique le sens traditionnel : l'équilibre du sentiment comporte l'idée d'attachement, de tendresse, d'amitié. C'est l'aspect concret et particulier de l'idée philosophique.

Elle se matérialise encore plus dans le sens « une jeune fille blonde ». C'est affaire de clientèle, et c'est le sens borné que lui donne le professionnel. Renversée, elle a un sens opposé. L'équilibre n'est plus assuré dans la sphère du sentiment et le résultat est le doute et le soupçon.

On lui donne souvent le sens de joie, fête.

Le 9 a trois étages de trois coupes chacun. Il comporte deux rameaux différents formant ornement. Le rameau supérieur naît de la coupe du milieu. Un bourgeon bleu est son origine. Le dessin est trop empâté pour que l'on puisse l'interpréter avec quelque sécurité. Il est prudent de s'en tenir aux symboles les plus apparents.

Le rameau supérieur a 6 feuilles, sans fleurs. Le rameau inférieur 4, dont 2 se terminent par des fleurs dirigées vers le bas.

Le novénaire, à la tierce supérieure du sénaire, rappelle par le symbole du 6, que l'épreuve subie n'est pas encore définitive et qu'avant de pénétrer dans la sphère supérieure, l'être doit attendre une maturation plus complète. L'arcane IX recommande la prudence, le silence, c'est-à-dire une inaction relative.

Le rameau inférieur indique une erreur, une faute de l'être arrivé au 9e degré. Il agit trop tôt, et son action, symbolisée par les 2 fleurs infé-

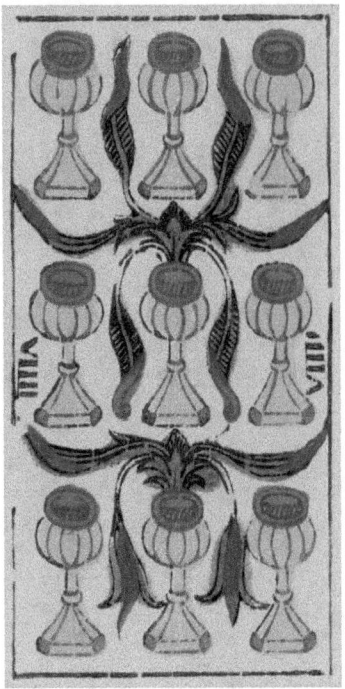

9 DE COUPES

rieures, liées au quaternaire matériel, exprime une involution c'est-à-dire une régression. Il n'y a pas condamnation, mais les fleurs sont stériles et l'effort prématuré est sans résultat. Il y a retard dans l'évolution.

On retrouve une idée qui semble constante dans la philosophie du Tarot ; le succès n'est jamais assuré sans la sagesse et la direction de l'esprit. La floraison inférieure est pure, — tige blanche — mais l'être s'est cru prêt alors qu'il ne l'était pas.

Il y a encore là une analogie avec le sens du 9 de bâtons.

L'idée philosophique se traduit dans l'interprétation professionnelle par « succès, victoire ». Ce n'est pas le sens exact ; mais il est approché. C'est la victoire probable, c'est un fruit qui mûrit dans de bonnes conditions. Mais s'il est assuré (sens de la carte droite) il n'est pas encore acquis. Il convient de tenir compte de cette nuance qui indique la probabilité du succès, non sa certitude. Il faut noter encore que le symbole s'applique à tout ce qui touche la sensibilité et le sentiment, et non à l'amour seul auquel on le rattache trop exclusivement. Ces réserves faites, le sens traditionnel est exact, quoique exagéré.

Renversée, elle signifie traditionnellement erreurs, fautes. C'est exact. On ne comprend pas pourquoi Etteilla y voit le symbole de la sincérité. C'est un sens à rejeter, si l'on veut rester dans le cadre du système symbolique du Tarot.

10 DE COUPES

Le 10 annonce au contraire la réalisation des promesses du 9. Aucun ornement ne figure entre les coupes. Il est ordonné comme le 9, mais au-dessus des 9 coupes de type habituel, est couchée la 10e qui a des traits spéciaux. Elle a d'abord, 7 cotes ou bandes dans la coupe proprement dite. Il ne faut pas dire que c'est la dimension plus grande qui exige ce nombre ; les coupes du 2 qui sont, à très peu de chose près, de même grandeur, n'en ont que 5, comme toutes les autres. L'intelligence ou l'esprit, qui règne dans toute cette série, passe donc du quinaire au septénaire, avec les analogies qui en résultent.

Un autre détail est à noter. Les hachures du rouge qui remplit la coupe ont disparu. Elles sont remplacées par un fond noir sur lequel se détache une fleur à 4 pétales. Les deux pétales horizontaux sont divisés. Cela fait le sénaire, et le septénaire avec le bouton central.

Sur la tige de la coupe, au-dessus du pied, l'anneau des calices ordinaires devient une boule aplatie, à 5 bandes. Le pied a 4 faces au lieu de 3, quoique la base reste ternaire.

Ces symboles donnent les nombres 7 + 7 + 5 = 19 = 10 = 1 ; ils deviennent avec les 4 bandes, les 4 traits noirs et les 3 faces qui font 11, 19 + 11 ou 30, le 3e dénaire. L'évolution matérielle atteint la 32 unité et l'être arrive au sentiment spirituel. Il entre dans la série des personnages figurant le quaternaire supérieur.

En résumé, le 6 indique le choix, l'épreuve. Le 7 révèle que l'épreuve subie avec succès, n'est qu'un pas en avant, et que l'avantage ne peut être conservé que par un effort persistant ; le 8 marque la préparation de l'être pour ce nouvel effort qui n'aura pas le caractère d'une épreuve provoquée par le milieu extérieur, mais celui d'une accommodation intérieure ; le 9 nous apprend que cette préparation doit être une maturation.

Moralement, l'homme après avoir triomphé des tentations extérieures, doit discipliner ses sentiments et ses pensées ; leur équilibre ne suffit pas. Pour être complets, es sentiments et les pensées doivent s'orienter vers les choses spirituelles, harmoniser l'âme individuelle avec l'âme créatrice ; c'est la maturation, la préparation du terrain pour la moisson mystique. C'est un des sens du mythe biblique de la colombe de l'arche après le déluge.

Le sens traditionnel du 10 est dérivé, mais d'une manière assez éloignée, de ce sens philosophique. Il s'en rapproche par les significations, honneur, considération, mais est très secondaire dans ceux de maison ou ville dans lesquelles on habite.

Renversée, la carte a le sens de « déconsidération », avec ses conséquences, honte, luttes. Ce dernier sens est dérivé. On en fait quelquefois : « combat, lutte, opposition, différend, dispute ». Ces sens sont secondaires et représentent une des conséquences du sens philosophique.

64. Les Coupes : valet, cavalier, dame, et roi

Le premier personnage, le valet, est un adolescent : tunique rouge, manches bleues, chausses bleues, souliers rouges. Il tient dans la main gauche le couvercle d'une coupe d'or — jaune. Elle est pleine d'un liquide rouge sur lequel y a 11 bandes, séparées par autant de hachures. C'est son nombre, 11 ou le binaire. Mais c'est un binaire fécond, supporté par l'esprit. Le manteau du valet est jaune, les cheveux blancs indiquent la pureté.

VALET DE COUPE

Il a découvert le vase. Il y a 4 lignes noires en cercle sur le couvercle, 4 ; 15 hachures dans l'intérieur du couvercle, 19 ; l'unité spirituelle de l'activité. Elle ne protège plus (couvercle ôté) les 11 lignes rouges de la coupe.

En résumé, le sens est que le nouvel individu, encore dans l'enfance spirituelle, est exposé à suivre les impulsions de sa force créatrice, de son activité. Cette force obéit au désir, manches bleues. C'est un des dangers du sentiment que la curiosité, même inspirée par le désir spirituel. Il faut toujours se rappeler l'arcane IX. L'être est bon, spirituellement élevé. La prudence cependant lui est recommandée. Il voit l'intérieur du vase, contemple le mystérieux binaire de la fécondité par 1 + 1, germe du signe de la Croix génératrice, principe du Svastika, emblème de la vie et de la fécondité.

Le sens philosophique est : soyez pleins de prudence dès que vous commencez à découvrir les vérités spirituelles dans l'ordre sensible. La vie la plus élevée du sentiment doit être guidée par l'esprit et l'esprit ne se révèle pas à tous. Ne le montrez pas à ceux qui ne doivent pas le contempler. La connaissance des forces astrales contenues dans la coupe est un des secrets que l'arcane IX recommande de garder.

I ne faut pas, quand on commence à connaître les premiers secrets de la science de la nature astrale (coupes) se hâter de les divulguer. Combien d'hommes, à peine nés à la vie de l'esprit, cèdent à la tentation de parler de ce qu'ils croient savoir ! A mesure qu'ils poursuivent leurs patientes recherches, ils se déferont d'eux-mêmes et apprendront à connaître leur ignorance avant de découvrir leur science.

Le sens traditionnel néglige, comme dans les cas les plus fréquents, l'enseignement moral et s'arrête au côté matériel et concret du symbole. Le conseil est écarté et il ne reste que la qualité du personnage. Il signifie probité, droiture, bons sentiments, bonne éducation, et il personnifie un jeune homme blond. Ces sens ne doivent être acceptés que si l'on tient compte de l'avertissement donné par le symbolisme philosophique.

Renversée, le sens est mauvais, et les sentiments sont trompeurs. On le traduit par flatteur, flatterie, tromperie. Cela dans le sens général de la série, c'est-à-dire le sentiment.

CAVALIER DE COUPE

Le cavalier est plus élevé dans son évolution. Ce n'est plus l'adolescent impulsif. C'est le jeune homme qui commence à réfléchir. Le personnage est sur un cheval, couleur chair, matière, dont les sabots et la crinière sont bleus, désir. Le cheval, les harnais, la selle sont jaunes. Ses bras, son manteau sont jaunes aussi. Il a de longues épaulières bleues ; ses jambes sont bleues, ses souliers rouges. Son activité est guidée par le désir et l'intelligence. La coupe est d'une forme spéciale. Elle n'a pas de couvercle, et son contenu rouge a 10 hachures. Le 3, le 4 et le 7 sont les nombres dominants, exprimant progrès stable par 4 + 3 = 7.

Philosophiquement, c'est le symbole du jeune homme, agissant sous l'inspiration de l'esprit, Il travaille encore dans l'ordre matériel, mais l'esprit le guide, il est maître de sa monture, mais il porte encore à découvert le vase qui contient la force créatrice. Il doit prendre garde à ne pas le renverser.

Les dangers qu'il court ne sont pas ceux de l'enfance et de l'adolescence impulsive. C'est la matière qu'il a domptée dont il doit redouter les écarts. Le péril des sens est toujours devant lui.

On s'aperçoit, en lisant le Tarot, de la persistance de cet avertissement, dont le sens précis varie avec la couleur et le nombre de la carte. Dans la série des coupes, c'est le péril sentimental, l'amour, les impulsions charnelles que doit redouter celui qui tend à se rénover. Ce danger ne saurait être exagéré ; il est connu de tout le monde, mais bien peu l'évitent.

Notez que dans le stade de l'évolution morale et mystique, symbolisé par le cavalier, ce n'est pas en général la sensualité grossière qu'il faut craindre, mais celle qui se cache sous le masque d'un sentiment généreux.

Le sens traditionnel s'éloigne de cette idée morale. Le cheval exprime la rapidité, aussi bien que le péril de la chute. L'interprétation usuelle en fait le symbole de ce qui doit bientôt arriver.

Même dans l'interprétation divinatoire, il faut, pour tester dans le véritable symbolisme, avoir toujours égard au sens philosophique.

Renversée, cette carte est considérée habituellement comme signifiant fourberie ; elle fait double emploi avec le valet. En réalité, le sens général diffère dans les deux cas. La déception dans le valet se fait par des flatteries, des artifices ; chez le cavalier elle marque plus de brutalité et se traduit par des actes plutôt que par des paroles. Elle est plus réfléchie, moins impulsive.

La dame a les symboles de la matière, du désir, de la force créatrice et de l'intelligence qui la couronne, avec le quinaire et le 11 exprimés dans la couronne d'or. La main gauche tient un sceptre blanc, la droite une coupe couverte, jaune d'or, avec, au milieu de la tige du pied, une boule rouge. Les symboles du calice sont 1, 3, 5, 6 et 9 caché ; il est apparent dans la ceinture si l'on examine les 9 points noirs qui y sont marqués.

C'est la maturation. Le sentiment assagi, cache sa force créatrice dans le calice, et ne le révèle que par la boule rouge qui le décore extérieurement.

Couronnée par l'esprit, avec les signes du 5 et du 11, cachant le 7 (5 + 11), la reine représente la réalisation des impulsions du valet, des actes du cavalier. Le sentiment n'agit plus avec la même force extérieure, l'esprit, l'a discipliné, épuré, renfermé. Il n'a pas diminué son action féconde, devenue plus pure. C'est la germination, la gestation préparant au quinaire spirituel qui va venir. Sa demeure est finie, prête à le recevoir, réalisée. C'est ce qu'indique le nombre

REINE DE COUPE

13 de l'arcane mineur examiné, qui cache l'idée de préparation complète.

Philosophiquement, ce symbole de maturation et de préparation à l'enfantement résume les résultats de la vie antérieure, enfance, adolescence, et jeunesse. Il implique l'idée que le sentiment dans l'ordre matériel doit aboutir au fruit, à l'enfant. Dans l'ordre astral, c'est la préparation définitive à la fécondation par le quinaire spirituel, qui sera comme le signe de l'entrée définitive dans la Maison du Père, symbole de la vraie vie de l'esprit.

Le sens traditionnel est plus concret. C'est d'abord bonté, générosité, qualités sentimentales de la vie de l'esprit. Ce sens est directement dérivé de l'idée philosophique ; on Île concrète interprétativement dans le sens de « dame généreuse et bonne ».

Maléficié, renversée, la reine de coupes est une mauvaise carte ; elle exprime le contraire de la bonté et de la générosité. Elle interprète égoïstement la leçon de l'esprit. On en fait : femme méchante, succès mêlés d'ennuis. Ce dernier sens est douteux. Il faut lire dans le symbole l'hostilité d'une individualité intervenant dans la sphère sentimentale sans bienveillance, cherchant à désunir plutôt qu'à unir.

ROI DE COUPE

Le roi représente le sommet de l'échelle. Il est assis sur un trône chair et jaune. Il a un chapeau rouge et bleu. Ce chapeau est surmonté d'une couronne un peu plus ornée que celle de la reine.

Le roi est un vieillard à barbe blanche. L'esprit le dirige et l'entoure. Dans son corps est le désir et la volonté, associés à la force créatrice : celle-ci est dans ses bras et ses jambes. Il pense et agit. Il n'a pas de sceptre. Il tient dans sa main droite, pure et blanche, une coupe sans couvercle, contenant du rouge marqué du 7. Divisé en deux parties, le calice est signé du 9 en haut, du 6 en bas. Le pied, au-dessous de la coupe, est d'abord une spirale octénaire (le salut, 8 jaune) un renflement (le 3), un pied où l'on voit un quaternaire, puis une base — 3 pans, Le 9 y est caché.

C'est un symbole d'activité créatrice dans l'ordre des sentiments les plus élevés. Le vieillard est un sage, qui, couronné, n'a pas de sceptre. Il est symbolisé par les chiffres actifs 3 et 7, agissant sur la matière et la mûrissant par le 8 et le 9. C'est une sorte d'apôtre.

En lui, le sentiment cesse d'être individualisé, pour s'étendre à tous les êtres. Il ne cache pas la vérité, mais la découvre. Voyez sa coupe : elle n'est pas plus ouverte à la surface qu'au fond, comme le cône renversé du valet, ou le cylindre du cavalier. Elle n'est pas fermée comme celle de la reine qui mûrit les fruits de son expérience matérielle, intellectuelle et spirituelle. La coupe du roi est ouverte, mais la surface qui paraît est plus restreinte que celle qui se cache au milieu de la sphère d'or. Il montre la vérité, mais prudemment.

Son chiffre est 5 : bonté, science, justice, attente de l'influx divin, dans toute la pureté du sentiment, de l'action et de l'intelligence. Le blanc s'inscrit à la base du calice.

C'est l'aboutissant de la vie spirituelle dirigée par l'esprit. Ce n'est pas une personne qu'aime ce personnage, c'est l'humanité tout entière qu'il veut éclairer, instruire, élever jusqu'à lui.

Philosophiquement, le vieillard que symbolise le roi de coupes est un sage, un roi couronné par la sagesse, mais non par l'autorité matérielle du sceptre. Son royaume n'est pas de la matière, ni du monde inférieur. C'est l'initié par le cœur et le sentiment. Son emblème est le Beau et le Bien.

La tradition en fait un symbole de la puissance et de l'appui. C'est juste : le sens de haut fonctionnaire est dérivé ; celui d'homme en place est vulgaire et peut signifier un modeste employé, suivant l'espèce. C'est le signe de la bonté, de la bienveillance, de l'appui généreux.

Renversé, le sens est opposé. L'homme reste influent, mais n'a pas les sentiments de celui de la carte droite. Il n'est ni bon, ni bienveillant, ni généreux. C'est un personnage louche, mal disposé. Il constitue un danger. Ce n'est pas l'amour dans son sens sexuel qui entraîne sa chute, c'est l'amour du pouvoir, l'ambition, l'orgueil qui, malgré sa haute culture, l'arrêtent au moment où il touchait au port.

65. Les Deniers : l'as, le deux, le trois, le quatre

Les deniers ou sicles symbolisent le deuxième élément, l'air. Ils représentent aussi le monde astral supérieur, le mental, le plan intellectuel.

Le principe de la couleur, l'As, à un dessin compliqué (voir page 110). Le denier est entouré de deux cercles concentriques, formés chacun de deux lignes 4. Il y a 48 angles : 16 simples, 16 doubles = 48 par 32 + 16 c'est-à-dire 12 = 3, soit 4 + 3 : le septénaire.

Au centre, une fleur. Le bouton central a 12 points = 3 ; 4 pétales doubles = 8 ; 3 lignes dans chacun = 12 = 3 ; 4 pointes entre les pétales = 4; 3 + 8 + 3 + 4 = 18 = 9 ; 9 + 7 = 16 = 7. Ces nombres sont donc ceux de l'évolution 3 et 7 et l'octénaire spirituel.

Le tout est jaune, l'intelligence.

Un détail est à noter dans les deniers : leur figure, un cercle, est coloré en jaune, intelligence, et noir, illusion. L'association des deux couleurs en apparence opposées ne signifie pas que l'intelligence soit une vaine illusion ; elle indique l'œuvre que l'intelligence doit accomplir : connaître la nature, en percevoir l'essence, découvrir et: connaître l'irréalité absolue des apparences seules accessibles à nos sens.

Au premier abord, les deux ornements qui sortent en haut et en bas de l'As sont pareils : vie, intelligence, désir, force créatrice, et floraison. Examinez les fleurs de près et vous verrez qu'en haut les pétales jaunes ont 3 lignes noires ; ceux d'en bas 2. Le signe de l'évolution est en haut ; celui du binaire en bas. C'est un binaire intellectuel, qui n'est pas mauvais, au contraire ; mais il est réceptif plus qu'actif ; cela veut dire qu'il est, comme la planète Mercure des astrologues, apte à subir les influences bonnes ou mauvaises et à s'en imprégner. Ce symbole indique donc le danger de laisser l'intelligence subir des influences qui peuvent être mauvaises, la passivité est un danger.

La fleur portant le ternaire est un symbole d'énergie active. De là l'orientation différente de l'évolution dans le plan intellectuel.

Le sens traditionnel de l'As de deniers est toujours bon. Symbole d'une évolution avancée, il signifie le succès, la réussite, la prospérité. Ces sens matériels sont secondaires, car le sens philosophique est le commencement de la voie intellectuelle d'évolution dans la vie. Celle-ci débute à ce point élevé à cause des mérites antérieurs, acquis dans d'autres incarnations. C'est donc un succès que d'arriver aussi haut. On peut accepter, dans la pratique, les sens d'élévation, triomphe, prospérité.

Renversé, le sens est diminué. On peut y voir une menace due au manque d'énergie de l'individu.

Il faut reconnaître toutefois que les deniers représentent la richesse, l'or, l'argent, la noblesse. Mais il faut tenir compte du sens général de la série qui signifie secondairement la famille et le patrimoine familial. Ces biens — auxquels se réfèrent les deniers — c'est à ce nom qu'ils doivent sans doute leur sens ordinaire — ne sont pas les mêmes que ceux auxquels s'applique la série des bâtons.

2 DE DENIERS

Le 2 a une physionomie particulière. Il comporte deux deniers que réunit un ruban bleu où se trouvent la date 1760 et le nom du cartographe Nicolas Conver. Il semble que l'ornement soit original, car du ruban, dont la partie retournée est rouge, sortaient 2 rameaux portant chacun une feuille jaune et rouge, une branche avec une feuille bleue et une fleur jaune avec un bouton rouge. Les 2 deniers ont une différence significative : il y a en bas 11 ondulations dans le cercle extérieur = 2 ; 10 dans celui du denier supérieur = 1. Nous retrouvons l'actif en haut, le passif en bas.

Ces nombres sont confirmés par l'étude des ondulations du ruban, dont le nombre aboutit au ternaire par 2 et 1.

L'examen des nombres cachés dans les volutes des rameaux sortant du ruban donne un résultat analogue ; la volute supérieure cache le nombre 3, celle de gauche inférieure cache, dans ses hachures, le nombre 4.

Activité féconde dans le sens droit, passivité, stagnation dans le sens renversé.

Cette opposition entre le 2 et le 1 dans le 2 de deniers retentit sur son sens philosophique. On y trouve un rappel de l'élément de faiblesse existant dans la sphère inférieure, d'états en apparence égaux. En bas, il y a le signal d'un danger nettement précisé : le manque d'énergie agissante.

A mesure que l'on s'élève dans la hiérarchie des symboles, la chute est plus tardive et moins grave, quoique plus douloureuse. Les progrès acquis semblent être définitifs jusqu'à l'épreuve décisive dans chaque couleur (4 pour les bâtons, 6 pour les coupes, 9 pour les deniers, 10 pour les épées). La chute ou l'échec surviennent à des stades plus avancés. Mais la cause est signalée dès le début de l'évolution de chaque couleur.

Le sens philosophique du 2 de deniers paraît être celui-ci : l'évolution intellectuelle à deux voies ouvertes devant elle : la science spirituelle (haut), celle de la matière (bas). Elles sont également nécessaires, mais ne doivent pas être séparées et la connaissance véritable de la Nature est dans leur union. L'une et l'autre sont fécondes.

Le lien extérieur aux symboles essentiels, les deniers, clef 10 en haut, clef 11 en bas (1 et 2) signifie que l'intelligence tend à les séparer, mais que les fruits véritables ne sont produits qu'en joignant les deux sciences.

Leur union est recommandée par un symbole caché. Les deux rameaux extérieurs, l'extrémité de leurs feuilles, rouge, les volutes rouges du ruban dessinent un Carré. Le ruban d'une part (il porte un ornement où figurent le 12 et le 15, 3 et 6), forme une diagonale, les deux fleurs en jalonnent une seconde, indiquant la croix de Saint-André. Le sens de la croix est connu. Il y a donc un principe que l'examen révèle, la fécondité, engendrée par la croix réunissant les deux extrémités des rameaux florifères et le milieu du corps des rubans.

La leçon que nous devons apprendre est de connaître la nature sous toutes ses faces, comme l'enseigne Paracelse. Tel est le devoir de l'intelligence. Cette recherche de la vérité doit être active. *Nous ne devons pas attendre qu'elle se révèle d'elle-même à nous.* Le danger de cette passivité est le monitoire que donne le 2. Ce binaire est toujours une somme d'oppositions, un obstacle à surmonter, C'est pourquoi il a besoin de l'unité et ne produit rien s'il ne la trouve pas.

C'est un des principes les plus significatifs de la doctrine hermétique. Chacun doit s'instruire lui-même, non seulement en écoutant les leçons des maîtres, mais en observant lui-même les opérations de la nature. L'adepte ne forme pas ses disciples en leur transmettant ce qu'il sait ; il les invite au travail, des dirige dans leurs recherches personnelles et corrige leurs erreurs. La source de la science de la nature est l'expérience personnelle, dans la mesure où la variété des connaissances humaines rend cette expérience possible pour chacun de nous.

Cette idée domine le sens traditionnel qui, selon la coutume, le traduit grossièrement. On en fait : obstacles, ennuis. Ce dernier sens est secondaire.

Il faut avoir présente à l'esprit l'idée secondaire en mystique, mais dominante dans la vie réelle, que les deniers représentent la famille, le patrimoine, le rang social, noblesse, hautes fonctions, dignités, honneurs, etc… C'est dans ces sphères que joue l'obstacle ou l'opposition et c'est toujours proportionnellement à l'état ou au rang social de l'individu que ces arcanes doivent être mesurés. Ces distinctions n'existent pas dans le monde spirituel où l'homme vaut par lui-même et par ce qu'il est moralement, non par l'or qu'il a dans ses coffres ou les honneurs qui lui sont conférés.

Quand la carte est renversée, la partie inférieure domine et le passif régit l'actif.

Dans le cas des deniers, l'embarras est défini par le côté passif et réceptif. Il est déterminé, non par l'action de l'individu, mais par une action extérieure qu'il subit. C'est de cette idée de réception que doit dériver le sens traditionnel de message, écrit, lettre. Il est généralement adopté et quoique secondaire, entre bien dans le cadre logique du symbole. Il ne faut pas oublier pour cela son sens philosophique ; il précise le sens de l'arcane.

3 DE DENIERS

Le 3 dérive des signes que j'ai signalés dans la partie centrale de l'arcane précédent. L'union du 10 et du 11, des deux deniers, a produit un fruit, l'unité nouvelle qui marque un progrès. 3 deniers y sont figurés en triangle. Celui d'en haut a 12 angles arrondis autour de son centre ; ceux d'en bas 15. Ces nombres ne peuvent être l'effet du hasard. Le sicle supérieur est régi par le ternaire, ceux d'en bas par le sénaire, principe actif en haut, réceptif en bas. Notez que 12 + 15 + 15 donne 42, le sénaire encore, avec son idée d'épreuve, de choix. Le progrès ne se fait pas sans cela. Étudiez les symboles et vous remarquerez que les deux d'en bas donnent 30 soit 3 ; celui d'en haut 3.

Un ornement, deux rameaux symétriques embrassent le denier d'en haut, le séparent de ceux d'en bas. Leur tige blanche exprime la pureté.

L'étude des détails de ces rameaux révèle un riche symbolisme numérique ; par exemple voici l'analyse du rameau inférieur.

Les rameaux du bas sont semblables entre eux : 1 feuille bleue, 2 calices rouges à 2 sépales, un à 2 pointes (4). Une sorte de feuille bleue a 3 pointes, dont une enroulée ; enfin 2 fleurs à calices avec 2 sépales bleus à 2 pointes (4) et un petit fruit en bouton triangulaire, comme abortif. A gauche, ce bouton a peut-être une ligne : à droite 5 ; deux angles, l'un dans l'autre, et une ligne dans l'angle inclus. Les nombres des boutons avec les sépales sont donc à gauche 1 + 2 + 2 ou 5 ; à droite 4 + 5 ou le novénaire, Dans l'un, à gauche, la sensibilité pure, dans l'autre à droite la sensibilité tempérée dans le novénaire et mûrie. Remarquez que ce dernier est un rameau de droite qui se termine dans le haut de la carte par un fruit dont le symbole est 10 (1) ; l'autre finit par un fruit dont le nombre est 11 (2). Le rapport entre ces détails et ceux-des deniers, 1 en haut, 2 en bas est-il accidentel ? De tels accidents sont la règle dans le Tarot.

Le sens philosophique est clair. Un progrès est réalisé, mais ce progrès est encore dans les plans inférieurs et la sensibilité, dans toutes ses formes, est encore à craindre, surtout au stade du ternaire, le nombre de la Vénus syrienne. Le fruit où le quinaire est seul ne peut mûrir sous la seule direction du binaire. Il lui faut la maturation du 9 pour donner le vrai fruit qui sera la nouvelle unité attendue pour le progrès. Ajoutez les uns aux autres les nombres cachés dans les rameaux inférieurs, symboles des racines matérielles ou astrales, chacune suivant leur plan spécial, vous avez : au côté gauche stérile 5 + 3 + 4 + 3 soit 13 ou 4. On ne sort pas de la stabilité matérielle. A droite, vous avez 9 + 3 + 4 + 1 = 17, l'octénaire, c'est-à-dire le 4 supérieur 2^3 prêt à la maturation novénaire. L'autre donnera le quinaire, sans l'intelligence assurant le salut ; le premier préparera un progrès ultérieur par 7 + 1 + 1, la maturation.

Traduisez ces symboles : ils signifient qu'il ne faut pas se hâter, se croire trop tôt prêt à franchir un degré nouveau dans l'évolution, Le désir, la volonté d'agir et de créer ne doivent pas éveiller la sensibilité avant qu'on ne soit préparé à la gouverner dans le sens de l'esprit. L'attente de l'heure est une des formes de l'épreuve. N'ayons pas une confiance prématurée en notre sagesse, quelque pures que soient nos intentions. Patience, laissons le fruit mûrir pour le récolter.

La Tarot donne, à chaque instant, ces conseils de prudence que l'on retrouve à peu près sous la même forme dans le développement progressif des mystiques. La nécessité d'un directeur éclairé y est rigoureusement prescrite. Pas de progrès véritable si l'on n'est pas prêt, pas de récolte si le fruit n'est pas mûr.

Le sens traditionnel s'inspire de ces idées. Le 3 est signe de progrès ; dans le plan matériel, c'est l'enfant, dans les plans supérieurs c'est : honneur, noblesse, avancement.

Renversé, c'est une diminution du patrimoine, du rang, de la situation sociale. Philosophiquement, c'est l'échec du progrès, principalement dû à deux causes : le quinaire des sens ou une âme non encore mûre pour le progrès. Le sens traditionnel traduit assez bien, dans les sphères plus matérielles, l'idée philosophique ; celui d'enfant doit être attribué à l'arcane quand il est droit. Renversé, le seul sens logique est « diminution ».

Il ne faut pas oublier, en déchiffrant le symbole, qu'il appartient à la série des deniers, dont le principe est l'intelligence et ses produits, son action, c'est-à-dire dignités, noblesse, richesse, patrimoine, famille. C'est ainsi qu'il faut dire cette carte : le sens de perte matérielle est dérivé et s'associe toujours à une idée d'honneur compromis, d'intérêt de famille en péril, de déconsidération ou simplement de disgrâce, de perte de fonction ou d'emploi.

Le 4 a un ornement central, l'écu de France jaune, 3 fleurs de lys noires (vanité des choses du monde matériel). Les nombres sont 3 X 4, les 4 éléments de la fleur de lys = 12 = 3.

De cet écusson ternaire naissent 2 rameaux : un en haut, l'autre en bas. Chaque rameau porte : en haut 2 feuilles, au-dessus desquelles est une fleur rouge et bleue, les pétales sont au nombre de 5. Le rameau supérieur est ascendant. Les 2 inférieurs forment des branches descendantes, chacune a 1 fleur à 2 sépales bifurqués et un bouton central.

Ainsi les rameaux à feuilles donnent l'idée de progrès ou d'approche vers l'unité. Les fleurs

4 DE DENIERS

donnent : l'ascendante un quinaire, sensibilité ; les fleurs descendantes donnent 5, 4 par les sépales, 1 par le bouton ; et le bouton annonce la maturation. L'ensemble signifie donc, progrès (3) élévation vers l'1, et préparation suffisante, maturité.

J'ajouterai que le fuseau rouge, d'où procède le rameau supérieur, a le nombre 6, épreuve. L'efflorescence en provient.

Il en est autrement de l'efflorescence d'en bas. Elle naît d'une fleur à 4 pétales et un bouton central. Le quinaire rouge, la force créatrice. La tige blanche reste pure. Il en sort 2 fleurs, en apparence semblables à celles du rameau ascendant, mais il y a des différences cachées. Une ligne noire s'ajoute au milieu de la base des sépales et donne pour eux le chiffre 5, et 6 avec le bouton. Celui-ci a 10 lignes et est rouge. A droite, c'est 9 lignes.

Le symbolisme est curieux. Le rameau supérieur procède de l'épreuve, qui est son origine. L'inférieur provient du quinaire générateur, la sensibilité, les sens. Le symbole de l'épreuve suit. Un des boutons (à droite) indique la maturité, l'autre ramène au binaire. L'œuvre n'est pas complète, car les deux boutons inférieurs ne donnent pas le nombre du progrès.

Le rameau central, malgré la pureté de l'intention, donne une floraison inférieure qui va vers le bas. Le rôle du 4 n'est pas terminé, l'épreuve est mal subie, l'esprit n'est pas encore mûr. La cause de l'échec est dans les sens, et la mauvaise direction de la force créatrice.

Le Tarot met constamment l'étudiant en garde contre ce péril, que symbolise le quinaire. Il aide à comprendre les idées que St Martin exprime à son sujet.

En résumé, le symbole philosophique est celui-ci : au quatrième degré, vous devez vous préparer à l'épreuve, non à la subir immédiatement. Cette épreuve c'est l'accès au quinaire, c'est-à-dire à l'action des sens, qui troubleront votre intelligence et retarderont le moment où elle sera mûre pour le progrès. Ne vous illusionnez pas sur la pureté de vos intentions, défiez-vous de vous-même ; vous serez dans le cas contraire entraîné sur une pente glissante.

Le 4 de deniers est dominé par l'idée du ternaire, dont il provient. En langage astrologique, on dirait que le ternaire, élément de progrès, symbole de l'activité sous toutes ses formes, dispose du quaternaire et agit sur la stabilité avec sa redoutable puissance. Les 4 symboles intellectuels des deniers sont sous la double influence du 3 et du 5. Leurs cannelures sont en nombre de 12 (3) et leur fleuron. astral est un symbole du 5. Entraînés par le désir et la force créatrice, ils ne la dirigent pas, et c'est en lui-même que l'individu, dans cette crise d'où il doit sortir pour progresser (passage du 4 au 5), doit puiser ses propres lumières. Le 4 demeure cependant une carte d'équilibre et la symétrie des arabesques, dont les différences sont cachées dans de petits détails, rappelle ce sens général, mais cet état d'équilibre demeure toujours exposé à la poussée intérieure.

Le sens traditionnel ne s'élève pas aussi haut. Il demeure dans la sphère ordinaire de la vie. Il est cependant, dans une certaine mesure, assez significatif, Il traduit le 4 de deniers par *lieu clos*. L'idée de clôture emprunte sa signification à l'isolement spirituel dont je viens de dire un mot. De là dérivent château, propriété familiale, monastère. Les sens de plaisir, gaîté, joie, satisfaction font double emploi avec d'autres arcanes, et sont en dehors du cadre symbolique logique.

Renversé, le 4 de deniers signifie habituellement : préoccupations, anxiétés relatives au patrimoine, à la famille, à la fonction, au rang social, etc. Le Tarot en indique l'origine : désirs, ambitions, contrariétés, influence trop grande du côté matériel ou sensuel de la vie.

66. Les Deniers : le cinq, le six, le sept

Le 5 est le symbole de l'adjonction de l'unité nouvelle favorable si le 4 est mûr, nuisible s'il ne l'est pas. C'est la graine qui tombe dans un bon ou dans un mauvais terrain.

Les 5 disques sont 2 en haut, 2 en bas, un au milieu. Les deniers ont 12 cannelures à gauche, 11 seulement à droite. Total par rangées : 23, 12, 23, 5 + 3 + 5 = 4. Le total des cannelures est 58 ou 4. Les 5 deniers ont un bouton central qui est signé du 12 + 1 ou 13 = 4 ; le 4 ajouté au nombre des fleurons ; il signe les deniers du nombre total suivant :

11 + 13 = 6 12 + 13 = 7

12 + 13 = 7

11 + 13 = 6 12 + 13 = 7

soit 4 + 7 + 4 = 6

le choix, l'épreuve imminente.

J'ai déjà indiqué le symbolisme du 5, symbole de la vie, et de la sensibilité apportée à la matière par l'esprit en évolution (5 + 3 + 5).

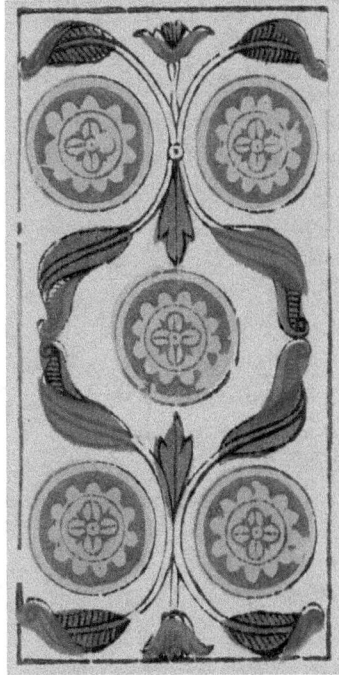

Dans les deniers, le signe de l'intelligence proprement dite, propriété essentielle de l'esprit, n'apparaît dans les arabesques que pour le 2, le 3, le 9 et le 10. Dans toutes les autres cartes, il est en dehors, mais, entouré par son symbole qui est inclus dans le signe de la couleur, il n'y est pas relié. Dans le 9, il participe à la floraison supérieure ; il fait partie seulement de la tige dans l'inférieure. Dans le 10, deux des deniers, ceux du centre, sont reliés aux arabesques. Il est difficile de ne pas y voir une autre preuve de la recherche d'un symbole ; il semble que les arabesques dont les couleurs sont, du 4 au 8 inclus, uniquement marquées en pureté, désir et force créatrice, soient laissées en dehors de l'intervention directe de l'intelligence supérieure (l'Un) qui n'apparaît que dans les deniers, dont le nombre augmente d'une unité par carte. Le sens paraît être intelligible, et je l'ai indiqué. La crise

5 DE DENIERS

véritable de l'intelligence se produit au niveau de la maturation et se termine au 9. L'être qui évolue jusqu'au 9 est sorti avec succès de la période d'épreuve. Le sens de cette épreuve est marqué comme je l'ai dit plus haut. La seule pureté de l'intention ne suffit pas, il faut de plus que le désir et la force génératrice, c'est-à-dire la volonté et l'action, se spiritualisent, et c'est laissé à l'effort libre de l'intéressé.

Le ternaire, sans avoir la direction du 5, autant qu'il l'a sur le 4, apparaît à chaque instant dans l'arabesque symbolique et dans les deniers eux-mêmes. Dans le 5, deux d'entre eux, ceux de droite, ont le nombre 11, le binaire signe de la passivité. Dans les feuilles, on lit en haut et à gauche 8 + 10 = 18 = 9. A droite, c'est 6 et 9 = 15 = 6: signes de l'épreuve et de la maturité. Leur total 33 ramène au 3 X 11.

Les deux feuilles inférieures ont les nombres à gauche 12, à droite 6 ; encore le sénaire, le ternaire et le novénaire. La floraison terminale est pour la fleur 7 + 9 = 16 = 7. Le 7 supérieur, et mûri.

Le rameau du bas porte aux feuilles supérieures 6 + 8 = 14 = 5 le quinaire ; aux feuilles inférieures le nombre est difficile à trouver à cause de l'empâtement, il est à droite 9 x 8 = 17 = 8. La fleur terminale n'a que le nombre 7.

En comptant les signes, on a : deniers 5, feuilles 4, fleurs 1, cercle 1 soit 11, le binaire.

Le sens philosophique est la continuation des idées exprimées dans l'arcane précédent. L'évolution supérieure combine les degrés supérieurs 6, 7, 8, 9, 10. Les nombres en évidence sont : en haut, 3, 5, 6, 7 et 9 ; en bas, 3, 5, 7 et le symbolisme indique le manque de préparation. L'unité nouvelle ne germera pas. C'est un exemple allégorique de la nécessité de la préparation lente et mûrie à la progression véritable.

J'ai analysé en détail les chiffres cachés dans les symboles du 5 de deniers, à titre d'exemple : il m'a paru utile de montrer jusqu'à quel point le souci de suggérer des idées par des signes, avait été poussé par l'auteur inconnu a Tarot. Je me suis efforcé d'être clair dans un exposé de subtilités obscures, car le symbolisme des nombres à une telle richesse que l'erreur est facile. Celui qui aura la curiosité d'analyser en détail les dessins emblématiques devra se régler sur le sens général de chaque symbole et le combiner avec les autres ; son jugement sera guidé par la suite logique du développement des idées générales que précisent, dans leurs détails, les idées accessoires qui les restreignent.

Ainsi, dans le 5 de deniers, il ne faut pas perdre de vue le rôle dé nombre dont la carte porte la signature, et ses harmonies. Si vous examinez les nombres des deniers, vous constatez que les idées exprimées par les 5 deniers varient suivant le nombre des rangées. L'unité nouvelle a les chiffres 12 dans les cannelures, 13 dans la fleur, le 7 progressif par 3 + 4. Les deux deniers à droite du lecteur ont la même signature. A gauche, au contraire, les nombres sont 11 + 13 = 24 ; le signe de l'épreuve, associé à celui du succès.

Lisez-les de gauche à droite, vous trouvez les trois nombres 24 + 25 en haut, et en bas soit 49 ; matière plus maturité par 4 + 9 = 13 ramenant à la matière. Entre les deux deniers du haut et ceux du bas le 7 par 2 + 5 (25). La victoire sur la matière.

Analysées seules, les composantes sont : rangée du haut $11 = 2$, $13 = 4$: le binaire et le quaternaire aboutissant au 6. L'épreuve (6) a pour obstacle la résistance, l'inertie de la matière (2 et 4). La victoire sera assurée par l'unité nouvelle dont le symbole est $12 + 13$ c'est-à-dire 25, 5^2 ou $5 + 2$; et elle réalisera le progrès dans le sens des deniers de droite qui lui sont harmoniques.

L'homme, dont l'intelligence est assez développée pour être symbolisée par le 5 de deniers, doit donc s'inspirer du sens des deniers de droite, dont le total est $25 + 25$ par $12 + 13$, l'évolution du ternaire gouvernant le quaternaire matériel ($3 + 4$). Vous observerez que l'idée de maturité est exprimée dans le total des séries horizontales $4 + 9$, matière et maturation.

A droite, les deux nombre 25 donnent le quinaire, comme leur racine additionnée ($7 + 7$) le produit aussi. C'est le nombre même de la carte et il représente l'harmonie des symboles et le quinaire bienfaisant (50). Les nombres de gauche sont $24 + 24 = 48$, c'est le ternaire, et il paraît favorable, mais étudiez sa composition ; vous verrez deux sénaires ($24 = 6$) $2 + 4$, dont j'ai indiqué le sens inerte ; le ternaire a donc une composition mauvaise. Il en est dé même du total des nombres : il développe leur racine $48 = 4 + 8$. Deux binaires 2^2 et 2^3, Aucune unité libre n'y apparaît et les deux nombres d'équilibre extérieur n'ont aucune puissance active pour agir l'un sur l'autre.

Traduits en langage ordinaire, tous ces symboles combinés se résument ainsi. Pour sortir de la matière stabilisée dans une certaine mesure par le 4, il faut un secours divin ; ce n'est pas la grâce, telle que St Augustin et Jansénius la conçoivent ; c'est le secours céleste donné à ceux qui l'ont demandé et mérité. Il faut qu'ils cherchent pour trouver et qu'ils sollicitent le secours des intelligences supérieures à la leur pour être aidés dans leur recherche. Ce secours ne manque jamais à ceux qui sont sincères, purs de toute pensée égoïste et intéressée, prodigues d'énergie et de travail. Le sens traditionnel matérialise les idées dont j'ai essayé de traduire les symboles. J'ai marqué le danger que le 5 présente dans les deniers, la sensibilité, piège tendu à l'intelligence. L'intervention de l'unité nouvelle se traduit dans ce sens matériel par l'union ; cela peut être le mariage, surtout le mariage de convenance, mais alors le sens est plus général et aussi plus matériel. En réalité, c'est un sentiment qui réunit les idées des bâtons et des coupes à un degré plus élevé. C'est tendresse, amour, dévouement ; c'est le maître ou la maîtresse de l'esprit, du cœur et du corps.

On remarque combien l'interprétation de la couleur exprime exactement la dégradation du sentiment intellectuel et pur dont s'occupent principalement les deniers, au point de vue philosophique. Les interprètes voient le sens matériel et transforment l'attachement en possession physique, ce qui n'est pas toujours vrai. Le sentiment, symbolisé par le 5 de deniers, peut demeurer et généralement demeure platonique et pur. Son vice est de troubler la claire vision intellectuelle du devoir véritable. La règle n'interdit pas l'union physique, tout ce que nous savons de la nature proteste contre une pareille interprétation ; aussi le 5 de deniers est au-dessus du 5 de coupes par la largeur de son enseignement. Le choix doit s'inspirer de l'esprit.

L'esprit, s'il ne défend pas l'union physique proscrit son avilissement au simple degré du plaisir. Il commande une union dans laquelle le désir sera fécond dans les trois plans.

Matériellement, il doit aboutir à sa réalisation, c'est-à-dire à l'enfant. Si, en dehors de raisons graves, intéressant la santé ou la vie de la mère, du père ou de leur progéniture, l'union demeure libre, elle doit être féconde. Le désir sans la force génératrice est une des fautes qui empêchent la maturation spirituelle. Le choix est libre, mais il doit être fait en tenant compte de toutes ses conséquences et des devoirs qu'elles entraînent. La paternité et la maternité sont des obligations primordiales. Le vrai lien de famille n'est pas dans les convenances sociales (la matière) ; il est dans l'acte et dans ses fruits naturels. L'erreur est de ne considérer que l'acte et que le désir, alors que ses conséquences, au point de vue des enfants (vitalité, santé) importent davantage.

C'est un grave enseignement, qui, au point de vue du symbolisme occulte, a une grande portée sociale (le ternaire).

Sur le plan astral, le désir doit se rapprocher du monde des formes pures. D'où les préoccupations de beauté dans toutes les catégories de la vie : physique, intellectuelle et morale. L'enfant ne doit pas sortir seulement d'un beau corps physique, il faut qu'il ait déjà une forme astrale aussi belle que possible, c'est-à-dire que sa sensibilité, son intelligence (sa mentalité) soient harmoniques, dans le plan supérieur, aux formes les meilleures dans le plan matériel.

Enfin, dans le plan supérieur, les devoirs deviennent plus nombreux et le choix doit veiller, non seulement à la matière et à la forme, mais à l'essence même de l'être futur, l'adaptation de ses formes matérielles et astrale, à l'idée spirituelle du Beau et du Bien.

Ainsi, sens, sentiments, désirs, génération doivent être dirigés vers l'esprit.

Tout cela doit être présent à la mémoire quand on interprète, même dans les plans inférieurs le grand mystère du 5 de deniers. Cet aspect spirituel échappe aux interprètes les meilleurs.

La carte renversée est maléficié. Le côté sensible et matériel indiqué par les rameaux inférieurs a pris le dessus, Les sens y agissent plus fortement et le niveau spirituel s'abaisse. Le jugement est faussé, l'intelligence ne l'éclaire pas. L'amour, l'union ne satisfont pas aux conditions que j'exprimais plus haut.

Le sens traditionnel peut se résumer dans la traduction suivante : Amour dégradant, impudeur, légèreté, prodigalité, Ce sens est pessimiste, mais exagère une signification vraie. L'impudeur est un peu loin de l'idée philosophique: et doit être écartée.

Le 6 de deniers porte au centre une fleur dont les. 4 pétales rouges divisés par une ligne noire (4 X 2) forment une croix. Au centre un point noir dans un cercle ; les nombres sont 4, 8, 9 ; avec les deux appendices noirs de la tige inférieure cela fait 11, le binaire ; 4 tiges en partent dans les 4 directions à angle droit. Elles sortent de 4 bouquets de feuilles bleues dont les éléments sont légèrement différents. Les nombres de ces boutons sont en haut le 7, à gauche le 5, en bas le 5 à droite le 7 (par 3 + 2 et 5 + 2).

A gauche et en bas, il y a un signe de retour à la carte inférieure (le 5). En haut et à droite, l'annonce du 7. Les deux latérales sont à peu près pareilles, sauf qu'à droite, à la base de la fleur rouge terminale, il y a un cercle et un point 3. La fleur a une corolle à 2 pétales bifurqués, 4 + 2 lignes noires faisant saillie 4 + 2 = 6 ; à gauche, pas de cercle, le calice monopétale a 3 dents, 2 appendices noirs, le quinaire. Une sorte de calice compliqué entoure a tige de la fleur. I est bleu[2].

6 DE DENIERS

Dans le 7 de deniers, en haut et en bas, 2 rameaux s'échappent des floraisons bleues ; celles-ci ne sont pas pareilles ; en haut, 2 étages de feuilles, le binaire sort du quinaire ; ces feuilles sont de la couleur du désir qui devient la volonté dans le plan des deniers. Ce septénaire (5 + 2) est bien différent du sept que l'on retrouve en bas ; la fleur est quinaire, 3 feuilles, celle du milieu a 3 pointes ; 5, le quinaire, est caché et ne se découvre qu'avec beaucoup d'attention. Au-dessous de la floraison bleue quinaire, s'échappent, vers le bas, 2 rameaux ; ils portent à leur naissance 2 bourgeons noirs, tout près du calice bleu avec lequel ils forment un septénaire ; celui-ci est bien par 5 et 2 mais le binaire noir est faux ; c'est l'illusion de la matière, alors qu'en haut il est harmonique, fait partie de la floraison bleue.

Ces détails paraissent avoir été choisis, car ils expriment clairement les deux issues de l'épreuve ou du choix qui détermine la rupture de l'équilibre du 6 par l'accès de la septième unité. La floraison inférieure descend dans le triangle involutif dessiné par les 3 deniers ; et cette marche régressive a pour cause l'erreur symbolisée par les deux bourgeons noirs. Le choix fait, comporte l'illusion à sa source, et cette illusion est souvent associée à la pureté de l'intention symbolisée par la blancheur des tiges.

Le sens philosophique est clair et le calcul des nombres le précise. A l'épreuve de la sensibilité, succède un autre genre d'épreuve. Il est malaisé d'en saisir la nature. Les nombres font supposer que le danger signalé est l'inactivité, le manque d'énergie. Le bien ne doit pas se limiter à la pensée, il doit se manifester dans les actes.

---

2   L'étude du 6 de deniers peut servir d'exemple pour démontrer le caractère des moindres détails ; en apparence, on ne trouve aucune différence dans les détails de l'ornement, mais remarquez les 3 fleurs rouges horizontales : celle, à droite de l'observateur, est séparée de la fleur bleue par un petit cercle qui n'existe pas à gauche. La tige inférieure blanche a, près de la fleur bleue, 2 épines noires qui n'existent pas sur la tige supérieure.

Ces détails, qui précisent le sens occulte de chaque élément, ne peuvent être dûs au hasard ; on en trouve de trop nombreux exemples. Le symbolisme caché doit être cherché dans l'examen de ces particularités qui n'apparaissent pas dans une étude superficielle.

Cette action extérieure est un élément nécessaire de la préparation au progrès qui ne doit pas se borner à la vie intérieure, mais doit penser et agir.

Le sens traditionnel est d'après ces idées philosophiques : harmonie et essais de réalisation de la puissance de l'intelligence dans sa sphère, désir de progrès.

Le sens de gratification est très secondaire, exprimant, d'une manière concrète et matérielle, la nécessité de l'action bienfaisante plus haut signalée. Mais les interprètes la transportent de celui qui opère la bonne action à celui qui la reçoit, et matérialisent l'acte dont ils font un simple cadeau.

Renversée, la carte signifie des désirs, de l'ambition, une activité généreuse peut-être, mais peu sage. Leur réalisation ne satisfait pas.

7 DE DENIERS

Le 7 a en haut 3 deniers par 2 + 1 triangle renversé, quatre en bas. Sa lecture m'a paru difficile et je ne donne que sous réserve l'interprétation qui suit :

Les deniers ont le chiffre 11, sauf celui qui forme le coin droit en haut du carré inférieur. Il a le nombre 12. On a donc en haut 11 X 3 ; en bas 45. Les clefs sont donc 6 et 9. En haut, le symbole de l'épreuve, en bas la maturation.

Au premier examen, on serait tenté de lire la carte en plaçant, pour le sens droit, le carré en haut et le triangle en bas. Mais en étudiant les signes plus cachés, on est amené à penser que la maturation en bas est une fausse maturité. Il y manque quelque chose, la fleur éclose trop tôt porte un fruit mauvais. Elle fleurit dans le plan inférieur, les symboles du quaternaire matériel y abondent. Le calice renversé, rouge, force créatrice, une corolle rouge, surmontée de quatre ovules et d'un demi-ovule d'où sortent 3 pétales. Aucun fruit n'est figuré et le symbolisme numérique est le 8 par 4 + 1 + 3. Ce n'est pas le nombre de la vraie maturité et ce 8 rouge indique bien que la maturité des deniers du quaternaire. inférieur est insuffisante, comme le fait pressentir leur nombre 11 + 11 + 11 + 12, c'est-à-dire 2 + 2 + 2 + 3.

Le désir et là force créatrice s'équilibrent en haut, intelligence y est marquée par 33 = 6. Du calice bleu ascendant, continuant le rouge descendant, s'élève une tige blanche. Le calice porte le bleu, le désir pur se dégage de la matière. La tige se bifurque en 3 rameaux ; à gauche et à droite chacun d'eux porte une feuille (le binaire spirituel) supportant à droite une feuille et le nombre 15 (8 + 7) ou 6, à gauche 6 + 7 où 13 = 4.

Toujours l'épreuve dans la matière, mais le total est 10, l'unité supérieure promise.

Plus haut, au-dessous du denier central, est un calice bleu et rouge, à 5 sépales, le quinaire. Deux rameaux symétriques en jaillissent, entourant le denier isolé. Ils portent chacun 3 feuilles et forment le sénaire. On retrouve Les nombres 5, 6, 7, 8 rappelant les progrès antérieurs.

Examinez les nombres des deniers. Ils sont ainsi disposés :

$$\begin{array}{ll} \dfrac{11+3}{6} & \dfrac{11+13}{6} = 48 \\ & \dfrac{11+13}{6} = 24 \end{array} \left.\vphantom{\begin{array}{l}1\\2\end{array}}\right\} \; 72 = 9$$

$$\begin{array}{ll} \dfrac{11+13}{6} & \dfrac{12+13}{7} = 49 \\ \dfrac{11+13}{6} & \dfrac{11+13}{6} = 48 \end{array} \left.\vphantom{\begin{array}{l}1\\2\end{array}}\right\} \; 97 = 16 = 7$$

Total   .... $\overline{169} = 16 = 7$

C'est le nombre de la carte et celui de la maturation et du progrès.

Le 7 est d'abord la confirmation de la leçon du 6. Le rameau inférieur dit : « Vous commettez une erreur de jugement en vous croyant trop tôt préparé. Votre progrès se meut dans un sens ou ses efforts seront stériles. Attendez patiemment d'être prêt. »

Le succès du rameau est une illusion, la fleur qu'il porte ne fructifiera pas bien. Aussi le rameau supérieur a 6 feuilles, l'épreuve, l'inférieur 2, le binaire du désir et de la force génératrice. Ce rameau n'est pas en vrai contact avec l'intelligence, tandis que celui d'en haut embrasse l'unité nouvelle et attend de lui qu'elle enfante un octénaire juste où la 9e unité trouvera les éléments d'une saine maturité. Le double ternaire y indique l'action inspirée par la pureté de l'intention, l'énergie préparée aux choses qui pourraient la tromper.

Le sens traditionnel du puissant septénaire est : avantage, gain. C'est plutôt la préparation au progrès, symbole spirituel du gain. Il est admissible que le sens matériel adopté par les interprètes soit : gain. Mais le profit peut être autre que de l'argent.

Renversée, la carte signifie l'acte stérile parce qu'il est prématurément exécuté. L'erreur de jugement se révèle, d'où l'idée traditionnelle de méprise, doute, crainte. Ce sens paraît le plus conforme au symbolisme du Tarot. Les interprètes ne sont pas d'accord.

67. Les Deniers : le huit, le neuf, le dix

Le 8 a deux carrés superposés : les nombres en sont, à gauche, en partant d'en haut : 13, 11, 11, 12 ; à droite, 12, 11, 11, 12. Les quatre supérieurs donnent le binaire spirituel, les 4 inférieurs l'unité. Leur total est le ternaire évolutif. Du centre de la carte occupé par une étoile à 8 branches, 4 rouges et 4 bleues, partent 4 rameaux : les deux latéraux sont semblables : calice à 2 sépales bleus, 3 pétales rouges, sans fruit. Les deux rameaux verticaux sont également pareils, mais les fleurs ont une légère différence. Chacune d'elles porte un fruit. Celui. d'en bas a la signature du 8,

8 DE DENIERS

celui d'en haut, celle du 9[3]. C'est donc en haut qu'est le symbole de l'évolution progressive par la maturité annoncée. Le fruit d'en bas est décidément mauvais, il réalise le double quaternaire matériel, le *statu quo*.

Cette carte ajoute que la préparation complète se réalise dans un octénaire réceptif, non dans un octénaire actif. Le sujet, l'étudiant, reconnaîtra qu'il peut légitimement désirer le progrès s'il se sent dans l'état d'équilibre moral et spirituel que symbolise le 8e arcane majeur. On doit donc, dans la voie du progrès spirituel, veiller à maintenir un équilibre parfait dans sa pensée et dans ses actes, à ne rien faire sans réflexion, à éviter toute action impulsive et irréfléchie.

Le sens traditionnel est « bonne conduite, pureté ». Il concorde avec le symbolisme philosophique. On y ajoute, par dérivation un peu forcée, celui de jeune fille pure, se conduisant bien. Il est accessoire, mais utile dans la pratique divinatoire.

Renversée, la carte signifie que les résultats d'une activité inconsidérée sont mauvais et prêche l'amendement. Le sens traditionnel prend l'opposé du sens dérivé précédent et donne à la carte celui d'hypocrisie, inconduite. C'est une exagération matérielle qui généralise un des sens de la carte et examine les résultats objectivement.

Le 9 montre les résultats annoncés par le 7. Un denier central sépare les deux quaternaires. Ce dernier est entouré de 4 palmettes, portant le 9. Les deux inférieures bleues, les autres rouges. Le nombre des deniers, en haut à gauche 11 et 11, à droite 12 et 12. Celui du centre 12 ; ceux à gauche, en bas 12 et 12 ; à droite 10 et 11[4]. L'ornement se termine par deux fleurs supportées par des tiges ; celle du haut sort d'une rosace octénaire bleue dont jaillit une tige avec 4 feuilles, les deux

---

3   Lignes dans les sépales du calice rouge renversé.

4   Ces nombres forment les combinaisons suivantes :

$$
\left.\begin{array}{l} 11 \\ 11 \end{array}\right\} 2 \quad\quad \left.\begin{array}{l} 12 \\ 12 \end{array}\right\} 3
$$

$$
\quad\quad 4 \quad\quad\quad\quad\quad 6
$$

$$
3 \quad 12
$$

$$
\left.\begin{array}{l} 12 \\ 12 \end{array}\right\} 3 \quad\quad \left.\begin{array}{l} 10 \\ 11 \end{array}\right\} \begin{array}{l} 1 \\ 2 \end{array}
$$

$$
\quad\quad 6 \quad\quad\quad\quad\quad 3
$$

supérieures sont bifurquées, 4 + 2 = 6 ; cet ornement est jaune. Il en sort un calice de désir dont le bouton est un ternaire rouge, action féconde, précédée du désir, guidé par l'intelligence épanouie. L'activité féconde et mûre commence et termine l'évolution du rameau.

Celui d'en bas naît d'une fleur quaternaire, avec bouton binaire. Activité créatrice mal dirigée. Puis la tige s'éclaire du jaune intellectuel ; il en naît une fleur dont les couleurs sont à l'opposé de celles de la fleur supérieure ; le désir ne produit pas, il est produit. La floraison n'aboutit pas au fruit, à la réalisation ; elle crée un nouveau désir, qui agira, car le bouton est signé du ternaire, mais il n'y a aucune réalisation.

Il est impossible de ne pas voir une intention dans ces symboles cachés sous les signes, les couleurs et les nombres tant leur interprétation est cohérente dans le système qu'une longue attention m'a fait choisir, après d'infructueux essais de beaucoup d'autres.

9 DE DENIERS

L'esprit philosophique de l'arcane est clair : l'évolution supérieure a suivi l'intelligence. Elle s'en est incorporé l'influx jusqu'alors extérieur. Elle est devenue féconde et mûre ; le fruit véritable est formé. La patience, le jugement sont récompensés.

La floraison inférieure ne donne pas de fruit. Elle aboutit à une déception, à un nouveau désir. Il donnera cette fois des résultats ; car, malgré tout, la pureté de l'intention a ouvert la porte aux influences spirituelles, et l'effet de l'introduction de son symbole (le jaune) dans la tige aboutit, non à un mauvais fruit, mais à une reconnaissance de l'erreur et à un nouveau désir, premier stade de l'amendement. Le cycle est à recommencer. C'est la conclusion pratique de l'arcane. Constatez vos fautes aussitôt que possible, car toute persistance dans l'erreur cause de nouveaux retards dans votre évolution.

Il est naturel que le sens traditionnel y voit réussite, succès. Cela, dans la sphère de l'intelligence, dans ce qui, matériellement, est la situation, le patrimoine, la famille. On s'expose au double emploi en donnant à cette carte le sens de discrétion, circonspection, prudence, discernement. Ce sens général est bien celui de l'arcane majeur IX, mais dans les arcanes mineurs, il est spécialisé.

Renversée, le sens est opposé. Il s'inspire du rameau inférieur. L'arcane maléficié signifie échec, insuccès, déception, dans le mode subjectif. Les interprètes le transposent au mode objectif comme ils le font souvent : « tromperie, mauvaise foi, artifice, déception ».

10 DE DENIERS

Le 10 finit le cycle par 4 deniers et un au centre, en haut et en bas, entourant une arabesque qui court entre eux, sans les embrasser.

Les nombres des sicles sont en haut 12, sauf celui du milieu qui est 11. Total 5. Le denier du milieu en bas est très abîmé. On ne peut compter ses cannelures. Les ornements sortent d'un fleuron central bleu et rouge. Au centre, un cercle avec un point : 4 feuilles rouges, divisées par une croix noire formée par deux lignes perpendiculaires passant par le cercle central, les divisent en deux. Le dessus est bleu. Le nombre est 25, 29 si on divise les feuilles découpées. C'est probablement un sens double, car il y a 4 feuilles ou pétales rouges, entre les bleues, qu'une ligne noire divise. On a donc 4 au 8. Cela ramène aux nombres 7 et 4 ou 11 = 2. On a 37 = 1. C'est donc 1 et 2, le total est 3, chiffre constant dans l'évolution supérieure.

Sans entrer dans la fastidieuse étude des nombres cachés, que le lecteur pourra faire sur l'édition recommandée, le symbolisme essentiel de l'arcane est dans les deux fleurs terminales. Les rameaux qui les portent traversent les deux deniers centraux et sont par conséquent désormais en contact étroit avec l'intelligence. Les fleurs sont bleues : leur centre rouge. Le bleu en haut et en bas donne le nombre 6. Le rouge donne en haut, un quinaire, en bas un ternaire. Le sens est clair. L'amendement s'est produit dans l'évolution mal dirigée ; il reprend et continue, il est en mouvement (le ternaire). En haut, le quinaire indique l'imminence de la nouvelle unité, qui sera le binaire spirituel, le germe d'où sortira le Roi, 14 = 5, le quinaire spirituel, c'est-à-dire l'être prêt à se libérer du monde inférieur. Ce symbolisme est si clair et s'enchaîne si logiquement aux idées précédentes qu'il suffit de les rappeler. L'être qui s'est trompé a reconnu son erreur, et le désir né en lui dans le 9 commence le travail d'une évolution nouvelle et meilleure. Le quinaire supérieur indique au contraire l'imminence de la rétribution d'efforts continus et d'un progrès ininterrompu.

Le sens traditionnel conserve les caractères que j'ai signalés. Il se matérialise. C'est l'évolution de la famille, du patrimoine, de la situation, de la maison, dans le sens de résidence de la famille plutôt que d'habitation proprement dite, sens réservé au 10 de coupes.

Renversé, l'arcane révèle des soucis, des inquiétudes dans l'ordre des idées ci-dessus résumées.

68. Les Deniers : valet, cavalier, dame, roi

Avec le Valet, naît l'homme nouveau. Il en est à l'enfance, à l'adolescence, à la période de formation. Il est réceptif, comme l'indique son nombre 11, le binaire spirituel.

La carte représente un adolescent, aux cheveux blancs. Il est coiffé d'un chapeau à larges bords. Ceux-ci sont bleus en dedans, rouges en dehors. La coiffe est jaune et porte le nombre 13 = 4. La tunique est rouge, avec 10 lignes verticales. La ceinture jaune compte 14 triangles. Au-dessous, la tunique à 9 pans. Le nombre est donc (4 + 5 + 9 = 9) le novénaire. Les épaulières bleues ont 4 bandes à droite, 7 à gauche (11 = 2). Les manches jaunes ont les nombres 10 à droite, 6 à gauche, le 7. Les chausses sont bleues, les souliers rouges. C'est le premier Valet qui ait les manches (activité, le bras) jaunes. Cette couleur ne descend que jusqu'à la ceinture.

Il porte dans la main droite un denier différent des précédents. Le fleuron central a 6 cannelures et 1 cercle = 7. Les cannelures extérieures au fleuron central sont 10. Son nombre est 17 ou 8.

VALET DE DENIERS

Dans le sol est un autre sicle, pareil, mais le 7 intérieur est entouré de 11 cannelures extérieures. Le nombre est 18 ou 9.

L'adolescent repose encore sur la matière, et la partie inférieure de son corps est désir et action. Il regarde le denier qu'il tient de la main droite et n'a pas l'air de bien le comprendre. Il cherche.

Le symbolisme indique l'entrée du nouvel homme dans la sphère spirituelle et ses signatures numériques sont 1, 7, 10 et 18 (9). Le septénaire est, il ne faut pas l'oublier, la porte d'entrée, en quelque sorte de l'astral supérieur, du mental. L'attitude de l'adolescent exprime le repos physique, le travail intellectuel.

L'enseignement que donne l'arcane n'est que la continuation des conseils de prudence déjà donnés. Le sujet qui a franchi le seuil de l'astral n'est pas encore familier avec ce monde nouveau, plus rapproché des sphères spirituelles. Il doit méditer sur ce qu'il a antérieurement appris, et chercher, dans le mystère de son nombre 11, du nombre astral 7 et de leur somme occulte 9, à mûrir son esprit avant d'agir. Il est encore trop près du monde matériel symbolisé par la couleur chair du sol sur lequel il se tient, pour agir selon les modes inconnus de l'énergie astrale.

Attendez, travaillez, préparez-vous encore.

On est amené à penser que, dans la sphère de l'esprit, le binaire dévoile son unité essentielle sous le symbole du 11. On peut critiquer des raisonnements fondés sur la numération arabe, mais quel que soit l'emblème choisi pour représenter les nombres, leurs propriétés ne changent pas. Dans le XI latin, il y a 10 + 1, et il en est ainsi dans tous les systèmes décimaux. Ceux-ci sont dérivés d'un nombre naturel, nos dix doigts, premiers instruments du calcul. Dans le binaire supérieur 10, l'unité demeure, elle change simplement de rang, s'élève en qualité. Le 11 représente toujours au fond l'unité synthétique du dénaire plus l'unité simple radicale.

Le nombre 11 est radicalement inactif ; c'est un nombre impair qui a des propriétés paires : il est réceptif ; cependant, il a en lui-même un principe d'énergie active qui pour être latent, par suite de l'équilibre des deux unités, équilibre instable comme celui d'un fulminate n'en a pas moins une force considérable quand il se rompt, et libère l'énergie.

Le nombre 11 a encore une autre signification. Dans l'unité du binaire matériel, dont le feu est la première manifestation élémentaire, il y a en réalité deux forces qui s'opposent et s'équilibrent. Le feu est cependant la matière la plus rapprochée de l'énergie cosmique que symbolise l'arcane majeur IX. Derrière la première manifestation de sa division qui se poursuivra jusqu'à l'infini, celui qui sait les réalités de l'esprit, aperçoit l'illusion de la variété et la réalité de l'unique ; dans le chiffre 18, il entrevoit la puissance du 9 où l'unité libère les potentialités dont les forces se balancent dans le 8.

Il y a tant d'associations d'idées curieuses dans ces nombres figurés et dans le choix des couleurs, particulièrement dans les deniers, qu'on peut se demander si la première chose que doit apprendre le nouvel homme n'est pas cet axiome : l'univers est illusion. Une seule chose existe : l'intelligence, l'esprit.

Comment sont constitués les deniers ? Par un fond noir, qui signifie l'inexistence réelle. Ce fond noir est l'équivalent du néant, du zéro. Sur lui se détachent les dessins formés par l'intelligence, le jaune. Seuls, ils ont un sens, une réalité qui se révèle par des nombres.

Enfin, on peut se demander si les 4 personnages des deniers n'ont pas un symbolisme qui leur soit propre.

Ils semblent préparer à l'étude de la Magie en tant que science de l'esprit agissant sur la matière. Le nouvel homme doit étudier avec soin les forces dont il pourra disposer quand il saura les manier.

Tout cela n'est qu'une partie des choses que recèle l'arcane. Ceux qui sauront lire le Tarot ne se lasseront pas d'une lecture qui leur apprendra toujours quelque chose de nouveau.

A un degré moins élevé, l'enseignement traditionnel de l'arcane est donné comme signifiant « jeune homme brun, ordre, économie ». Au sens général, c'est une carte qui recommande la réflexion, la prudence, l'adaptation des efforts à la connaissance des moyens propres à les faire aboutir. Le sens d'ordre et d'économie concordent suffisamment avec les circonstances ordinaires de la vie matérielle ; celui de jeune homme brun dérive secondairement du sens philosophique et traduit en objet concret le symbole de l'adolescence.

Renversé, les idées exprimées par l'arcane changent de sens. Ce n'est plus la réflexion, ni la méditation qui préparent le nouvel homme à l'utilisation de l'énergie avec laquelle il entre en contact. Il la dépense trop tôt. Le sens traditionnel en fait naturellement « prodigalité ».

Avec le Cavalier, nous arrivons au symbole de la jeunesse active, entreprenante. En haut, à sa gauche est le denier avec les mêmes signes que le précédent, sauf le milieu qui est une étoile à 4 branches et 1 centre. Il y à 12 cannelures, 4 cercles concentriques. Les nombres sont 17 + 4 = 21 = 3 l'évolution, le progrès.

Le cavalier est coiffé de rouge et de bleu. Le rouge a la signature 12, le bleu 19. 3 et 1. Il a un col jaune à 3 lignes ; une tunique rouge à 6 pans. Elle est bordée, en bas, de jaune à 6 bandes divisées par une ligne noire. Les épaulières sont bleues, la manche visible est jaune. Il tient dans là main droite un bâton jaune, dont le nombre est 3 + 1. Chausses bleues et souliers rouges.

Son cheval est chair (matière) avec un harnais jaune. Ses nombres sont 3, 4 et 7. Les sabots sont bleus. Le sol est jaune.

CAVALIER DE DENIERS

Son attitude est active. Il a en face de lui un denier où le noir domine (vanité des choses) le nombre est 12 + 5 ou 8 par 5 + 3. Signes d'avancements.

Le symbolisme indique l'activité de la jeunesse. Le sujet est instruit des forces intelligentes et les manie (la massue) ; son nombre est 4, matière par 12 + 19 ou 3 + 1. Il dompte la matière, mais ne s'en dégage pas. C'est une phase de l'évolution à laquelle la jeunesse n'échappe que rarement ; cependant son activité est inspirée par l'intelligence et la recherche des choses spirituelles. I ne quitte pas l'intelligence, qui le supporte, mais il est exposé à l'entraînement de la matière qui lui sert de monture. C'est l'avertissement que la répétition du 4 donne. Le 6 est sur sa poitrine. Il est dans la force génératrice ce qui indique le danger ordinaire de la jeunesse. Il doit s'en garer, et se répéter en regardant le denier de l'arcane, que tout est vanité.

Cette carte évoque encore plus que la précédente l'idée que les personnages des deniers font allusion à l'éducation magique. En effet, le cavalier n'a qu'une massue comme arme. Elle est insuffisante pour le plan matériel. Mais sa couleur indique la nature de la force que représente la massue. Elle appartient aux mondes supérieurs. Le cavalier emploie les forces astrales, celles de la magie.

La recommandation de s'abstenir de toute activité et de tout désir matériels s'applique avec plus de forces encore à la formation du Mage. Le sens traditionnel est activité, utilité, services rendus. Il convient au symbolisme philosophique et ce dernier sens traduit objectivement l'obligation du désintéressement imposée par le symbolisme de l'arcane.

Renversée, la matière domine le cavalier. Ses forces sont mal dirigées. Le sens d'inaction, paresse, négligence dans l'ordre intellectuel y est compris et forme un symbolisme parallèle. Les interprètes en font : paresse, négligence.

REINE DE DENIERS

La dame tient à la main un denier dont les cannelures donnent extérieurement 14 = 5 ; intérieurement : 10 ; 10 + 5 = 15 = 6 : le sénaire. Elle porte une coiffure peu ordinaire : un chapeau noir avec 10 points jaunes ; à la loupe, on en compte 15. L'intelligence a pénétré le néant des choses. Une bordure jaune, à 4 lignes, révèle que le néant ne prend forme que grâce à l'intelligence. Le tout est surmonté d'une couronne jaune à 4 fleurons, dont les nombres sont 1 + 4 + 1 + 3 ou 9 ; la maturité. On retourne au 4 en y ajoutant les triangles supportant les fleurs. Le nombre final de l'ornement est donc 15 + 4 + 9 + 4 ou 32, c'est-à-dire 5. Le quinaire spirituel. La main droite supporte un sceptre dont le nombre est 8. La robe bleue a une bande verticale jaune, divisée en 3 parties, une ceinture chair (matière) où il y a trois lignes, la divisant en 4. La ligne médiane est pointillée et a 11 points. Le nombre de la ceinture est donc 11 + 3 ou 11 + 4, 14 ou 15, le 5 et le 6.

Tous ces signes ramènent à trois nombres principaux : 4, 5 et 6. La matière spiritualisée, le quinaire supérieur, l'épreuve. Et il y a d'autres nombres à chercher.

Enfin, la dame est enveloppée d'un manteau rouge extérieurement et jaune intérieurement. Elle est assise sur une chaise jaune intérieurement dont le nombre est 5 + 6 ou 2. L'extérieur est bleu et son nombre est 3.

L'intelligence dirige donc les, désirs et la force créatrice ou génératrice.

Le sens philosophique nous apprend que le progrès a continué si le cavalier a été sage et actif.

Il arrive à l'âge mûr et à l'action féconde. De 3, son nombre passe à 4, et marque un arrêt après le progrès. Le caractère de cet intervalle de repos relatif est marqué par les symboles. Ses désirs et sa force créatrice doivent disparaître de sa pensée, qu'ils occupaient seuls. L'intelligence doit se préparer à recevoir l'unité nouvelle qui couronnera son évolution dans le cycle intellectuel. Il doit méditer sur la dernière épreuve qui l'attend, et retourner au quinaire final. C'est ce qu'indique le nombre des deniers 5 + 1 qu'examine la figure.

Cependant, si la maturité intellectuelle de la dame est attestée par les symboles colorés en jaune, elle n'a pas encore la préparation nécessaire. Ses sens sont domptés, ses désirs réglés sont devenus une volonté réfléchie et appartiennent déjà au monde astral supérieur. Mais une chose matérielle la tente encore et arrête son élan : l'ambition, le pouvoir. C'est la forme la plus élevée du désir dans le monde inférieur. Le pouvoir est la plus haute expression d'une volonté animée par l'intelligence. Ses tentations sont subtiles car la possession du pouvoir est un moyen de se rendre utile et de réaliser la sagesse dans le gouvernement et le bonheur des peuples. Mais le Tarot dit que le Sage doit écarter cette dernière illusion. Les peuples, comme les individus ne peuvent se sauver que par leurs propres efforts. Ce n'est pas dans le bien-être matériel qu'ils assurent leur salut ; les gouvernements ne peuvent agir que sur la matière. L'action du Sage n'est pas dans l'exercice du pouvoir ; sa vraie puissance est morale. Le Christ, Mahomet, la plupart des fondateurs de religions ont eu une existence obscure, au moins au début. Bouddha, pour son apostolat, dut renoncer à son rang. Cependant la religion est le plus puissant élément de la formation morale, tant que l'œuvre des hommes ne l'a point corrompu.

Ce n'est pas un renoncement absolu que prêche le Tarot. Il ne condamne que le désir de s'élever politiquement au pouvoir, quand la destinée ne vous a pas marqué ce devoir par votre naissance ou par des circonstances qui ont forcé votre choix. L'héritier d'un trône ne doit pas fuir ces devoirs, car la Nature l'a fait naître pour cela. C'est cependant la plus dangereuse épreuve et celle qui amène le plus d'échecs dans la formation morale individuelle.

Dans les pays comme nos Républiques ou États constitutionnels, la règle est la même. L'homme, que ses concitoyens choisissent pour les représenter ou les gouverner, ne doit pas se soustraire par paresse ou par souci de sa tranquillité, aux devoirs qui lui sont imposés, mais il ne doit pas les rechercher pour satisfaire ses ambitions personnelles. Il doit être désintéressé et réaliser ce qu'il croit être le bien général. Son œuvre est bonne, même s'il se trompe, pourvu qu'il soit sincère et guidé par ses lumières spirituelles, dégagées de toute préoccupation matérielle.

Cet enseignement s'applique à tous les hommes, proportionnellement à leurs obligations sociales ou professionnelles.

Telle est l'idée générale qui se dégage du symbolisme de la dame de deniers. Au point de vue élevé où le sujet est parvenu quand il est au 13ᵉ degré des deniers, la prédominance de ses ambitions personnelles et matérielles. sur ses aspirations spirituelles est une marque d'égoïsme qui le condamne.

Le sens traditionnel devrait être philosophiquement : désintéressement, bienveillance, obligeance: Les interprètes le matérialisent et le restreignent : femme brune, généreuse, libérale, grandeur d'âme, générosité.

Renversée, elle a le sens philosophique d'égoïsme, vice capital dans la morale hermétique. On la considère comme un très mauvais arcane.

Le roi résume tous ces symboles, c'est un roi modeste, sans sceptre, ni couronne. Il porte un large chapeau, le bord intérieur est intelligence, l'extérieur matière ; la coiffe est volonté, car le désir raisonné devient la volonté. Il est enveloppé d'une houppelande, bleue extérieurement, jaune à l'intérieur, au collet, au revers, à la bordure. Il baigne dans l'intelligence et la spiritualité. Ses chausses sont rouges, ses bras bleus, ses souliers bleus. La volonté domine la force créatrice qui est représentée sur ses jambes et sur sa poitrine. Il tient le denier, de sa main droite sur son genou. Il ne le regarde pas. Le nombre du denier paraît être 11 + 7 = le 9. Sa barbe

ROI DE DENIERS

et ses cheveux sont blancs et il semble avoir sous son chapeau, une sorte de bonnet blanc où l'on voit les nombres 1, 4 + 3, 6 + 6, c'est-à-dire le binaire pur, le 7 par 4 + 3, puis le 3 par 6 + 6. Cela donne encore un ternaire par 12. 6 autres lignes sont sur le collet blanc à droite (6) 15 sur le jaune à gauche (15 = 6). Encore le ternaire.

Le siège est matière. Il est simple : 2 bandes rouges, une noire avec 6 losanges. Le ternaire, le sénaire et novénaire. Le sol est jaune.

Quelques détails attirent l'attention. Sa coiffe porte des ornements triangulaires et des lignes. 6 triangles (bande entre deux lignes 6 + 6 encore 3). Deux bandes sont superposées sur la coiffe. Les lignes sont au nombre de 33. On a donc le 3, le 6 et le 9.

Sur sa tunique rouge, il y a 2 boutons, et 18 lignes. Le binaire et le novénaire. Enfin, de sa main gauche, partent 3 lignes qui ne sont pas des plis, mais des sortes de rayons.

Le symbolisme général oscille entre le 3, le 6, le 9. Les trois degrés du ternaire, le symbolisme des trois mondes. Ce personnage représente l'Initié, le Mage, le Sage, Roi sans Les attributs de la royauté. Il sait la vanité des choses et n'a pas besoin de déchiffrer le symbole du denier. Il le connaît. La maturité est exprimée par le retour fréquent du 9.

Arrivé à ce degré, le sujet est parvenu dans le plan mental. Il est complètement détaché des choses de la matière dont il connaît la vanité essentielle. Il ne la dédaigne pas cependant, mais la réduit au rôle qu'elle joue nécessairement chez un être enchaîné dans un corps physique. Aussi là force créatrice s'exprime par le binaire rouge du vêtement : l'union féconde. Le nombre de l'élément matière qui est sur son chapeau, extérieur du bord, est significatif : 7 et 12 = 19 = 10 = 1. Il en connaît l'unité fondamentale.

Le jaune du chapeau est 3 par 7 et 5. Tous ces nombres sont des nombres de progrès. Il sait et il agit ; action qui n'exige ni mouvement, ni déplacement.

Les trois rayons qui partent de sa main gauche signifient qu'il agit par les forces astrales. Il me paraît difficile de ne pas voir l'indication de la science des forces de la haute magie dans ces rayons qui représentent les trois aspects de l'énergie astrale dans le monde matériel.

Le roi est donc l'emblème du sage, de l'initié. C'est le mage classique, maître de lui-même et des autres, mais dédaignant toute action par les moyens matériels. Il est bon, juste, désintéressé. Il est mûr pour entrer dans une sphère supérieure et reçoit les rayons de l'influx spirituel que symbolise son nombre 5.

Son sens philosophique est bonté, bienveillance, puissance, appui et soutien. Traditionnellement, on en fait un homme âgé, dans une situation influente, chef de famille, haut dignitaire, le tout relativement. Il est bon, et soutient ceux qui le méritent.

Renversée, la carte a les sens opposés. L'homme, arrivé à ce degré d'évolution et de science, quand, comme Lucifer, il s'abandonne au mal, devient vicieux, malfaisant, quelquefois le magicien noir, le nécromant, l'envoûteur.

Il faut, en déchiffrant le sens des 4 dernières cartes de deniers, tenir compte des trois mondes et aussi de la triple signification de la couleur : la famille, le rang et enfin la connaissance des forces occultes.

69. Les Épées : L'as, le deux, le trois, le quatre

Cette couleur représente l'élément primordial de la matière : le Feu ; c'est le plus difficile à comprendre, car nous le connaissons mal. Il correspond à l'état de la matière le plus rapproché de l'astral dans le sens évolutif, quoiqu'il en soit le plus éloigné dans l'involutif. Il occupe une situation spéciale dans la cosmogonie occulte.

Il se comporte comme un principe régulateur de l'énergie incluse dans la matière qu'il transforme et fait passer de l'état solide à l'état liquide ou gazeux, par son action positive ou qu'il commue dans le sens inverse par son action négative ; dans le premier cas, il agit par addition, dans le second cas, il agit par soustraction.

Au point de vue moral, il est difficile à définir. Il a en lui les qualités et les vices des autres éléments : il les résume et les exalte. A beaucoup de points de vue, il rappelle la charité, telle que la mystique chrétienne la comprend. C'est l'ardeur dans les plans matériel, mental et spirituel. Il fait les héros, les saints, les grands mages et aussi les grands criminels.

L'As est une épée qui traverse une couronne. J'en ai donné déjà la description et je la résume pour son interprétation (voir page 104). Une épée bleue portant les nombres 3 et 5 est dressée. Sa garde jaune exprime le 4 par 2 + 2 ; à gauche, elle a 6 coches noires, ce qui ramène au 10. La poignée rouge, a 7 lignes. Le pommeau jaune est 10. La poignée donne au total 27 ou 9, et avec l'épée ramène au quinaire. La main qui tient l'épée est matière et a le nombre 16 ou 7. Le poignet est rouge (10) bordé de bleu (2) ; son nombre est 3. Il sort d'un ornement matière, avec 6 taches bleues et 4 volutes ou ondulations (6 + 4). Des rayons pointus, très courts, s'en échappent. 12 en haut (3), 6 en bas. Le nombre total de l'ornement est donc 10 + 18 ou 28, encore l'unité.

Ce symbole est clair. La matière, naissant de la volonté divine, se forme par des ondes harmoniques qu'émet l'unité. Et sa première œuvre est le feu astral. A gauche de l'épée, il y a 9 flammèches : 2 intelligence jaunes, 3 désir bleues, 4 force créatrice rouges : c'est le novénaire ; à droite 15 flammèches : 7 rouges, 4 jaunes, 4 bleues : le sénaire ; d'un côté la maturation, de l'autre l'épreuve.

Le symbole le plus frappant est une couronne que la pointe de l'épée ne traverse pas, mais qu'elle tient en l'air. Une erreur de l'enlumineur paraît la faire passer entre la bande inférieure à hachures et celle qui se trouve au-dessus, où figurent 9 ornements. En réalité, elle entre dans l'intérieur de la couronne. La bande inférieure porte en dehors 40 lignes, en dedans 17. Le quaternaire et l'octénaire dont le total ramène au ternaire.

Dans ce signe intellectuel, se cache le nombre de la matière, de l'équilibre et du progrès.

Il y a sur la couronne 5 fleurons ; 4 donnent encore le nombre 5. Celui du milieu, rouge, a le nombre 6. 3 sont rouges, au milieu et aux extrémités ; les intermédiaires sont bleus ; ils ont des lignes noires ; les fleurons rouges extrêmes ont le nombre 5, les bleus 6 ; le central 10 (2 sont effacés probablement). Ces nombres font au total 26 ou 8, 32 ou 5, total 8 + 5 = 4, la matière. L'épée semble détruire, comme l'expriment les flammèches qui tombent formant les symboles de la maturation et de l'épreuve.

Il faut remarquer que la lame de l'épée est désir, la poignée force créatrice, la garde et le pommeau sont seuls intelligence. La première donne 1 et 3 (en ne comptant pas les lignes formant les contours) ; les parties jaunes 4 + 5 et 6 ; les lignes du pommeau sont indistinctes, probablement 9. L'intelligence est au service du désir et de la force créatrice et la main ne marque aucune intelligence. Elle sort de désir et matière.

C'est le symbole de l'origine de l'évolution cosmique. La couleur chair, matière, est mise en mouvement par le désir, elle agit avec l'énergie qui est en elle ; du désir naît la force créatrice, l'intelligence n'y joue qu'un rôle défensif et protecteur (la garde de l'épée), là partie agissante de l'épée est la lame, désir.

La couronne qu'elle conquiert est la spiritualisation de la matière. Cette couronne a, en définitive, le signe du quinaire : la sensibilité. C'est la première conquête. Mais elle n'est pas la seule. Dans la couronne, sortant des fleurons de désir, se trouvent 2 rameaux, déjà décrits. A droite, l'intelligence (nombre 6, l'épreuve) produit le désir (nombre 8, feuilles bleues). C'est le double septénaire qui a le quinaire pour racine ; mais chaque feuille triangulaire a comme une ombre matérielle, qui ne se termine pas ; elle n'a pas de pointe, pas de limite extérieure. Seule, la dernière feuille bleue n'en à pas. L'ombre matérielle a le nombre 13 ou 4. Ici, de l'intelligence et du désir liés au quaternaire inférieur, naît un rameau stérile dont le signe est 9 : maturation qui ne dépasse pas la matière et ne donne pas de fruit. Aussi de ce côté, les germes ou flammèches expriment le sénaire, l'épreuve.

A gauche, le rameau porte à l'origine l'intelligence qui donne un premier fruit, produit du binaire intellectuel. Puis vient une feuille blanche isolée ; elle devrait peut-être porter la couleur jaune mais cela ne modifie pas sensiblement le sens, la pureté étant liée à l'intelligence. Le total des feuilles jaunes. et blanches est 9 ; la maturation. Celui des fleurs bleues est le désir de l'épreuve (sénaire). Il aboutit à la feuille verte : la vie. Mais les fruits qu'il donne sont noirs. Et la moisson de la vie sera l'illusion.

Le germe véritable qui en résultera sera le nombre 9 (les flammèches) c'est-à-dire la maturité véritable, la connaissance du néant de ce que nous considérons comme la vie dans la matière.

Le sens de ces symboles est assez clair et if nous ramène à la fin du cycle des autres arcanes, au roi de deniers, expression de la maturité complète pour une existence supérieure.

Mais un danger est indiqué par le symbolisme de la couronne. Sa conquête est périlleuse et l'esprit n'y arrivera pas sans peine, car elle porte 9 joyaux : la maturation, la préparation. Et il faut savoir que cette couronne cache la matière, l'équilibre et le progrès, mais supporte un dangereux quinaire, fait de désir et de force créatrice qui, nés de l'esprit, peuvent s'en séparer. Le fleuron central rouge marqué du sénaire dit clairement : choisissez. Si vous choisissez l'action créatrice sans y être préparé, vous n'arrivez à rien. Les fleurons rouges sont stériles.

Votre désir, votre volonté doivent se tendre vers un but plus éloigné. Mais là encore, vous avez à choisir entre les binaires dont le VIe arcane majeur vous a révélé l'existence. Si votre désir et votre intelligence ne se dégagent pas de la matière, votre désir demeure, mais n'est pas satisfait. Votre action ne sera pas féconde. Il faut que votre esprit mûrisse dans le novénaire pour porter des fruits, et sache en même temps que ces fruits, c'est-à-dire la vie et ses manifestations, sont vaines et illusoires. Le fruit véritable n'est pas le 9 : ce nombre indique simplement que vous êtes mûr pour un progrès nouveau.

La tradition ne peut s'élever à ces conceptions éthiques. Son sens général est dans l'énergie, l'ardeur, la passion. Il en symbolise les résultats. D'où le sens de « triomphe, prospérité, fécondité, fertilité » que lui donnent beaucoup d'interprètes. Etteilla a une intuition plus juste en disant qu'il signifie « extrême ». Cela fait double emploi avec le 8 de deniers renversé auquel il donne le sens plus.

Le vrai sens de la carte est l'ardeur, la passion avec laquelle une chose est faite, l'énergie mise à la réaliser, condition qui rend le succès probable.

Renversée, la carte marque le défaut habituel de cette énergie passionnée, mais mal dirigée. Son sens naturel est violence, brutalité ; le manque de mesure.

Le 2 d'épées, et les cartes suivantes jusqu'au 10 inclus, représentent les épées sous la forme d'arcs de cercles dont la couleur est noire, symbole de la vanité des choses. Au centre est une partie jaune entre deux anneaux rouges ; puis, un arc noir, un anneau rouge, un arc bleu et une barre rouge. De l'autre côté, l'anneau et la barre sont jaunes. Les extrémités sont des crosses noires. L'intelligence en est le centre, elle agit et crée d'un côté l'énergie qui tend à réaliser le désir ; de l'autre, l'intelligence qui le contient. Dans un sens, l'intelligence règle le désir et

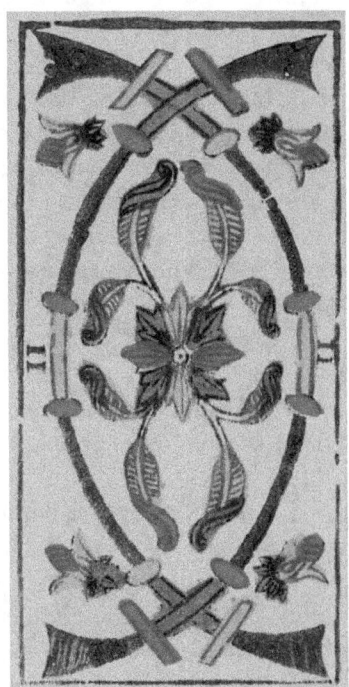

2 D'ÉPÉES

l'éclaire sur l'illusion qu'est l'Univers manifesté. De l'autre, l'action créatrice, sans son secours, retourne au néant, qu'elle ne peut comprendre. Il y a donc dans chaque arc deux pôles, celui de l'activité matérielle et celui de l'intelligence.

Il faut remarquer que l'intelligence est à gauche et en : haut dans le 2, le 4, Le 6 ; à droite, en haut dans le 3, le 5, le 7, le 8, le 9 et le 10. Aux quatre angles sont des fleurs pareilles à peu près dans toutes les cartes, sauf dans le 7, le 8 et le 10. Elles sont isolées, sans tige et composées d'un calice bleu à 5 sépales, d'une corolle du type ordinaire à 2 pétales jaunes, bifurqués et d'un bouton central rouge. Dans le 7, elles sont abîmées, mais une d'elles intacte, montre les 5 sépales. Ils sont noirs ; le calice et la corolle sont bleus dans le 8. Dans le 10, il n'y a que les deux fleurs supérieures ; le calice paraît blanc.

Examinez le 2 ; à première vue, le haut et le bas de la carte ne se distinguent pas. On ne verrait aucune différence. Comptez les lignes marquées sur les feuilles et le sens apparaîtra. La feuille supérieure gauche donne 6 + 7 (épreuve et victoire donnant 4 matière, stabilité) à droite 4 + 4, l'octénaire, nombre de préparation et d'équilibre leur union donne 12, action progressive, au début. Le jaune est en dessous, il soutient le désir à gauche, l'action à droite. Les feuilles inférieures donnent 7 + 4 + 4 + 3 = 18 ou 9, soit 21 + 18 ou 39 = 3. Ajoutés au nombre de l'étoile qui est 33 ou 6, vous avez le nombre du choix et de l'épreuve c'est-à-dire 39 + 33 = 72 = 9, le nombre de la maturité. Ce symbolisme indique la nécessité d'agir dans le binaire du feu, avec prudence et quand l'heure a sonné.

Lisez les nombres du bas : feuillés du haut, à gauche 5 + 4 = 9 ; à droite, 3 + 3 = 6. Le tout est 15 = 6 ; en bas elles donnent 6 + 7 et 6 + 6 = 25 = 7. 6 + 3 = 13 ou 4. Ajoutez-y 33 et vous avez 37 ou 1.

En haut, maturité par l'action 3 et l'épreuve 6.

En bas, l'action par la matière 4 et l'épreuve 6. Le symbole inférieur indique l'acte avant l'épreuve qui qualifie l'agent pour l'entreprendre.

Les fruits sont signés du 3, sauf celui d'en bas à droite qui est 4. En haut, leur nombre est 6, le choix, l'épreuve ; en bas, 7, la victoire fictive : cela est indiqué par le bleu presque noir des fleurs inférieures, teinte qu'on retrouve — cela ne peut être un hasard — dans le 7 et le 10 de la couleur.

C'est encore une fois le même avis que le Tarot répète à satiété à tous les degrés de l'évolution et dans tous ses modes. Préparez-vous à l'acte que vous aurez à exécuter, à l'épreuve que vous avez à subir, au choix que vous avez à faire. Cela est plus vrai dans les mouvements passionnés de l'âme que dans toute autre cause d'action au de choix.

Le sens traditionnel se borne au sens le plus ordinaire, la passion de l'amour ; c'est celui où la sagesse devrait intervenir avant toute décision, ce qui advient rarement. Droite, elle signifie un amour violent, passionné, charnel.

Le sens renversé est philosophiquement l'action mal préparée, impulsive, l'obéissance irréfléchie à un attrait puissant, mais souvent trompeur ; matériellement c'est une passion dégradante, la débauche, le jeu, un amour bas et vicieux, la dégradation des sentiments.

Le 3 d'épées représente un glaive entre les deux ares symboliques déjà décrits. Sa lame est matière, sa garde intelligence, sa poignée force créatrice, son pommeau matière. Derrière la lame sont 2 rameaux, l'intelligence. Celui de gauche a 8 feuilles jaunes, 3 fruits noirs. Les rameaux sont pureté ; à droite, il y a 9 feuilles et 2 fruits. De chaque côté le nombre 17 apparaît, soit 2 + 2 = 4, le nombre de la matière.

Le pommeau, activité créatrice, est signé du 5, la garde, intelligence, 3, mouvement ; le pommeau, matière, a les signes du 3 et du 1, encore 4, la matière.

Les épées sont le symbole du feu, élément de violence, opposé à l'équilibre prêché par l'arcane VIII. La violence, même dans les sentiments les plus purs, est la cause la plus dangereuse de l'erreur. C'est le symbole des persécutions, souvent inspirées par la charité, mais aboutissant au mal. Celui qui croit posséder la vérité et veut en imposer la loi, même par la force, se trompe, car il fait pénétrer la force matérielle dans le monde moral et spirituel, dont elle corrompt la pureté.

3 D'ÉPÉES

Aussi le glaive, sauf encore dans le 10 et le 7, est-il matière par sa lame agissante. C'est ce qui explique le sens souvent maléfique attribué aux épées, et aux piques. Il dérive de la violence des pensées, des sentiments et des actes qui caractérisent cette couleur.

Le sens général de l'arcane est donc : l'ardeur qui est l'exaltation d'un état de l'intelligence, du sentiment ou de l'action physique, est une qualité, à la condition qu'elle demeure fidèle à l'esprit qui veut avant tout la bonté, l tolérance, l'indulgence et l'amour. Vos pensées et vos sentiments doivent être mesurés, la justice et l'équilibre doivent être les principes de votre conduite, car elles sont les conditions de votre progrès spirituel. Votre ardeur est une vertu à la condition qu'elle soit dirigée par l'esprit ; dans le cas contraire, elle agit avec la brutalité malfaisante ds forces matérielles en mouvement spontané.

Le trois d'épées montre le premier degré de l'invasion dé la matière dans l'évolution de l'esprit. Elle pénètre le désir et la volonté et leur donne une impulsion trop rapide, une activité désordonnée.

Les fruits de cette activité seront noirs : vanité, illusion.

Le sens traditionnel demeure dans la systématisation sensuelle du 2. C'est l'évolution d'un lien passionnel, matériel ou charnel que sa violence épuise et brise, comme une automobile lancée à grande vitesse par un conducteur inexpérimenté. D'où le sens de rupture, séparation.

On lui donne habituellement le sens de rupture, querelle, éloignement, sépara-tion, tout cela est exact, mais doit s'entendre d'une manière générale. Ce symbole n'est pas uniquement applicable aux liaisons amoureuses.

Renversée, la carte a un sens plus grave. La rupture est violente, brutale : c'est une querelle, des voies de fait.

4 D'ÉPÉES

Le 4 a un meilleur sens. L'épée centrale est remplacée par une fleur. Elle a une tige, matière, à section rouge qui porte trois feuilles jaunes et blanches et deux autres plus grandes, jaunes en dessous, bleues en dessus. C'est le sénaire par 3 + 1 + 2, intelligence, pureté, désir ou volonté : l'épreuve. Le rameau a un fruit bleu. Il se termine par une fleur à 7 sépales, dont le nombre est com-plété par 9 hachures. Le septénaire spirituel par 16 = 1 + 6, l'épreuve bien subie. La fleur paraît n'avoir que 3 sépales bleus. Le fruit est ternaire. Les feuilles sont signées : à gauche 7 + 7 = 14 ; à droite 8 et un nombre effacé, qui paraît avoir été 7. C'est donc 14 ou 5 et 15 ou 6 ramenant au binaire spirituel de désir par 6 + 5 = 11 = 2.

C'est une carte d'équilibre des passions 2 = 2. Aussi l'esprit reprend sa puissance et fleurit, pro-mettant un fruit actif et fécond. C'est la contre-partie du 3 et le sens est que si vos passions ne troublent pas l'équilibre de votre esprit, vous serez bien disposé pour recevoir l'unité nouvelle et la promesse de ses fruits.

Le sens traditionnel est la traduction matérielle du sens caché. L'équilibre des passions et des sentiments amène lé calme, la quiétude, la méditation que la soli-tude favorise. De là les idées de retraite, d'isolement et d'abandon, celles-ci demeu-rant dans le sens matériel.

Il y a encore un autre sens dérivé mais important: l'idée de la vie religieuse, particulièrement cloîtrée qui se lie étroitement au symbolisme général.

Le sens spirituel de la carte persiste quand elle est renversée, mais lui donne un caractère plus pratique. C'est l'abandon d'une personne après la rupture, pris souvent dans le sens d'économie, précautions, isolement à prudent et réduction des dépenses.

70. Les Épées : le cinq, le six, le sept

Le 5 reprend le symbolisme du trois avec ses emblèmes de subordination de la volonté aux choses matérielles. Ici, elle est influencée par le quinaire, symbole numérique d'un changement, d'une transformation ; cette carte est dans l'ordre passionnel et s'éloigne de l'équilibre spirituel. L'abandon, l'isolement et leurs conséquences amènent, loin de l'esprit, la tristesse et le deuil ; la mort est matériellement un abandon, une cause d'isolement. Ce sens peut se déduire logiquement de l'évolution du symbole. 5 est une intervention étrangère, extérieure, qui cause les sentiments provoqués habituellement par l'abandon et l'isolement, quand on n'est pas armé spirituellement pour réagir contre la dépression et la diminution de l'énergie morale.

On ne peut s'empêcher de rapprocher cette idée de l'état d'âme décrit par les mystiques dans l'évolution de leur préparation à l'oraison d'union. C'est un état d'angoisse, un sentiment d'isolement, la crainte que l'intervention divine ne se produise pas et que l'âme soit abandonnée. Le Tarot l'exprime par le 5 d'épées ; éclairé par les arcanes majeurs et par le symbolisme des autre 5, ce signe évoque l'idée d'un état d'esprit, de sentiment et de circonstances matérielles préparant l'épreuve qui précédera le pas en avant dans la voie du progrès spirituel.

C'est un enseignement et il est donné par ceux qui nous dirigent, sans nous contraindre.

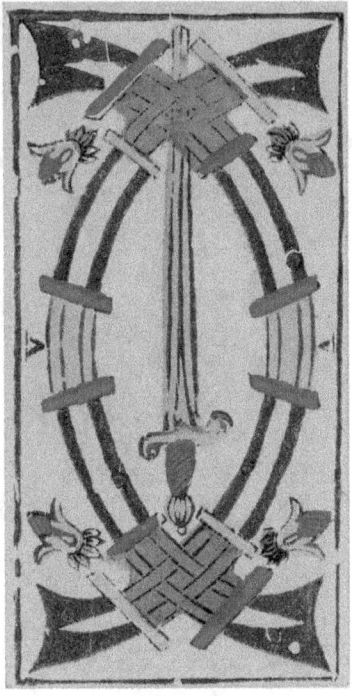

5 D'ÉPÉES

Cette carte a un sens traditionnel qui doit se rattacher à cet ordre d'idées, celui de « tristesse, grande douleur, maladie grave, deuil » et par conséquent mort. Elle ne prend ce sens que lorsque d'autres cartes le confirment.

Renversée, l'action perturbatrice est diminuée, mais n'en existe pas moins, et le chagrin, la douleur sont seulement moins grands.

Je n'ai découvert, dans cette carte, aucun signe indiquant le grand changement qu'est la mort et que symbolise l'arcane XIII.

Le 6 rappelle le 4 par sa composition. Le nombre de la carte est marqué par celui des arcs. La fleur est différente. Une tige jaune, un fruit noir. Un calice jaune a 6 sépales (celui du milieu est doublé) ; une corolle ternaire rouge. Le désir a disparu, l'action est en fleur et prépare sa réalisation. Elle se fait par l'épreuve. La tige a 2 feuilles, désir et intelligence. Les nombres de ces feuilles sont : à gauche 5 et 4 ou 9 ; à droite 5 en haut ; les raies sont effacées sur la partie inférieure de la feuille, mais l'espace qu'elles occuperaient semble convenir au 4. En tous cas, on a d'un côté le 9 par 5 et 4, de l'autre probablement le même chiffre, ce qui donnerait encore 18. La fleur a également 9 par 6 + 3. On trouve donc l'évolution spirituelle (3) l'esprit et le choix, l'épreuve (6), la maturation (9).

Cette carte, comme le 4, est réconfortante. Elle marque l'équilibre harmonique du 6 spirituel, l'épreuve bien préparée, le choix sagement fait. Le sujet est prêt à recevoir la 7ᵉ unité, récompense de ses mérites. Il a traversé la solitude morale du 4, les épreuves du 2 et les tentations du 3. Il a échappé à la désespérance du

6 d'épées

5, son énergie et son espoir n'ont pas diminué. Il se prépare à l'action. C'est la contre-partie de l'avertissement donné dans le 5, et elle montre la récompense en indiquant, non comment on évite une chute, mais comment on continue la route sans accident.

Aussi son sens traditionnel est harmonie entre l'esprit, les sentiments et les actions. D'où confiance, attente de récompense. On la traduit habituellement par message, envoyé, voyage. Ce sont des sens dérivés ; le premier se rattache au symbole, l'âme qui a traversé les épreuves précédentes, retrouve le calme dans le sénaire, reprend confiance. Elle reçoit de l'esprit universel un message consolateur que symbolise la fleur rouge et son calice jeune. Elle a bien fait de ne pas cueillir les fruits prématurés qui s'offraient à elle ; la couleur de ce fruit dans le 6 indique sa vanité. De ce message spirituel que reçoit l'âme, les interprètes ont fait le message matériel qu'apporte un messager. Ce message a voyagé, d'où l'idée accessoire de voyage.

Renversée, elle signifie : « harmonie, confiance troublées, absence de réconfort ». Le sens de déclaration est bien spécial quoiqu'il cadre, par analogie, avec le sens du message divin qui apporte le réconfort.

On ne peut s'empêcher de comparer ces cartes et cet enseignement à la description que Sainte Thérèse (*Les Sept Châteaux de l'âme*) donne du voyage symbolique de l'âme dans la voie de l'union mystique. Elle dépeint éloquemment « le désert de l'Âme » la crise qui lui fait croire que Dieu l'abandonne, la « solitude » dont elle souffre à cause de l'abandon de son divin Maître.

Le 7 d'épées est sombre ; la ligne médiane du glaive ne se bifurque pas dans le bas de la lame ; la garde jaune, au centre, est noircie à ses extrémités recourbées. Le pommeau jaune noir et la poignée rouge portent le nombre 5. Le calice à 4 fleurs est noir ; vanité des fleurs que la matière nous offre.

Le symbolisme du 7 d'épées, comme celui du 8 et du 10, suggère un grand nombre d'idées ; elles sont complexes. Il faut toujours penser aux trois modes d'existence qui sont les plans où mondes matériel, astral et spirituel, et conduisent à trois interprétations analogues sans doute, mais non identiques, suivant le monde considéré ; il y a encore autre chose dans les épées, où l'on constate l'apparition constante du quinaire dans les signes les plus marqués. Le quaternaire fondamental, base de ce quinaire, se trouve dans les quatre fleurs angulaires qui sont spéciales à la couleur que nous examinons et auxquelles s'ajoute, pour compléter le 5, l'épée dans les cartes impaires, une étoile ou une fleur dans les autres.

Dans le 7, les fleurs angulaires ont une coloration différente, les sépales sont noirs. Dans le
8, le jaune disparaît ; le 9 revient au type normal,
le 10 accentue la variation constatée dans le 7.
Ces indices nous préviennent qu'il y a un sens
caché dans les cartes d'épées. Je l'étudierai après
l'analyse générale des arcanes mineurs.

Le 7 a un sens bien plus favorable que celui
du 3 et du 5. L'épée est désir, volonté, non matière. L'intelligence et l'activité créatrice figurent
seules sur la poignée.

C'est le symbole de l'épreuve victorieusement
subie.

L'accès au septénaire ouvre les yeux de
l'adepte sur la vanité des choses matérielles. Les
signes de la matière sont absents de cette lame,
qui est intelligence, volonté, activité féconde.

La confiance qui naît du réconfort dans la
carte précédente, devient ici une juste confiance
dans l'avenir ; le monde spirituel ne la refuse jamais à ceux qui s'adressent sincèrement à lui, qui
renoncent du cœur et non des lèvres « à Satan, à
ses pompes et à ses œuvres ».

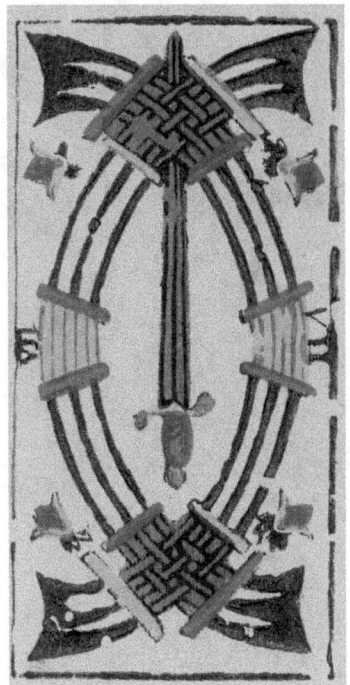

7 D'ÉPÉES

Aussi le sens traditionnel est : « juste confiance, espoir assuré ».

Le 7 d'épées renversé est la négation de cette confiance, et le sens correct est «
juste méfiance ».

71. Les Épées : le huit, le neuf, le dix

Le 8 d'épées a un symbolisme particulier et obscur. Les 4 fleurs ont calice et
sépales bleus, portant un fruit, en bouton, couleur rouge. Il faut noter toutefois
que les calices n'ont pas le même nombre de sépales. En haut, ils en ont 5 ; en bas 4.
Cette différence nous indique, par le quinaire supérieur la tendance évolutive ; le
quaternaire, en bas, dénonce la stagnation dans le plan matériel. Le nombre total
est, en effet : 10 en haut, mouvement et acquisition de l'unité supérieure ; 8 en bas
: absence de mouvement, stase dans les plans inférieurs. Au milieu est une étoile à
8 rayons : 4 paraissent noirs, 4 bleus sont séparés par une ligne noire. Cela donne
8 et 12, alternativement ; les 4 arcs restent pareils à tous les autres.

La signification de cet arcane est simple. L'état d'équilibre, la science du néant
des choses que fait pressentir le 7, est instable, car en lui continue le désir, qui le
travaille et prépare le novénaire, la maturité qui fera de l'adepte l'homme nouveau.
Le 8 est le symbole de sa gestation. Le sens philosophique est le suivant :

Après votre victoire symbolisée par le 7, ne vous croyez pas arrivé au port,
n'agissez pas encore, attendez l'impulsion qui vous viendra d'en haut, mais ne

8 D'ÉPÉES

vous contentez pas de la paix et de l'équilibre moral dont vous jouierez après les trois séries d'épreuves que vous aurez rencontrées dans le 3, le 5 et le 7, épreuves de mouvements de l'âme dans la matière, dans le sentiment, dans l'intelligence et dans la passion. Que dans votre cœur naisse et se développe le désir d'aller plus haut et préparez-vous, non par une activité encore prématurée, mais par des moyens que vous ont enseignés le 2, le 4 et le 6, c'est-à-dire la résistance aux tentations diverses que vous offrent la matière, les sens, le savoir et l'ambition. Méditez, recueillez-vous et faites croître en vous la soif de la vie dans l'esprit ; mais encore que ce recueillement ne soit pas la paresse de l'esprit, l'inactivité intérieure ; ne croyez pas que vous êtes déjà arrivé à la perfection ; le 4 n'est que le stade parfait de la matière.

Le sens philosophique serait donc aspiration vers la vie spirituelle. Cela implique le renoncement au monde, la vie retirée, peut même indiquer la retraite, aller jusqu'à l'entrée dans un ordre monastique. Le sens traditionnel, est : « blâme, critique, calomnie, maladie ». Il rentre bien dans l'ordre des idées dérivées du sens philosophique, car un pareil renoncement est généralement l'objet de critiques, de blâme, quelquefois de calomnies, et l'on dira de ceux qui vivent dans la réclusion du monde qu'ils sont malades ou fous. En adoptant ce sens usuel, il ne faudra pas oublier son sens primitif et général.

Renversée, elle signifie que le recueillement n'est pas complet, que la retraite est troublée. La cause du trouble peut être soit dans le sujet, soit extérieure à lui. C'est une épreuve nouvelle. Le sens traditionnel s'en rapproche, c'est un trouble qui arrive par accident, et accessoirement un événement remarquable. Ces sens sont acceptables même le dernier, car la cessation d'une retraite du monde est toujours remarquée, souvent imprévue et inattendue.

Avec le 9, la vie active reprend, la carte continue le 3 et le 5, après la phase particulière du 7. Il ne porte aucune signature, sauf que la lame du glaive est la seule de couleur matière qui n'ait pas de triangle à sa base. On retrouve cette disposition dans la carte du roi d'épées. Le silence de cette carte au point de vue de son symbolisme numérique est difficile à comprendre. On peut supposer qu'il laisse au 9 sa prédominance, c'est-à-dire que l'idée de préparation, de maturation est seule affirmée, en dehors des symboles accessoires figurant dans la plupart des dix premières cartes. Elle précise le moment où, après la retraite conseillée par le 8, l'âme est prête à subir l'épreuve qui fera juger de sa maturité. La couleur chair de la lame, plongée dans le désir, indique un retour agressif des tentations du monde de la matière.

Ces retours agressifs sont bien connus des mystiques ; ils surviennent à l'heure où l'âme a les défaillances provoquées par le sentiment qu'elle est abandonnée ; ce sentiment est l'intuition d'une réalité ; celle de l'épreuve, qui est la mesure de la qualité spirituelle de celui qui la subit. Sa responsabilité personnelle est seule en jeu ; la justice s'oppose à ce qu'il ajoute à ses mérites propres des mérites empruntés. Il ne peut compter que sur lui-même, et la faiblesse lui souffle à l'oreille qu'il est abandonné.

C'est une grande douleur morale. Elle n'est pas réservée à la vie mystique ; elle est commune à tous les êtres qui éprouvent un sentiment profond. Les animaux, les chiens surtout, succombent quelquefois à la mort de leur maître. L'abandon, dans l'amour, est une des causes les plus fréquentes de meurtre et de suicide. Il en est de même de la perte de l'honneur ou de la fortune. La perte est un abandon, une séparation.

9 D'ÉPÉES

Le 9 nous indique tout cela par la pénétration de la lame matérielle dans la sphère du désir et de la volonté, comme elle le fait dans le 3 et le 5, non dans le 7, où le désir s'ajoute au désir. Elle renouvelle, en l'étendant, l'avertissement du ternaire et du quinaire. La similitude des symboles en est la preuve. Au 9, l'épreuve est cruelle, elle pénètre dans des désirs devenus des germes de volonté. Ce n'est plus dans son mode matériel ou astral de sentir et de désirer que l'âme est troublée ; sa perturbation atteint le domaine spirituel et agite d'un mouvement désordonné sa conscience, de ses profondeurs à son sommet.

L'énergie active ne doit pas faiblir. Elle occupe, par le rouge et le 5, la poignée de l'épée, c'est-à-dire la partie que tient la main, dirigeant la lame. Le lourd pommeau matériel pèse sur cette poignée, mais elle est protégée contre la matière prête à l'action, par la garde ; celle-ci est une protection : c'est le symbole du binaire spirituel.

Le sens hermétique de la combinaison de couleurs et de nombres nous indique le symbolisme caché de l'emblème. L'union du 5 et du 2 donne le septénaire, nombre qui symbolise la pénétration des forces astrales supérieures dans l'astral inférieur et dans la matière. Le 2 est un nombre d'opposition, de résistance, de fixation. L'opposition à l'influence des plans inférieurs doit être d'ordre spirituel.

Le quinaire rouge rappelle que le premier progrès de la vie se fait par le 5, par la pénétration de l'intelligence dans la matière parfaite (en tant que matière mani-

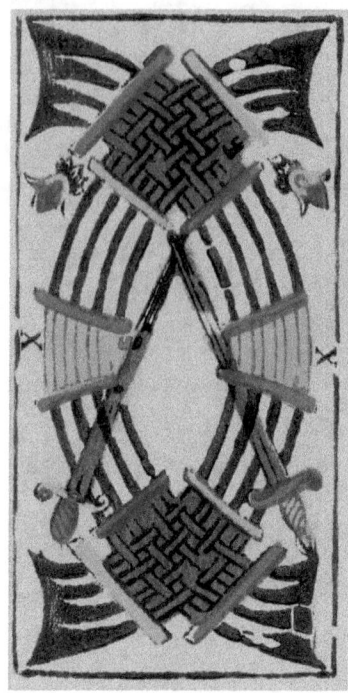

10 D'ÉPÉES

festée), Le sens du 5 est toujours une intervention quelconque, extérieure, qui modifie le sujet sur lequel elle agit. Dans les lames impaires de la série des épées, elle paraît indiquer l'appel à l'influence spirituelle prête à secourir ceux qui l'invoquent. La lame s'enfonce dans le désir. Elle doit, quoique matérielle, y faire pénétrer la force qui la maniera. Religieusement, c'est la prière.

Le sens philosophique apparaît donc avec clarté. Pour arriver à la préparation complète, à la maturation, surtout au degré d'évolution représenté par le 9, l'âme doit être éprouvée, L'épreuve est d'autant plus difficile que le candidat est plus près de la fin de ses études. Dans cette épreuve, le secours divin lui sera nécessaire, aussi doit-il se rappeler, que même à ce haut degré d'évolution, l'appel aux forces supérieures doit être fait, et leur secours invoqué. Cette prière doit être sincère, ardente et émaner de la profondeur de l'âme, mais elle ne doit demander que l'accroissement de sa propre force ; en réagissant sur celle-ci, la prière, la méditation, la concentration spirituelle contribuent à son développement. La prière sollicitant une intervention imméritée s'accorderait mal avec l'omnipotente Justice.

Le sens traditionnel est plus concret. On en fait la conscience dans le sens d'être consciencieux, d'avoir le sentiment et l'amour du devoir. On y ajoute le sens de « un prêtre, un ecclésiastique ». Le vrai prêtre est, en effet, avant tout, un homme de conscience, quelle que soit sa religion.

Renversée, la carte indique que la lame de l'épée l'emporte sur la poignée et l'entraîne. Le trouble de la conscience persiste et l'enveloppe de ténèbres. Elle tombe dans l'erreur. De là, l'idée de « trouble de la conscience, fautes ».

Le 10 apporte le secours désiré : si l'appel est sincère, désintéressé, l'épreuve sera subie avec succès et l'unité germera dans un terrain favorable. La carte représente 8 arcs ordinaires que deux épées traversent. Celles-ci n'atteignent pas les arcs dans leur entre-croisement supérieur de désir ; elles les traversent dans leur partie noire, néant des choses matérielles. Cette lame marque l'action équilibrée par l'intelligence. A gauche et à droite les pommeaux paraissent blancs ; la poignée est signée du 4, rouge à gauche, énergie, jaune à droite : l'intelligence. Les gardes sont intelligence à gauche, énergie créatrice à droite. Les lames sont bleues[5] une partie est laissée blanche au niveau de la bande rouge supérieure des arcs.

---

5   Il y a une légère différence entre les deux exemplaires que je possède. Celui qui paraît le plus ancien a une teinte noire sur le bleu de la pointe du glaive au-dessus de la tache

Les fleurs sont réduites à 2. Leur calice est blanc, pureté, leur corolle est le quaternaire spirituel, leur fruit naissant est l'énergie.

Le symbolisme indique que l'âme, après avoir traversé sans accident l'épreuve de la maturation, connaît la vanité des choses de ce monde et ne s'y arrête pas. Elle sait que les fruits de l'intelligence créatrice dans la matière sont tirés du néant (les fleurs) et qu'elles procèdent de l'intelligence pure ; que le fruit véritable est l'énergie, la force créatrice dirigée par l'esprit. Les 2 épées signifient l'équilibre de l'octénaire par leurs 4 parties. L'âme est maîtresse de ses désirs et de sa volonté. C'est à cette domination de soi-même que tend l'évolution de l'individu. Quand il aura atteint ce degré de calme spirituel, d'équilibre mental, de jugement éclairé, l'âme sera prête à entrer dans la vie spirituelle.

L'idée philosophique qu'exprime le 10 d'épées est donc une combinaison du VIIIe et du Xe arcane. L'être sait que le monde est l'œuvre de la bonté et de la justice, mais que ses manifestations dans notre univers ne sont qu'une vaine illusion. Que ses joies et ses douleurs ne sont vraies que pour lui et relativement à lui, que l'univers matériel n'en est pas troublé. Dans cette illusion perpétuelle qu'est la vie dans le plan inférieur, la réalité se résume dans notre formation spirituelle. Nous devons traverser la matière, pour des raisons que nous ignorons, mais pour un but que nous connaissons, notre élévation vers l'intelligence pure, vers l'esprit. Seul, l'esprit a une existence réelle, et une valeur véritable. Son essence est l'énergie.

L'énergie sous ses formes inférieures d'abord, sous ses formes supérieures ensuite est le fruit que nous devons cueillir à la fin des longues épreuves. Une infinité de vies nous les infligent pour notre bien, pour notre préparation à des vies meilleures. Ce fruit ne peut être cueilli que par nos efforts personnels : nul ne peut le cueillir pour nous. Cependant nous pouvons et nous devons aider les autres.

Droite, la carte signifie symboliquement le détachement du monde, l'équilibre de l'âme, le désir du progrès, le début de la science de la nature. L'être va entrer dans la vie spirituelle et se préparera à répondre à la question que lui posera le sphinx de l'arcane X ; mais il a encore 4 degrés à franchir. Je crois que le sens de « Détachement, philosophie, maîtrise de soi-même » est sa signification générale.

On lui donne habituellement les sens de « larmes, douleur, nuit ». Ces sens me paraissent contraires à l'esprit de la carte droite.

Ils s'appliquent bien à la carte renversée. L'être qui s'est trompé au 9 et au 10 est assez élevé pour s'apercevoir de sa faute, et il la regrette amèrement. Il a erré parce que ses lumières spirituelles étaient trop faibles pour l'éclairer ; mais les résultats de son erreur l'instruisent.

Nuit, larmes, douleurs concordent avec ce sens auquel on peut ajouter : « remords, repentir, regrets ».

---

blanche. Sur les deux exemplaires, on voit sur la lame de l'épée gauche deux raies noires, assez larges.

72. Les Épées : valet, cavalier, dame, roi

VALET D'ÉPÉES

Le Valet d'épées est un adolescent : il est coiffé d'un chapeau à calotte jaune, à bord extérieur rouge, intérieur bleu. Les nombres sont 6, intelligence ; 4 + 5 + 5 = 5, activité ; 5 + 3 = 8, désir. Le chapeau représente donc 6 + 5 + 8 = 19 = l'unité. Les cheveux sont blancs. La tunique rouge est 2 + 5 + 4 + 13 sur la poitrine, 24, ou 6, le sénaire ; les chausses sont bleues, les souliers rouges ; les manches bleues en haut, rouges à l'avant-bras ; le manteau bleu est doublé de jaune, avec un collet matière. Le sol est jaune ; dans la main gauche le Valet a une épée jaune avec un triangle à la base de la lame. Le fourreau est rouge.

Dans ce Valet, l'intelligence domine ; mais la poignée de son épée, rouge, indique l'activité créatrice entourant l'intelligence ; la garde est blanche, pureté, garde insuffisante pour une main encore matérielle. Comme tous les valets, symboles de l'adolescence dans la vie nouvelle, l'inexpérience est indiquée. L'homme possède l'instrument et désire trop tôt s'en servir. Il faut qu'il apprenne à le manier. Le valet d'épées a des marques de supériorité sur les autres. Il est curieux de les comparer entre eux. On voit l'ignorance (bâtons), la recherche (coupes), la connaissance (deniers), l'action (épées).

Le sens philosophique est un avertissement : « ne vous croyez pas encore capable de manier le redoutable instrument qu'est l'énergie spirituelle, avant d'avoir acquis l'expérience nécessaire. Vous feriez de faux miracles et vous dévieriez du droit chemin. Employée avec prudence, la puissance nouvelle que vous possédez sera féconde. Dans le cas contraire, elle amènera de mauvais résultats ».

Le sens traditionnel est approché : il traduit objective ment une idée subjective. L'adepte doit avoir de l'autorité sur lui-même et se surveiller ; d'où les sens subjectifs de surveillance, autorité. Cette surveillance peut être bien inspirée ou n'être que le défaut d'une qualité, de sorte que la carte, dans le sens passionnel a quelquefois la signification de jalousie.

Je crois que le sens d'espion doit être réservé à la carte renversée ; la surveillance est malfaisante. Le sens d'espion, de curiosité indiscrète et malveillante s'applique mieux. C'est aussi l'abus d'autorité.

Le Cavalier a casque et cuirasse. Le casque est jaune, avec un large bord bleu qui porte le nombre du dénaire. Il a une demi-cuirasse jaune, sur le haut d'une tunique bleue, avec un col jaune. Une épaulière sur le bras gauche ; il est ganté.

Ces deux parties sont matière et sur l'épaule est une figure de jeune femme, autour de laquelle est le nombre 14 ou 5, le quinaire matériel, la sensualité. Son épée blanche sans triangle, a une garde blanche. Il la tient de la main gauche. Entre le gantelet de l'épaulière, une partie rouge est au nombre 8. Le gantelet est 7. Le nombre du bras gauche qui agit est donc l'action, bornée par la matière. Le nombre total du bras est 20 : le binaire d'où l'esprit est absent, et c'est ce bras, maladroit qui manie l'épée spirituellement pure ; sa ceinture jaune et blanche est 6, 2 lignes droites et un double triangle. Les pans de la tunique sont 2 et 5, la cuisse est blanche, la genouillère bleue.

CAVALIER D'EPEE

La cuirasse jaune est 14 à droite du cavalier, 9 à gauche, 23 ou 5. Le col est 7. Le cheval est matière, avec des sabots bleus, désir, le sol intelligence.

Le symbolisme de cet arcane est très complexe, car les éléments favorables se combinent avec les mauvais. Le cavalier est guidé par l'in-

Cavalier d'épées

telligence : son arme est pure, mais le bras gauche qui porte l'épée est matière, le cheval est désir et matière, ses accessoires, harnais, bride, caparaçon sont jaunes, mais avec la signature répétée du quaternaire. Il est lui-même désir, et son gant est matière. La figure de femme qui recouvre l'épaule, où s'insère le bras armé comporte la menace du quinaire de la chair.

La carte précise encore le danger que l'adepte même avancé doit redouter. Ce danger est la femme dont l'influence est soulignée par la position de la figure. C'est bien elle qui est l'écueil. On peut être armé contre toutes attaques, on ne l'est pas contre les siennes à l'âge du cavalier.

Là est encore l'épreuve comme l'indique le quinaire et le dénaire rouge de l'étoffe couvrant le poitrail : le 15 de la partie de la housse en avant de la jambe (15 = 6), le 14 (6 + 8) = 5 ; les 2 lignes de hachures de la housse cachant la croupe, ou des arabesques qui l'ornent donnent le 5, une main le 5 caché sous le 4, 2 X 4 lignes pleines bordant la housse, le 4 + 4 et le 10 ; 2 lignes de points donnent 6 avec 9 points dans l'intérieur, 15 dans l'extérieur, le 24 où 6 encore.

Tout cela ramène l'esprit chercheur au symbolisme du 6 et du 5 que nous connaissons, et le total de ces nombres souvent répétés est le binaire par 11. Il y a donc dans cette lame l'indication d'un danger spécial, la passion dans le sentiment et notamment dans l'amour.

Ce danger n'est pas le même que dans le valet, où l'action prématurée et inexpérimentée est condamnée. Cela constitue l'activité désordonnée de l'enfance et de l'adolescence. Le péril est autre dans la jeunesse. Celui qui veut progresser dans la voie spirituelle doit avoir la pureté de la lame qu'il tient à la main.

C'est un conseil que l'expérience ne cesse de prodiguer inutilement à la jeunesse. Le sens philosophique ne s'adresse pas uniquement à elle et ne concerne pas seulement l'amour charnel. Il met en garde l'adepte contre tout sentiment trop ardent, quelque pur qu'il soit. Il embrasse tout ce qui lie à la matière.

Le sens traditionnel fait du cavalier armé un militaire, le symbole du courage, de la promptitude, de l'adresse.

Renversée, la carte caractérise la brutalité, la bestialité dans la pensée, le manque de direction intelligente dans la conduite.

REINE D'ÉPÉES

La dame est une femme à cheveux blancs (pureté) ; elle porte une couronne à 6 fleurons : 3 fleurs de lys dont 2 sont visibles à moitié, 2 pyramides surmontées d'une boule ; cela fait 6 points noirs, 2 triangles à arcs aigus (6 + 2), 7 pour les fleurs de lys (8 + 7) 2 boules ou 19 = 10 = 1. L'unité spirituelle.

La reine est vêtue d'une longue robe rouge ; le col est jaune avec 2 bandes et 9 points. La ceinture jaune a 3 bandes. Une bordure jaune descend du milieu du col à la ceinture. Elle porte le nombre 7 (le 5e point est double). Elle à de longues enveloppes bleues aux manches ; leur doublure est chair à la gauche de la dame, jaune à droite. Les manches sont jaunes. Le trône sur lequel elle est assise est jaune et chair. Elle tient à la main droite une épée rouge, activité féconde, force créatrice, dont la garde est esprit, et la poignée matière. Les signatures des bras sont 7 au droit, 11 au gauche = 9. La poignée est 7. La lame de désir : 1. L'arme est signée 8. Elle est au repos, bien qu'elle soit imprégnée par l'énergie créatrice.

En effet, la force créatrice qui domine la reine est guidée, dirigée par l'intelligence. Son action féconde est dans le développement du germe, qu'elle reçoit mais ne produit pas. C'est le symbole de la maturation indiqué par l'âge du personnage et par le nombre 9 souvent répété et inscrit sur son front. Elle redit une dernière fois « attendez d'être mûr ».

Le sens traditionnel est bien différent. Il en fait une femme brune, veuve, veuvage, délaissement. Rien n'indique ce sens dans le Tarot véritable. Dans les jeux ordinaires, les piques sont considérés comme mauvais d'une manière générale. Dans le Tarot, les cartes d'épées ne sont pas mauvaises, mais comme nous l'avons vu, signalent des dangers et montrent les conséquences de la chute, de la faute ou de l'erreur.

La dame d'épées signifie un haut degré d'élévation spirituelle, dans le mode ardent et passionné. Elle n'a aucun signe indiquant le veuvage. Elle peut être veuve, si des cartes comme le 4 ou le 5 d'épées la qualifient, mais elle ne l'est pas par elle-même.

C'est le symbole d'une personne réfléchie, sage, connaissant sa puissance et ne l'utilisant que sagement. Elle est bonne.

Renversée, elle a les défauts opposés. Elle est toujours instruite, puissante même, mais elle est malveillante et son intervention est de mauvais augure. C'est le symbole d'une influence capable de nuire.

Le Roi termine la série. C'est un personnage coiffé d'un large chapeau bleu bordé de rouge, dont le nombre est 16 + 3 = 19 = 1. Une couronne à 5 fleurons est sur le chapeau et lui sert de coiffe. Elle est jaune. 5 pieds triangulaires supportent des cercles signés du 10 ; 5 + 10 = 15 = 6. Le nombre de la coiffure est 7.

La chevelure est blanche. La poitrine est couverte d'une cuirasse bleue, à collet d'or. La cuirasse a les nombres 7 et 9 en cercles bleus sur noir ; c'est encore 7 ; il y a 13 lignes (sans compter la médiane qui fait la perspective de la convexité) 12 + 7 = 19 = 1. Les épaulières sont jaunes bordées de rouge. Sur chaque épaule une face humaine. De chaque côté, une bande rouge, signature : 4 cercles rouges à l'épaule droite. 38 lignes à la gauche = le 2. Le total est 6.

Le bras est jaune, on trouve 3 lignes de traits à droite ; une seule est à peu près nette ; la plus basse ; son chiffre est 11. A droite une ligne, signée du 11. C'est le binaire spirituel.

ROI D'ÉPÉES

La tunique, rouge est du nombre 7.

Elle est bordée de jaune, 36 ou 9.

Les genouillères bleues sont : 11 à gauche avec une frange 14 = 2 + 5 = 7 ; à gauche elle a les nombres 4 et 12 = encore 7.

Les jambes sont rouges, les souliers bleus.

Il tient de la main gauche un sceptre court, blanc à tête d'or. Dans la droite, une épée : lame matière 1, garde intelligence 3, poignée noire et blanche nombre douteux 6 ou 7, pommeau jaune du nombre 4. Le total serait 13 ou 17, mais c'est incertain.

Le Roi est assis sur un siège matière et intelligence. Les pieds reposent sur un quaternaire matière. Il y a beaucoup d'autres nombres. Un détail est à noter, deux signes noirs. Un rameau noir avec 2 feuilles et un fruit, dont le nombre lisible est 4, et un signe qui paraît nettement un 9 arabe.

Comme tous les arcanes d'épées, le roi est énigmatique. Il est jeune comme le roi de bâtons, coiffé comme lui. Le seul roi qui porte vraiment une couronne sur la tête est le roi de coupes. C'est un vieillard comme le roi de deniers, mais ce dernier n'a pas de couronne. Les deux vieillards n'ont pas d'armes. Les jeunes sont revêtus d'armures ; mais le roi de bâtons n'a qu'un lourd sceptre, une sorte de massue. Il n'a pas d'arme offensive. Celui d'épées a son glaive. Le sol sur lequel est placé le trône des rois de coupes et de deniers est intelligence, les rois de bâtons et d'épées ont les pieds posés partie sur l'intelligence, partie sur la matière.

Il semble bien que le personnage représentant le degré le plus élevé soit le roi de deniers, ensuite celui de coupes et que le roi d'épées marque une sorte de régression. Il y aurait à faire un travail comparatif qui permettrait de pénétrer plus profondément dans le symbolisme compliqué du Tarot.

Tel que les indications numériques l'indiquent, le roi d'épées est un triomphateur. Le chiffre 7 si souvent répété nous l'indique. Mais son triomphe n'est ni le travail continu du roi de bâtons, le plus près de la matière, ni la sensibilité et la bonté du roi de coupes, ni l'intelligence et la science du roi de deniers. Les épées comportent toujours un élément de passion, d'ardeur, de lutte, de violence contre lequel les arcanes de la série mettent comme nous l'avons vu, le candidat à la vie nouvelle toujours en garde. Le 7 lui-même est un nombre qui est la racine de l'arcane XVI, la destruction.

Le triomphe du roi d'épées est donc plein de dangers. Il peut être animé de bonnes intentions, mais la nature même de son triomphe contient un élément d'instabilité ; sa rapidité (il est jeune) et sa violence (l'épée matérielle).

Le sens philosophique découle de tous ces symboles. Le succès vous arrive vite, mais évitez de le gagner au moyen de luttes, de violences, qui laissent derrière elles des douleurs dont vous êtes responsable, des rancunes dont vous pouvez être victime un jour. Si les circonstances vous ont entraîné trop loin, profitez de votre succès pour panser les blessures faites par lui.

Le sens traditionnel du roi d'épées est : « pouvoir, autorité, appui, magistrat, homme de loi ». C'est un sens vrai, mais incomplet.

Renversée, cette carte a un sens maléfique. Elle représente l'autorité, le pouvoir, mis au service de la malveillance : c'est un homme méchant, cherchant à nuire.

73. La magie dans les épées — Résumé

Avant d'en finir avec les épées, je crois devoir indiquer un sens spécial, très voilé, mais qui semble bien marqué dans le 7, le 8 et le 10. La science de l'individu, arrivé à ces degrés, n'est pas seulement la science publique ; elle comprend la science occulte et ce qu'elle apprend des forces astrales et de leur maniement. Les épées sont bleues, dans le 7 et le 10. Le 8 a une étoile bleue au lieu des ornements fleuris habituels, désir, volonté ; dans mon exemplaire, la couleur bleue sombre est très accentuée.

L'épée, volonté, que manie l'intelligence est le symbole de l'énergie obéissant directement à l'esprit, et agissant comme un glaive. Cela évoque l'idée de la Magie, science de la force astrale. Elle peut être employée pour le bien comme dans le cas du roi de deniers ; mais dans les épées, les forces astrales ont un caractère de violence qu'il ne faut pas perdre de vue. Elles sont, par conséquent, voisines de la matière et dépendent de l'astral inférieur, c'est-à-dire du monde des désirs et les désirs dans le plan de ces forces ne sont pas spirituels.

La magie qui agit sur ce plan inférieur, est la Magie noire, et la carte qui semble condamner la nécromancie est le 8 d'épées, aux fleurs noires bleues, désirs vains, au fruit binaire. C'est l'évocation, la magie cérémonielle et toutes ses dangereuses illusions. Elle aboutit au 10 renversé dont les épées, la pointe en bas, symbolisent le triangle renversé, signe du mal et de l'involution. Ce sens serait précisé symboliquement par l'association en contact ou en rapport de deux de ces cartes. On peut y ajouter le 5 qui évoque l'idée de l'envoûtement.

Les 7, 8 et 10 de cette série représentent dans les Tarots l'influence spéciale que les astrologues donnent aux signes du Scorpion et des Poissons, aux planètes Uranus, Neptune et Mercure. Elles évoquent l'idée des sciences occultes, le goût ou la prédisposition à leur étude, leur pratique souvent dangereuse. Le Tarot ne les condamne pas, mais recommande de s'en tenir éloigné tant que l'on n'aura pas été préparé à les connaître. C'est un fruit que l'homme ne peut cueillir s'il n'est pas mûr pour le récolter. Je parle de la maturité de celui qui cueille, non de celle du fruit cueilli.

C'est pour cela que seul le 9 d'épées reproduit les couleurs des autres cartes de la série, dont les 7, 8 et 10 s'écartent. Le 9 est la maturation.

Il y aurait bien des enseignements à extraire de l'analyse des cartes supérieures de la couleur épées, mais cela nous entraînerait trop loin. En appliquant les règles de l'interprétation des symboles, le lecteur trouvera ces indications.

J'en ai terminé avec la lecture du livre écrit en symboles qu'on appelle le Tarot. J'ai essayé d'en reconstituer l'enseignement et d'en montrer le mécanisme psychologique. Mon travail est certainement incomplet et doit contenir des erreurs. Je souhaite qu'il attire l'attention des philosophes qui se préoccupent de la psychologie des symboles, Ceux-ci sont la forme primitive de l'expression de la pensée et leur étude est des plus importantes au point de vue de l'origine du langage, des croyances et des religions.

Ma tâche ne serait pas finie si je n'abordais l'étude complémentaire de cette analyse. Il faut voir comment les professionnels de la divination les lisent, rechercher les éléments de leurs idées telles que les symboles les suggèrent. Cette étude pratique de la divination nous aidera à en comprendre le mécanisme et à découvrir quelques lois de la psychologie de l'intuition.

LIVRE IV
Le Tarot et la psychologie de la divination

74. La divination conjecturale

La Divination, la pré-connaissance de l'avenir, est pratiquée depuis la plus haute antiquité. Elle existe encore de nos jours, non seulement dans les sociétés de type primitif, mais dans nos milieux civilisés. Le nombre considérable de cartomanciens, chiromanciens et autres devins indique combien leur clientèle est abondante. Les procédés de divination peuvent changer, l'art demeure et conserve ses fidèles.

J'ai examiné dans un autre travail la Divination et je ne referai pas ici cette étude. Mon sujet est d'analyser simplement le procédé divinatoire dont le Tarot est l'instrument et de démontrer en quelque sorte le mécanisme mental qui conduit le devin à ses conclusions.

La pratique de l'art divinatoire se divise en deux parties : la première est conjecturale, la seconde divinatoire proprement dite, mais elles s'associent dans l'exercice de cet art et l'habileté, la science, l'expérience aident la pronostication.

La « conjecture » est une opération rationnelle. C'est l'ensemble de déductions auxquelles conduit la physionomie, le costume, l'attitude, l'allure, le regard, enfin les gestes, les observations et les questions du sujet.

75. La physionomie

Les traits du visage, l'aspect extérieur du corps et des mains, le regard enfin renseignent le devin expérimenté. La physionomie est une science par elle-même, et celui qui veut pratiquer intelligemment l'art divinatoire doit en connaître au moins les éléments.

Le plus utile est le visage.

Les physionomistes ont classé les traits en huit catégories, correspondant aux types planétaires astrologiques et à la terre.

Le premier est le type solaire. La personne est de taille moyenne, bien faite, le teint un peu brun ; les yeux bien ouverts, brun clair, souvent pailletés de jaune ou de couleur claire. Le sujet est bien musclé, d'allure vive ; il a les cheveux ordinairement châtains, le tempérament sanguin, la face pleine avec souvent un signe ou une cicatrice.

De telles personnes ont un caractère noble, courageux, aimant la lutte et sont de redoutables ennemis. Les solaires s'élèvent dans la société, mais sont fiers. Ce sont des amis fidèles, qui tiennent leurs promesses. Ils sont ambitieux et ont de la tenue. Fréquemment, ils occupent des fonctions publiques ou des postes de confiance. Ils aiment la toilette, les bijoux, l'ostentation.

S'il y a dissonance dans une personne de ce type, c'est-à-dire des signes qui ne s'harmonisent pas, le personnage est un égoïste, un despote, humble avec ses supérieurs, arrogant avec ses inférieurs. C'est un hypocrite. On le reconnaît à son langage ; il parle beaucoup, souvent pour ne rien dire et se vante volontiers. On peut prévoir qu'il est peu aimé à cause de sa vanité et de son orgueil.

Le Mercurien est grand ou de taille moyenne, droit, mince, avec des membres longs, des pieds et des mains longs-et étroits. Sa figure est allongée, son nez long, ses lèvres minces, son menton resserré. Ses cheveux sont bruns ou châtains, il a peu de barbe. Son teint est brun.

Harmonique, c'est une personne d'une vive imagination, très intelligente, ayant une excellente mémoire. Des traits dissonants indiquent une intelligence bernée, un esprit enclin à la médisance, menteur, vantard, hypocrite, ne méritant aucune confiance.

D'ordinaire, les Mercuriens sont hommes de lettres, savants, artistes, médecins, avocats, professeurs, ambassadeurs où commissionnaires, huissiers ou avoués, clercs, quelquefois ils sont gens de maison. Les plus mauvais types sont des escrocs ou des usuriers.

Les Vénusiens sont gracieux, bien faits, de taille moyenne, ont de beaux traits, de jolis yeux bleus ou verts, la figure pleine, le nez court et délicat, les narines largement ouvertes. La bouche bien dessinée, les dents blanches, les lèvres sensuelles sans lourdeur, le teint clair et rosé, les cheveux blonds ou châtains, la voix douce ; les membres sont minces, un peu longs ; les mains et les pieds sont fins. Ils sont doux, tranquilles, aimables, bien doués, aimant le monde, le plaisir et les arts, ils goûtent la compagnie de gens du sexe opposé et ont un tempérament amoureux. Ils aiment la toilette, les bijoux et les ornements.

Des traits dissonants, indiquent un prodigue, un « fétard », un débauché, sans souci de sa réputation et fréquentant une mauvaise compagnie.

Le Terrien est massif, robuste, a le visage rond, les joues grasses, le menton lourd, les lèvres épaisses, peu colorées, les dents grosses, le nez court et large, les narines très ouvertes. Le teint est blanc avec une légère nuance jaune, quelquefois mêlée de rose chez les femmes. Le cou est court et épais ; les cheveux sont blonds ou châtains. Les yeux bleus ou gris, les mains sont grasses, courtes. Les membres sont forts, courts, les pieds larges et courts.

Ils sont bons, d'intelligence moyenne, aiment les plaisirs de la table, sont de tempérament sensuel plutôt qu'amoureux. Ils sont travailleurs et occupent généralement des situations moyennes. Ils aiment l'argent.

La dissonance en fait des êtres d'esprit lourd et d'habitudes grossières, enclins à la gourmandise et à l'ivrognerie, menteurs, voleurs et quelquefois pire. Ils sont souvent avares.

Le type lunaire est assez grand. Il se rapproche du type terrien. Le front est plus élevé, le teint est pâle et mat, les yeux gris ou bleus, la figure ronde, les cheveux clairs. Le menton est marqué par de l'épaisseur, les lèvres sont plus minces que dans le type terrien, et plus pâles. Les membres sont courts, les pieds et les mains larges. Des taches dans l'œil révèlent des facultés médiumniques, notamment de l'intuition et des pressentiments. Très apparentes, ces taches dans l'iris de l'œil dénotent l'animosité des supérieurs résultant d'un soleil maléfique.

Harmoniques, les lunaires sont doux, aimables, ont une vive sensibilité et de l'imagination. Souvent ils sont poètes, ou écrivent des romans. Ils aiment les voyages.

La dissonance en fait des ivrognes, des paresseux, toujours prêts à emprunter.

Le Martien est robuste, trapu, musclé, de taille moyenne ou petite ; sa figure est ronde et colorée, son regard hardi. Les cheveux sont roux ou châtains clair, les yeux vifs et bruns. Le nez est droit, court, quelquefois relevé. Sa bouche est bien fendue, ses lèvres sont charnues et rouges.

Les Martiens sont actifs, courageux, batailleurs, ne craignent rien. Ils sont généreux et fidèles, souvent impulsifs et violents, irascibles. Ils administrent leurs biens avec économie.

La dissonance des traits se révèle immédiatement par la grossièreté, la brutalité, l'air d'un matamore. Ce sont des êtres bestiaux, voleurs avec violence, meurtriers. Ils sont traîtres et cruels.

Ils indiquent dans les cas favorables les soldats, gradés ou non, les chirurgiens, les métiers qui manient le fer ou les métaux, le cuir, etc. les cuisiniers. Mal disposé, le visage annonce des présages de mauvais augure, bestialité, violence, brutalité.

Le Jovien est grand, droit, le teint légèrement coloré, figure ovale, front haut, yeux gris ou bruns clairs ; cheveux châtains épais. Robuste et bien fait, il est aimable, jovial, honnête et loyal. Dissonants, ses traits annoncent l'hypocrisie, la vanité, la hauteur, l'extravagance, le despotisme, des mœurs licencieuses, des goûts de dépenses exagérées.

Le Jovien est magistrat, homme politique, ecclésiastique ; un aspect mauvais dénote le mauvais homme de loi, l'agent d'affaires véreux, le pêcheur en eau trouble.

Le Saturnien est de taille moyenne, ou élevée, teint pâle ou brun, des yeux noirs, petits, profonds. Le front est haut, les sourcils fournis et bas, les cheveux noirs et plats. La figure est amincie, le nez est long et mince, les oreilles grandes, la barbe clairsemée, lés lèvres minces et peu colorées, les épaules larges, les jambes et les mollets maigres, La physionomie est sérieuse.

C'est un homme à l'esprit porté vers les choses graves, pénétrant, fidèle dans ses amitiés et ses antipathies, mélancolique, jaloux.

La dissonance se traduit par des traits tantôt plus massifs et grossiers, tantôt par l'exagération de leur longueur et de leur amincissement. La bouche est comme une fente entre d'étroites lèvres, elle est grande. Le menton devient pointu. Ce type est avare, envieux, poltron, méchant, menteur, sournois, soupçonneux et méfiant.

Les types planétaires de Neptune et d'Uranus sont encore mal définis et discutés.

L'Uranien rappelle le Saturnien et le Mercurien, il est plus petit, brun, a des oreilles moins grandes, une bouche moins allongée, des lèvres plus épaisses et plus colorées. Son regard est plus vivant, souvent pénétrant et vague à la fois. Il est tenace, ami des idées nouvelles et du changement, d'esprit révolutionnaire, il a une tendance à accepter les idées les plus avancées. C'est un curieux des sciences occultes.

Dissonant, c'est un exagéré, un passionné, son jugement est faux, mais il est ardent et disposé à envisager les choses d'un point de vue mystique. C'est souvent l'apôtre du désordre, et quelquefois il obéit à des sentiments d'intérêt personnel, surtout quand son type se rapproche du mauvais Saturne.

Harmonique, il s'occupe de politique, de sciences sociales, d'occultisme, Il est utile quand il est harmonique, mais dangereux à cause de son ardeur et de sa sincérité. Dissonant, il vit de politique et de charlatanisme.

Le Neptunien est encore moins connu. Il paraît combiner les traits du Lunaire, du Vénusien et du Mercurien. Il est de taille moyenne, a le visage rend, l'iris de l'œil bleu ou châtain, souvent taché, les doigts longs, il est agréable et doux, le regard est attirant, voilé, souvent perdu. La bouche est du type vénusien mais le menton est plus accusé.

Ils sont honnêtes, bons, mais inconstants, mobiles. Lis ont souvent des facultés médiumniques. On ne sait pas encore leur tendance professionnelle, mais on peut prévoir qu'ils aiment les sciences occultes, sont spirites, théosophes, etc.

Le manque d'harmonie se traduit par le manque de fixité dans l'esprit, les brusques changements du sentiment, l'infidélité chez les époux ou les amants, la pratique de la magie.

A ces indications, qui demandent quelques lectures et des observations, s'ajoutent des détails intéressants pour placer son sujet dans son milieu social. Cela se reconnaît facilement au costume, à l'éducation, aux manières, à mille détails que l'intelligence et l'expérience doivent noter. On me peut pas parler à des personnes âgées comme à des jeunes gens ou à des jeunes filles. Les hauts et les bas de l'existence se répartissent assez également sur les riches et sur les pauvres, sur les membres de la haute société, comme sur ceux dont la situation est plus modeste ; ce qui varie est la nature des modifications, des préoccupations et des besoins qui sont relatifs.

76. L'allure, le costume, l'attitude, les questions, le choix des cartes

On né rencontre presque jamais de type planétaire pur. Les physionomies humaines sont des mélanges de plusieurs types, et il faut étudier avec soin chaque individu pour reconnaître les éléments qui le caractérisent et la proportion dans laquelle ils se combinent. Cela ne s'apprend qu'avec de l'expérience.

On peut considérer que dans tout mélange, chaque : type planétaire a des caractères plus fixes que les autres et qui constituent *sa signature.*

Saturne se reconnaît au teint, un peu gris, aux Cheveux noirs et plats, aux yeux foncés, à la longueur et à l'étroitesse du nez, des lèvres, des mains et des pieds. Cependant certains peuples offrent des types saturniens à yeux clairs, par exemple les Écossais.

Jupiter se marque par des yeux clairs, une allure décidée, un corps bien-proportionné avec tendance à l'embonpoint. Le Jovien est gai. Cheveux frisés.

Mars est brun, vif, brusque.

Vénus donné des yeux et des cheveux plus clairs, une bouche qui sourit facilement, des manières gracieuses, des mains et des pieds fins. Cheveux ondulants, bagues et bijoux.

Mercure est brun, cheveux plats ou formant de larges plis, œil brun, regard vif. Extrémités fines.

Le Soleil paillette les yeux, donne une allure distinguée, des cheveux fauves, quelquefois roux.

La Lune donne un teint pâle, mat, des yeux teintés de bleu ou de vert, des lèvres fortement dessinées, l'air rêveur.

L'harmonie d'une physionomie dépend de l'accord entre les traits ou les détails empruntés aux différents types. La dissonance se signale par un manque d'accord. Par exemple, une bouche et des lèvres du type de Vénus avec un nez et des yeux du type de Saturne indique quelquefois une nature pervertie, ou même invertie. Le Soleil et Jupiter mêlés à Mars font des hommes hardis, autoritaires, des femmes enclines à dominer.

Il faut observer et peser rapidement chaque détail. L'expérience est nécessaire pour cela. L'amour est plus spécialement la grande affaire de le jeunesse ; il demeure un facteur important dans l'existence de-certains tempéraments que révèle l'examen de la physionomie. Son rôle ne doit jamais être négligé, pour les femmes entre 36 et 50 ans, pour les hommes entre 45 et 60 ans.

Les préoccupations financières ont ensuite le pas : ce n'est pas la jeunesse qui s'y intéresse ; sauf des cas que la pratique sait découvrir, il y a quelquefois une question amoureuse sous roche. La jalousie est un autre élément, qui se découvre tant par la physionomie que par la pratique. Les femmes y sont plus sujettes que les hommes, surtout celles qui sont un peu mûres et veulent toujours plaire. Neuf fois sur dix, le costume, l'usage des fards ou des cosmétiques seront un indice, de même qu'une toilette trop jeune pour celui qui la porte.

Les bijoux renseignent aussi ; les jeunes filles de situation modeste qui en portent de trop voyants ou quelquefois de trop beaux, révèlent ainsi leurs tendances.

Le soin de la toilette chez une personne qui conserve une tenue correcte, mais laisse apercevoir son usage constant, et les soins qui lui sont donnés, renseigne dans un autre sens, celui-ci plus favorable.

Le soulier est plein de renseignements. Les gants en donnent aussi.

La main parle encore plus. Elle indique souvent la profession, dans ses grandes lignes. La main d'une personne qui travaille la terre ou manie des instruments lourds n'est pas celle de celui qui travaille à des écritures, qui dessine ou qui peint. Une main soignée renseigne sur la propreté, la délicatesse, l'éducation d'une personne modeste.

La manière de se présenter indique le caractère affable, poli, hautain ou grossier de la personne, et renseigne sur son éducation et son tempérament. Quand il y a dissonance entre ces signes extérieurs et le costume, on doit y trouver une indication fertile en résultats. On reconnaît facilement le nouveau de l'ancien riche.

La voix indique le caractère par sa douceur ou sa rudesse ; la culture, la bonne ou la mauvaise éducation par son accent et ses expressions ; on devine aisément si le sujet plaît ou déplaît, s'il a plus d'amis que d'ennemis.

Le regard est très instructif ; il révèle l'intelligence, la lenteur ou la vivacité de l'esprit et du caractère, et chose importante, l'intérêt que le sujet prend aux propos du devin. Dès que son regard devient plus animé, qué son attention se dessine par une attitude, un jeu de physionomie ou par un regard, on sait qu'on touche aux préoccupations secrètes du consultant. Ce dernier, en effet, dissimule ordinairement le fond de sa pensée. Il s'agit, pour l'artiste, de le découvrir.

Tout doit être examiné. Prenons les bagues pour exemple. Une femme mariée qui vient consulter un cartomancien, ne vient généralement pas pour être renseignée sur la fidélité de son mari, quoique ce cas s'observe assez souvent. Mais alors elle porte son anneau. Si elle ne porte pas de bague à l'annulaire gauche, et si la marque d'une bague y est visible, on est fixé. Amour illégal, inquiétude, jalousie, soupçon. Cela oriente l'intuition.

C'est pourquoi il faut faire souvent couper le consultant et examiner sa main et ses doigts.

Enfin, il y a les questions. Un devin habile ne doit jamais en poser. S'il a devant lui une personne intelligente, il donne tout de suite l'impression qu'il fait la pêche aux renseignements, ce qui d'ailleurs est souvent vrai, car il ÿ a le bon et le mauvais cartomancien. Le bon ne questionne pas ; il se fait questionner. Là est le secret de l'art.

Il y a plusieurs manières de se faire questionner. Le nombre des sujets principaux est comme nous l'avons vu, assez limité. Il les introduira successivement, dans tordre des renseignements donnés par la physionomie, l'allure et d'apparence du consultant. Beaucoup de ses clients parent inconsidérément. Ils sont alors faciles à déchiffrer ; ils se racontent par le menu et font même quelquefois des confidences au devin. Il y en a quelques-uns, assez rares qui agissent autrement. Ils parlent de ce qui ne les intéresse pas dans le fond de leur pensée. Il faut donc être prudent dans es cas. Les silencieux sont les plus agréables et les meilleurs ; ils ne troublent par l'intuition que doit avoir le vrai devin. C'est à ce dernier de s'orienter, par l'art et la technique, non pour y puiser ses oracles, mais pour vérifier si son intuition ne s'égare pas, car l'intuition joue le rôle principal dans la divination.

C'est pour guider cette faculté que le devin véritable se fait questionner et il y a deux procédés pour y arriver.

Le premier est d'abord de chercher l'ordre d'idées dans lequel se meuvent les pensées du consultant. I doit donc, selon sa méthode propre et son inspiration, les aborder successivement suivant les probabilités. Il doit inspecter les cartes, en donner un commentaire général après un sérieux examen, et interpréter le sens général des symboles. Il observe attentivement, mais sans en avoir l'air, son client pendant qu'il lui adresse le discours et note ce qui a provoqué le signe d'intérêt ou d'attention qui le renseigne. Il a ainsi son orientation. Ce-n'est pas inutile, parce que la variété des idées qui dépendent de chaque symbole est grande : si on doit lui donner un sens matériel, affaires, argent, propriétés ou maisons, il faudra lui en donner un autre si c'est un sentiment qui a conduit le consultant, un troisième, si c'est une question de famille, de carrière, enfin un quatrième si c'est un mouvement violent de l'âme, Et dans ce cas, il faudra également trouver quel est le genre du sentiment violent qu'il éprouve : amour sincère, vengeance, cupidité, etc.

L'intuition guidera souvent ; mais il est bon, dans l'intérêt même d'une divination correcte, de vérifier presque à chaque moment important, si les données intuitives sont justes.

Le second moyen est de faire choisir quelques cartes complémentaires. Dans la plupart des techniques, on fait choisir ou-on tire soi-même un certain nombre de cartes, et ensuite, après lecture faite, on invite le consultant à en couvrir quelques-unes. On voit tout de suite celles qui l'intéressent le plus et l'orientation comme le contrôle des idées intuitives, peut s'obtenir.

77. L'intuition

Tels sont les procédés de la science rationnelle du cartomancien. Ils lui sont utiles, mais à la condition qu'il ait le don de vaticiner, c'est-à-dire la faculté de lire dans la conscience organique du consultant, les renseignements qu'elle possède sur son passé, sen présent, et sur 'son avenir. Un proverbe anglais dit que les événements qui s'approchent jettent une ombre devant eux (*coming events cast their shadows before*). C'est cette ombre qui constitue le pressentiment que chaque être à de sen destin, pressentiment qui demeure latent, faute de pouvoir se transmettre à la personnalité normale ; l'individualité organique ne peut l'atteindre.

Pour abréger mon langage et le rendre plus concis et plus technique, je dirai que te subconscient ou la conscience individuelle, a ses racines dans le plan astral, qui communique lui-même, par l'intermédiaire de sa partie la plus élevée, le plan mental, avec le plan supérieur qui est l'intelligence ; et celle-ci relie les mondes inférieurs à celui de l'esprit.

L'esprit est en définitive l'unité de toutes les forces synthétiques, c'est-à-dire ramenées à leur principe unique. L'esprit est le mouvement, l'énergie créatrice dont les arcanes I à IV nous montrent les opérations fondamentales : vouloir, savoir, agir, réaliser.

Les arcanes VIII, X et suivants nous résument d'abord l'idée de justice qui domine la pensée créatrice, ensuite le développement progressif de l'esprit incorporé à la matière, c'est-à-dire s'opposant à lui-même (IX, XV, XVI) et réalisant l'univers par le binaire spirituel des deux principes du mouvement, l'attraction et la répulsion (XV et XVI tout naît de leurs combinaisons (XV) et de leurs transformations (XIII).

Nous savons que dans le monde de la matière, toutes les forces que nous connaissons se résument en des mouvements infiniment variés, que nous mesurons à l'aide de deux repères : le temps et l'espace. Mais ces repères n'ont de valeur que relativement à la matière telle que nous la connaissons.

Le mouvement a des formes différentes, non dans son essence, mais dans ses manifestations, selon les mondes où il opère.

Il a donc des formes qui régresser de l'esprit à l'intelligence, de l'intelligence à la sensibilité, de la sensibilité enfin à ce que nous appelons l'étendue, la durée, et les qualités que nos sens prêtent à la matière, impénétrabilité, résistance, etc. Déjà ces qualités varient selon ses états : solide, liquide, gazeux ou radiant. Il en est de même pour ce qui est la matière des mondes supérieurs au nôtre, et il en est de la sensibilité comme de la matière. Nous avons l'expérience de ces variétés des formes possibles par la différence entre la sensation, ébranlement physique, et le sentiment, mouvement de l'âme inférieure, de l'âme qui se rapproche ou s'éloigne d'un objet ; et comme fa sensibilité, l'intelligence a ses formes selon les mondes où elle opère.

La barrière qui sépare les mondes à leurs points de contact, qui sont représentés dans le symbolisme des nombres par 5, 7, 10 et 14, ne sont pas des murailles comme celles de la Chine. Ce sont des frontières où les deux mondes en contact se pénètrent, et il est possible, dès notre existence en ce monde de la matière, de pénétrer plus ou moins loin dans l'astral, le mental, l'intellectuel et d'apercevoir dans le lointain les purs sommets du monde spirituel inférieur.

L'intuition, au point de vue occulte, est un rapport établi entre nous, êtres vivants et les mondes supérieurs, auxquels certaines parties de nous-mêmes appartiennent. Le but que semble poursuivre la nature est de nous relever vers elle, vers son essence immaculée, par les épreuves que nous traversons dans la vie matérielle et probablement aussi dans les autres. C'est sans doute une idée de ce genre qui est au fond des croyances à la chute des anges, au péché originel, etc. que l'on rencontre dans tant de religions.

Mais le rapport existe entre nous et les mondes supérieurs. Notre intelligence personnelle est trop distraite pour s'en apercevoir, peut-être aussi trop faible et trop bornée dans ce démembrement de notre être qu'est la personnalité. Elle est perçue par notre conscience organique qui ne peut la communiquer à la conscience personnelle directement. De là, le langage symbolique de l'hallucination, du rêve, ou ces indications du langage ou de l'écriture automatiques qui surprennent la conscience personnelle et paraissent avoir une origine étrangère à son organisme.

Ces communications de l'individualité à son lieutenant emprisonné dans la personnalité, sont dans le plan physique. Dans le plan mental, elles se font sans l'intermédiaire direct des sens ou des mouvements musculaires qui sont, les premiers surtout, excités seulement par l'idée, toujours plus ou moins liée à une image ; cette communication plus rapide est l'inspiration ou l'intuition. C'est elle qui fait le devin. L'instrument qu'il emploie joue le rôle d'un repère et d'une sorte d'excitateur de l'idéation. Sans être inutile, ni même indifférent, l'outil vaut ce que vaut celui qui s'en sert. De là vient la variété des procédés de divination. La cartomancie par le Tarot que j'ai analysé, est avec l'astrologie d'abord, la physionomie ensuite, un des instruments les plus utiles. Mais un bon devin se sert de l'outil dont il a l'habitude avec plus de succès que du meilleur instrument qu'il ne connaîtrait pas. J'ai traité cette question dans mon étude sur la divination.

En résumé, pour obtenir de bons résultats, il est nécessaire d'avoir une intuition naturelle bien exercée : et il est utile d'avoir un instrument perfectionné que l'on connaisse bien.

Il est également utile d'avoir recours aux procédés techniques que j'ai résumés plus haut, à la condition de ne s'en servir que pour faciliter l'opération intuitive ; en cas d'hésitation ou même d'opposition entre l'impulsion intuitive et la signification traditionnelle, c'est l'impulsion qu'il faut suivre.

Enfin, il ne faut jamais lire une carte isolément, mais en liaison avec celles qui lui sont rattachées par certaines positions géométriques.

Telles sont les règles générales du mécanisme psychologique de l'interprétation divinatoire des symboles.

Je me bornerai à donner des méthodes simples, deux suffiront pour obtenir les conditions dans lesquelles l'intuition opère le plus favorablement.

78. Les méthodes — Les 21 cartes

Les procédés sont nombreux ; la lecture de quelques traités de cartomancie en fera connaître un grand nombre.

J'écarterai ceux dans lesquels le jeu libre de l'intuition est gêné. Ce sont ceux dans lesquels les cartes sont tirées de manière à obliger l'interprète à leur donner leur sens habituel. Dans les procédés comme ceux des petits paquets par 4 où 5 cartes, tirées une à une et lues chacune à son tour, le hasard. joue Le principal rôle et toute combinaison précisant les détails est impossible. La cartomancie devient un procédé médiocre, celui du « sort » ou des e présages ». La psychologie en est rudimentaire.

Ou, le devin lit mot à mot les cartes, où il suit purement son intuition. Celle-ci se réduit à choisir les associations d'idées qui se présentent spontanément à sa pensée.

Trois procédés me paraissent réunir les meilleures conditions pour opérer : ces conditions sont :

1. Donner au devin le temps d'observer son sujet ;
2. Lui permettre d'observer ses mains et son regard ;
3. Lui faciliter l'orientation de son intuition.

Le choix de 21 cartes correspond au symbolisme du Tarot : c'est le triple septénaire. Il fournit un grand nombre de combinaisons géométriques. Les cartes sont en 3 séries horizontales, en 7 verticales, et ont des rapports de voisinage avec 3 cartes au moins, 8 au plus, (les 4 côtés et les coins} et enfin ont des places symétriques par rapport à la position de la carte centrale.

Les 21 cartes sont choisies par le sujet — c'est le procédé qui facilite le plus l'observation des mains — ou tirées par le devin ; ce qui permet mieux l'examen du regard.

Dans le premier cas, l'opérateur étale les cartes en demi-cercle, devant le consultant et lui recommande de choisir 21 cartes. El est bon de ralentir le choix : aussi faut-il recommander de promener lentement les doigts au-dessus des cartés, en les touchant légèrement et de choisir celles dont le contact produira une très faible sensation. Au point de vue technique, les mains sont alors très faciles à observer. Au point de vue occulte, ce procédé présente l'avantage de laisser le sujet choisir intuitivement les cartes de son jeu. Il ne faut-rien dire pendant que ce choix est fait. Les cartes sont placées dans l'ordre de leur choix.

Si on tire les cartes soi-même, il faut les faire mêler trois fois par le consultant, le faire couper ; on doit couper de la main gauche. Le tirage du Tarot se fait ainsi : d'abord la première carte, ensuite celle qui occupe le 7e rang après elle, et ainsi de suite. On tire donc les 1re, 8e, 15e, etc… Cela épuise le jeu.

On remêlé les cartes, on fait couper et on continue, cette fois on prend directement la 7e, la 14e, etc…

1	2	3	4	5	6	7
8	9	10	11	12	13	14
15	16	17	18	19	20	21

Il reste trois cartes que l'on met de côté pour la « surprise ».

Les cartes sont placées en trois rangées de 7 cartes chacune, suivant leur ordre de sortie ou de choix.

Il faut faire attention à conserver aux cartes leur position droite ou renversée, par rapport au consultant.

Comment procéder ? La technique prudente exige que l'on gagne du temps, mais il faut le faire utilement. On commence donc par l'analyse :

1. Des arcanes majeurs ;
2. De la carte centrale ou dominante.

Supposons, par exemple, que les 21 cartes soient sorties dans l'ordre suivant :

III R.	2 Denier R.	5 Bâton R.	10 Coupe D.	XI R.	6 Bâton R.	XVIII R.
R. Coupe D.	R. Den. D.	XIX R.	XVII R.	9 Bâton R.	Valet Ep. D.	7 Epée D.
8 Bâton D.	7 Bâton D.	As. Den. D.	Val. C. D.	4 Coupe D.	10 Epée R.	Cav. Bât. D.

Supposez que le consultant soit une dame, gracieuse, élégamment vêtue, mariée à cause de son anneau, ayant des traces de soucis dans la physionomie, Elle est cultivée et n'exerce aucune profession en apparence ou bien exerce une profession libérale.

Vous analysez d'abord les influences des courants astraux. La 11ᵉ carte, dominante, celle qui occupe le centre est un arcane majeur, le germe, l'espoir (XVII). Ce germe est menacé, cet espoir déçu puisque la carte est renversée. Cette personne a donc eu des espérances, leur réalisation est improbable.

Quelles espérances ? Son âge, son allure indiquent deux voies : amour ou situation. Voyez les cartes qui entourent cette dominante. En haut, en contact direct, le symbole de la considération, de la ville où l'on habite (10 de coupes). En haut, à droite, le 5 de bâtons renversé, chicanes, procès, difficultés avec des associés, etc…, à droite manque d'énergie (XI renversé). De niveau avec elle, à droite des obstacles et des retards d'ordre matériel (9 de bâtons renversé) ; à gauche un bonheur qui n'est pas complet (XIX renversé). En bas, à gauche le succès (As de deniers), au milieu, sous la dominante, l'idée de loyauté, de bonne éducation, ou l'image d'un jeune homme ayant ces qualités (Valet de coupe) ; à droite la lassitude, le changement de relations et de sentiments (4 de coupes).

Les idées qui s'accrochent aux cartes en contact avec la dominante indiquent des déceptions et des soucis provenant de deux causes : des difficultés avec des associés, dans une affaire, des préoccupations sociales, une nature droite, mais manquant d'énergie et de constance, apte à changer. Le bonheur espéré était d'ordre matériel, financier, ou social. Telles sont les idées dans lesquelles la carte vous oriente. La présence du valet de coupe indique l'existence d'un sentiment sincère lié à ces choses. Cela concorde avec l'idée que l'aspect de la personne vous a inspirée.

Si vous êtes astrologue, vous pourrez aller plus loin et l'idée de terrains, de parc, d'arbres près de l'habitation, de prairies et pacages vous viendra à l'esprit car le XVIIᵉ arcane est le Taureau.

Passant ensuite aux autres arcanes majeurs, vous rencontrez la première carte sortie. C'est le IIIᵉ arcane, l'influence de Vénus, l'action féconde contrecarrée. Il y a donc quelque chose qui touche aux influences de Vénus, à l'amour ; cet amour est mal aspecté. D'autre part, l'idée générale de la carte renversée est « l'action sans résultat, la stérilité ». Vous pensez immédiatement au 5 de bâtons, et à une association ai n'a pas donné de bons résultats. Et Vénus maléficié indique la tromperie.

Après le IIIe, vous rencontrez le XVIIIe arcane : le germe menacé, l'ennemi caché. C'est la constellation tropique du Cancer, signe cardinal constituant une menace de longue durée. Il signifie l'eau, la mer. Vient ensuite de XIe, l'énergie ; elle est maléficié. Il y a donc eu énergie mal employée, ou manque d'énergie. Cet arcane est affecté au Lion, qui éveille l'idée de parcs autour d'un château. C'est le rappel de la dominante, et cet indice astral est à noter.

Les idées repères des arcanes majeurs tous maléficiés, sont donc : amour mal orienté, parc et eau ou mer, bois, prairies près d'un château ; manque d'énergie, espoir déçu, procès, considération dans sa ville, etc... Si votre intuition s'engage sans hésitation dans ce sens, vous le reconnaîtrez à quelque marque d'intérêt que donnera le consultant et vous vous sentirez dans la vérité. C'est là une question d'intuition, d'observation et de jugement. Vous commencez alors votre lecture. Il ne faut jamais décourager un consultant, sans cependant lui mentir. Vous direz donc que les cartes sont tirées pour le moment actuel, d'un mois à quatre mois ; vous commencez en commentant la première carte.

« Vous avez fait des efforts très grands pour quelque chose, qui, malgré des conseils et des appuis, n'a pas réussi, comme vous le désiriez. Cet échec résulte d'obstacles. L'appui est indiqué par les deux rois bien disposés, d'obstacle par le 2 de deniers renversé, Ces obstacles et ces difficultés concernent votre patrimoine et son dûs à des erreurs commises par vous. »

Vous lisez ensuite la première colonne de bas en haut, pour commenter les arcanes et vous trouvez que la stérilité des efforts est liée à une querelle avec un des appuis d'une part, et, à la gêne apportée par des erreurs à l'appui de l'autre. Vous ajoutez :

« Ces difficultés surviennent avec des personnes qui ont été en relations d'affaires avec vous, peut-être les associés. Ces difficultés ont amené ou peuvent amener des procès qui. troublent votre tranquillité matérielle et cependant vous devez réussir (as de deniers droit). Vous êtes bien considérée, bien douée, et l'échec de vos espérances ne doit pas vous décourager. Il est dû à la mauvaise direction de votre énergie ou à votre faiblesse, Vous avez agi de manière à amener un changement dans un état qui était stable et vous avez ainsi augmenté vos embarras qui sont d'ordre matériel et concernent une propriété près de la mer, avec un château et un parc, selon les indications des cartes. Attendez-vous donc à des ennuis sérieux, à des chagrins même.

« Je vous vois des ennemis cachés. Il faut être en garde contre eux. Vous aviez juste confiance dans une autorité qui vous appuyait et que vous avez éloignée de vous. Il y a beaucoup d'erreur dans cette séparation (valet d'épées droit, 10 d'épées renversé, cavalier de bâtons).

« Deux personnages haut placés vous ont soutenue et vous soutiennent. Vous avez en eux des appuis dignes de confiance, et il y a maintenant un obstacle entre eux et vous. Une querelle, Je vous vois gagner pourtant de l'argent et réussir dans vos affaires, mais je vois un départ et des larmes. Ce départ est en rapport avec vos affections et l'échec de vos efforts. Une lettre causera le chagrin dont je viens de vous parler. Un changement de sentiments surviendra après vos difficultés, votre considération n'en souffrira pas et vous réussirez si votre courage et votre énergie ne faiblissent pas. Dans l'attente est l'avantage. Je vous ai parlé d'une querelle. Elle sera causée par un ennemi qui se dissimulera ; peut-être vous querellerez-vous avec cet ennemi lui-même, mais c'est plutôt la première hypothèse qui est probable. Cette querelle sera suivie du départ ; vous quitterez un endroit ou une personne.

« Ne perdez pas confiance dans vos appuis. Ils ne vous perdent pas de vue, mais veillez à ne pas rendre leur intervention inutile par des actes irréfléchis. Tout espoir n'est pas perdu définitivement. »

Après cette lecture, et les commentaires que les circonstances vous inspireront, vous étalez les cartes restantes, le dos en l'air comme d'usage, sauf la surprise, et vous faites choisir sept cartes et couvrir par elles sept des cartes déjà sorties.

Il faut noter les cartes qui seront couvertes. Cela indiquera les préoccupations du consultant. Supposez que les cartes soient couvertes dans l'ordre suivant :

La dominante, espoir trompé (11e) ;

Le départ (21e) ;

Les larmes (20e) ;

Le Roi de coupes (8e) ;

Le Roi de deniers (9e) ;

La stérilité (1re) ;

L'As de deniers (17e).

Ce qui intéresse votre sujet, c'est d'abord son espoir trompé. Ensuite, le départ. Elle craint donc le départ de quelqu'un, ou son propre départ de quelque endroit, et elle se préoccupe des larmes annoncées. Après cela, elle s'inquiète de ses appuis, finalement les mauvais résultats de son affaire et le succès promis viennent dans sa pensée.

Ces renseignements sont vagues. Vous ne pouvez en conclure que les points suivants :

1. Un départ préoccupe votre cliente ;
2. Un chagrin qu'elle redoute comme possible ;
3. Elle à besoin d'être appuyée.

Le reste signifie peu de chose.

Vous retournez les cartes dans l'ordre que vous voudrez, en commençant soit par la centrale, soit par la plus éloignée, soit dans l'ordre de leur choix. Suivons ce dernier. Sur l'espoir trompé sort le 6 d'épées : désirs, ambition. Cela permet de rester dans le vague et de provoquer des questions. Ensuite l'As d'épées sort sur le départ. Cette carte indique la passion, l'amour. Vous choisissez entre les deux sens celui que la carte indique. Le départ, dites-vous, éloignera probablement de vous une personne à laquelle vous tenez. Et vous verrez si, comme c'est probable, on vous demande des précisions, vous serez fixé et vous pouvez parier à coup sûr qu'il s'agit du mari ou de l'autre. Mais lequel ? Ici laissez le champ libre à votre intuition.

La 3e carte tombe sur l'affliction : elle se lie avec le départ et l'un explique l'autre.

Le 4e est le Roi de coupes : c'est un homme âgé, généreux, de bon conseil. Sur lui vous retournez l'arcane XII, sacrifice inutile. Il a donc fait beaucoup, sans résultat utile. Il s'est donné du mal, etc…

Le 4 d'épées droit sort sur l'autre protecteur personnage également âgé et bien placé. Le 4 d'épées est l'abandon, la solitude. Les rapports de ce roi sont : 1° en série verticale, des obstacles qui arrêtent le développement d'une œuvre intellectuelle, science (les deniers) et 2° un avantage. Cet appui est abandonné ainsi que l'avantage qui en résultait. Il est symétrique étant la 9e carte, la 11e formant le centre, à la 13e, appui, surveillance. Le sens des cartes est clair et complète les indications tirées de la 9e et de sa couverture.

Le consultant a donc des appuis, et en a abandonné un. Si vous voulez chercher la nature de cet appui, vous examinez les cartes autour de la 13e et de la 9e. Le voisinage immédat du Roi de coupes indique des relations influentes ; la 15e est querelle, discussion ; la 17e succès, réussite (As de deniers) ; la 10e bonheur matériel et la 3e difficultés, procès ; enfin la 1re stérilité (arcane III) indique avec précision que cet abandon est le résultat d'une mésentente avec cet appui, dans l'ordre des deniers, c'est-à-dire une affaire concernant la famille, le patrimoine, la profession qui est intellectuelle.

Tout cela compromet la solution des difficultés d'affaires de profession et de réussite.

En examinant le nombre des cartes d'après leur place, vous trouvez, dans les 9 cartes comprenant le Roi de deniers ses voisines immédiates, et sa symétrique, les nombres: 1, 2, 3, 8, 9, 10, 14, 15, 16 et 13, c'est-à-dire le rappel d'arcanes majeurs qui sont : « volonté, savoir, action, équilibre, soutien, chance, combinaison, bonne et mauvaise fortune », enfin 13 : transformation pour le mieux, la carte étant droite. C'est à ces. idées que le 4 d'épées, abandon, se réfère. Et le nombre 13 a occultement le 4 pour racine. L'idée de la carte couvrant un 4 rappelle aussi quelque appui matériel. Ainsi, chaque symbole s'analyse et présente de nouveaux points de repère qui aident l'intuition et la dirigent.

Ceux de mes lecteurs qui ont des connaissances astrologiques verront l'analogie de ce procédé avec celui qui: consiste à analyser les rapports des maisons entre elles, L'idée que l'on poursuit dans l'exemple donné est la nature d'un « profit » ; c'est un des sens de la 2e maison. Ce sens. de l'écrit sera précisé par la maison qui sera la 2e après celle considérée. Si c'est la 2e, on passe à la 4e, puis à la 6e, etc. Si c'est une question d'écrit, d'affaires donnant: lieu à des difficultés, on ira à la 7e, à la 14e, à la 21e, etc…

Le cycle du Tarot va donc d'abord aux 8 cartes voisines, ensuite aux cartes qui entourent les cartes explicatives elles-mêmes. Il faut y ajouter la symétrique et ses voisines, et les rapports verticaux de toutes ces cartes. On arrive ainsi, avec de l'intuition, à des précisions curieuses, et à des repères très nombreux.

En voici un nouvel exemple, choisi dans le paradigme que nous analysons. Le Roi de deniers est la 9e carte. Son intervention est précisée par la 13e, appui, soutien. Examinez les 8 cartes qualifiant ce soutien. Elles sont, à partir de la rangée supérieure et au côté gauche, la 5e (énergie renversée) la 6e (attente) la 7e (ennemis), la 12e (obstacles, retards), la 14e (juste confiance), la 19e (lassitude, changement, nouvelle connaissance), la 20e (larmes), la 21e (départ). Le soutien se comprend facilement avec les sens manque : d'énergie, attente, ennemis, obstacles, confiance juste ; mais l'ordre d'idées change avec la série inférieure, dont le sens : lassitude, changement, douleur et départ concordent entre eux. Qui s'est lassé et à changé, se préparant à des larmes et à un départ ? Ce n'est pas la 9° carte. Celle-ci indique la maturation : le roi de deniers est un manieur de forces astrales, comme l'indiquent les trois rayons sortant de sa main gauche. La présence du roi d'épées dans les qualificatifs du soutien évoque tout de suite, par son association avec le 5, l'idée des sciences occultes, de l'emploi des forces astrales et le 9, rang du Roi de deniers, est le nombre préparatoire à l'investiture du 10. Mais il est renversé, c'est donc l'échec. Le sens que l'on peut tirer de ces rapprochements explique, dans un ordre d'idées rares, l'abandon d'une entreprise intellectuelle touchant aux sciences occultes que soutenait le roi de deniers au profit d'une orientation nouvelle. Le consultant s'est lassé, et séparé. Le 4 de stabilité qu'on retrouve 1° dans le 4 d'épées ; 2° dans le rang 13° du 5 d'épées. (13 = 1 + 3 = 4), le retour au 9 par le 5 d'épées et le nombre radical 4 sont des concordances dont il faut tenir compte. Ce n'est pas le roi de deniers qui a changé et s'est séparé, c'est le consultant et c'est lui qui se prépare les troubles annoncés par le 10 d'épées renversé. L'œuvre entreprise est donc précisée, de même que la responsabilité de son abandon et ses conséquences.

On voit combien la lecture de 21 symboles fournit, d'idées et combien l'interprétation logique du sens des arcanes, assistée par la science occulte des nombres, offre de combinaisons logiques et concordantes.

L'exemple, dont j'arrête ici l'analyse, démontre, en quelque sorte, le mécanisme psychologique de l'interprétation des symboles. Ils guident l'intuition, par les voies. qu'ils lui ouvrent. Cela est précieux pour ceux qui n'ont pas l'intuition assez rapide et assez sûre pour se passer de ces jalons. Elle est utile à ceux qui ont cette intuition rapide, car elle les maintient sur la bonne voie. L'intuition est sujette à l'erreur.

Après avoir examiné et analysé chaque carte mise en jeu, on termine par la surprise. Dans l'exemple donné, c'est le 10 de bâtons renversé, suivi du Bateleur droit, et de la Papesse droite.

Le 10 de carreaux renversé, signifie « une situation sans sécurité, menacée ». Les interprètes en font : « obstacles, traîtrise ». Le premier sens est le plus juste. La situation est périlleuse. Le consultant en sortira à condition d'avoir de la volonté (conseil corrigeant le défaut signalé par la 5° carte : manque d'énergie, abandon du soutien de cette énergie) ; notez la coïncidence du 5, intervention d'un tiers qualifiant le manque d'énergie. Il faut donc de la volonté et du savoir. Quel savoir ? Les cartes n'ont fait allusion qu'à un savoir : celui que signifiaient le 5 et le 10 d'épées et le Roi de deniers : une science occulte.

Le procédé que je viens de décrire est un des meilleurs que l'on puisse employer.

79. Les 9 cartes

En voici un autre qui répond à une question posée et se rapprochant de l'astrologie horaire.

Les règles de psychologie rationnelle sont naturellement les mêmes, mais on tire 9 cartes seulement qui sont disposées dans l'ordre suivant :

$$8 \quad 4 \quad 6$$

$$3 \quad 1 \quad 2$$

$$7 \quad 5 \quad 9$$

La-carte 1 est censée répondre à l'objet de la question, ce qui n'arrive pas toujours. Les cartes sont choisies par le consultant sur le jeu mêlé et étalé par l'artiste, mais trois fois coupé de la main gauche — celle de l'anneau — par le consultant.

Il les dispose dans l'ordre et la place marquée 1 est donnée à la première choisie, les autres se rangent dans l'ordre des chiffres ci-dessus.

Supposons que le consultant soit un homme de 45 à 50 ans, de classe moyenne. Étudions son type : c'est un Saturnien, mêlé de Terre, de Mercure et d'Uranus. Il est peu probable, à première vue, qu'il vienne pour une affaire de cœur : c'est une question d'intérêt qui l'amène. Gardez-vous de lui demander ce qu'il désire savoir : c'est à vous de le trouver. Les cartes sont placées à découvert. Le N° 1 est un 5 de coupes renversé. Son nombre est 5, celui de sa place 1, le total radical est 6. Droite, cette carte signifie union, mariage. Renversée, c'est un événement qui surprend et émeut, ou peut-être l'échec d'une affaire de cœur, d'une demande en mariage. De ces deux idées, la plus sage est l'événement imprévu qui s'applique à tout. Vous aidant des nombres, vous ajoutez qu'une surprise a troublé le client ; elle est due à une intervention étrangère et préoccupe l'intéressé. Allant de suite au N° 2, vous trouvez un As de coupes droit, carte de joie et de fête. C'est donc un événement imprévu qui survient dans une période de joie ; mais il n'est pas probable que le consultant, d'après son aspect, soit un homme de plaisir ou un amoureux. Si votre intuition reste taisante, il faut être circonspect. « Vous étiez tranquille quand une surprise vous a ému. » Vous remarquez que l'As de coupes est 1, à la place 2, et le total 3. L'idée du 6 précédemment trouvé éveille celles de choix, d'épreuve, d'harmonie. Les nombres nouveaux indiquent le début d'un sentiment, un obstacle résultant du binaire, un progrès résultant du ternaire. Ce n'est pas clair. Restez dans le « vous aviez quelque chose en train, quand un obstacle à surgi, qui gêne la marche de cette chose. » Cela peut convenir à beaucoup de cas.

La 3ᵉ carte « un jeune homme brun, ordre, économie » occupe le 3ᵉ rang, et son nombre est 11, c'est-à-dire 2. Le total est 13 = 4, chose matérielle. Vous ajoutez prudemment : « il y à quelqu'un dans cette affaire, c'est un homme brun, encore jeune ». Le consultant a 45 ans, mais ne se croit pas vieux, ce qui donne plus de latitude au mot jeune. « Cette personne vous gêne. Je vois à cette occasion l'idée que l'ordre et l'économie deviennent nécessaires. C'est une affaire qui concerne quelque chose ou quelqu'un à qui vous tenez, et qui touche à vos intérêts matériels. » La 4ᵉ carte est l'homme-capable, utile, On peut dire: « vous. avez auprès de vous quelqu'un de capable, dont faut suivre les conseils ». 4 et 12 font 16 = 7. Vous ajoutez « que ses conseils sont bons ».

Jusqu'ici les cartes ne vous ont pas guidé dans une voie claire. La 5 carte, nombre 12, total 17 = 8, vous donne, 5, 3 et 8. Une intervention, quelque chose d'extérieur qui survient, le progrès s'arrête et l'équilibre on le *statu quo* se produit. La carte vous suggère l'idée de dispute, de querelle, vous l'indiquez avec des nuances et continuez ainsi « Cet homme vous rendra service dans l'affaire qui vous préoccupe et qui peut aboutir à une querelle, à une rupture. » Cela s'applique à beaucoup d'affaires, de toute nature.

Le 9 de bâtons renversé occupe la 6ᵉ place. Il signifie obstacles matériels et retards. Son nombre est le symbole de la maturation, de la préparation complète. Ici, rien n'est ni mûr, ni prêt, et le nombre total 9 + 6 ramène, forcément d'ailleurs, aux radical 6 : choix, épreuve.

Ces retards ont donc une épreuve pour le consultant, ou l'obligent à un choix. Que dire ? Ceci : « Vous ne paraissez pas avoir prévu-ce qui a troublé l'affaire qui vous préoccupe. Cela amène des retards qui vous contrarient. » C'est toujours vrai.

Puis vient la surveillance, l'autorité : cette carte occupe le rang n° 7. C'est grave. C'est le contact avec un plan supérieur. Elle a pour nombre 11, ce qui avec cette carte donne 18 ou 9. Qu'est-ce qui se prépare ? Le valet de deniers est un surveillant, une autorité. Il est sous l'as de cœur : c'est un trouble-fête. Il est à côté de la querelle, dont un des nombres est 8 : la Justice.

Vous commencez à voir clair. Le client saturnien, le jeune homme brun signifiant l'ordre et l'économie, le conseiller utile, la justice, s'harmonisent et vous pouvez risquer : « vous avez fait cette affaire avec un jeune homme et la justice s'en mêle ». Si vous tombez juste, le consultant tressaillira, et vous serez fixé. Il a fait une affaire louche. Le reste va de soi, l'homme de la campagne est un père, un tuteur, un ami de la famille qui a appris la chose. Le roi de bâtons a le 8ᵉ rang et le nombre 5, soit 14 et 5. Il intervient auprès de la justice, il a porté plainte. Le valet d'épées n'éveille pas l'idée du procès civil : c'est le commissaire de police. Et le bon roi de bâtons agit parce qu'il a appris la chose (9ᵉ carte « savoir »). Ici encore, mauvais nombre, car 9 + 2 = 11 = 2. Le binaire qui fait obstacle. Ne parlez pas d'arrestation, mais vous dites que l'affaire est sérieuse et qu'une plainte est ou sera portée.

L'opération ne-s'arrête pas là. Il faut préciser et vous faites couvrir par le consultant les 9 cartes ; il les choisit comme la première fois et les cartes sortent ainsi:

10 sur 1 : 8 de bâtons, droit, ordre, direction.

11 sur 2, arcane XVI droit — Force d'attraction, fortune favorable.

12 sur 3, arcane XXI droit — Rétribution.

13 sur 4, arcane IX droit — Prudence.

14 sur 5, 4 de bâtons R. — Mésentente (non pas prospérité).

15 sur 6, la Justice.

16 sur 7, Déloyauté, fourberie.

17 sur 8, Projets.

18 sur 9, Surprise.

C'est tout à fait fâcheux pour le client. Il faut le préparer. Vous lui dites : « Vos cartes sont bien mauvaises. J'hésite à vous les lire. Cependant, sachez qu'elles prédisent l'avenir, mais conseillent en même temps. L'avenir n'est qu'une probabilité.

Un conseil donné et suivi à temps peut le modifier, et c'est là notre rôle le plus utile. »

Si les indications voilées que vous avez esquissées ont porté, il y a neuf chances sur dix pour que le client s'intéresse à la suite de la consultation. Sa physionomie vous guidera.

Vous lui lirez alors les cartes qui sont éloquentes : sur la centrale, sort le 8 de deniers droit : l'événement imprévu ramène l'ordre et celui qui est ramené à l'ordre est le jeune homme qui allait à gauche. Ici, la carte doit être largement interprétée, et le sens du valet de deniers doit être, par suite des rapports, changé complètement. Le jeune homme n'est pas, mais deviendra économe et rangé. C'est l'événement imprévu qui opérera le miracle. Il aura cette chance. La carte suivante est la rétribution qui sort sur la fête. L'intervention paternelle est la cause de cette rétribution, qui s'applique aussi à l'auteur ou au complice de la dissipation. Ce complice est évidemment le consultant, car il est question de justice, de police, d'ennuis qui le concernent clairement. Il a dû prêter à chers deniers et est inquiet.

Il faut l'avertir que la justice va s'en mêler et que le père de famille a des projets qui commandent la prudence (14ᵉ carte) et tendent à la rétribution ; car il y a eu des combinaisons pouvant justifier l'intervention de la police et de la justice. Tout cela est une surprise désagréable, mais le consultant fera bien si ce sont des contestations civiles de transiger, si c'est une plainte, de s'arranger pour qu'elle soit retirée.

Ces exemples suffisent. Il est inutile de préciser, comme les manuels ont tendance à le faire, le sens de deux cartes , associées. Ce sens est sous la dépendance de toutes les cartes qui ont des rapports entre elles, et c'est de l'ensemble de ces rapports que le devin dégage le sens qui convient aux circonstances.

Il lui faut beaucoup d'habitude et beaucoup d'études pour arriver à découvrir toutes les associations d'idées qui découlent de la richesse symbolique du Tarot.

Je ne devrais pas le compliquer, mais je crois cependant devoir, en terminant, dire un mot des procédés qui combinent le Tarot et l'Astrologie. Il y en a beaucoup. Ils me paraissent reposer sur des conceptions erronées. Les deux procédés de divination ont chacun leurs qualités ; il faut reconnaître que l'astrologie est le plus intéressant et le plus savant. Il repose sur certaines données qui ont de la réalité. L'influence de la lune et du soleil sur notre globe et sur nous-mêmes est indéniable. Celle des planètes est possible, puisque les nébuleuses éloignées de nous à d'incalculables distances, agissent sur notre petite terre. Il vaut mieux ne pas mêler l'astrologie et le Tarot, et conserver à chacun sa méthode et son symbolisme.

Je reconnais que dans l'art divinatoire purement intuitif, tous les procédés sont bons. L'avantage d'un bon procédé est dans la richesse de son symbolisme et dans la variété des repères qu'il offre à l'opération intuitive ; mais le symbolisme doit être systématique, et s'il emploie plusieurs catégories de symboles, il est nécessaire qu'ils s'harmonisent. Dans le Tarot, les symboles astrologiques, numériques et colorés se combinent harmonieusement, à condition de leur conserver leur valeur proportionnelle. C'est une erreur de technique, ou un changement radical de systématisation : que d'introduire l'onomantie par exemple dans le Tarot, ou de disposer les cartes dans des maisons astrologiques.

On peut évidemment, par ce procédé, comme par le marc de café ou le blanc d'œuf, arriver à vaticiner, mais c'est de la divination purement intuitive ; et l'analyse de l'intuition pure dépasse les limites d'un travail qui l'étudie simplement dans ses rapports avec des symboles fixés par le temps, l'usage, et les croyances anciennes de l'humanité méditerranéenne.

Conclusion

Celui qui voudra lire sérieusement mon livre comprendra les idées qui l'ont inspiré. La première a été la curiosité.

J'ai pensé que, si le Tarot était l'abrégé d'une doctrine que les circonstances obligeaient à tenir secrète, il devait être composé de symboles, et que ceux-ci devaient satisfaire aux conditions énumérées au début de la présente étude.

Le lecteur appréciera mon travail ; je suis le premier à reconnaître ses défauts, dont les plus graves sont l'insuffisance de mes connaissances en matière de cartographie et la brièveté de mes analyses.

J'espère cependant avoir apporté une contribution utile à l'histoire de la philosophie, en résumant de longues recherches. Leur résultat m'a paru éclairer l'obscurité qui entoure encore les enseignements donnés par l'initiation aux mystères de l'antiquité grecque du Ve siècle avant notre ère. Il nous fait mieux comprendre l'idée de Pythagore quand il dit que Dieu fait de la géométrie. Le schéma de la figure du prisme montré sur la page 109, est un essai d'exemple interprété à l'aide de nombres.

Certains ouvrages de Platon comme le *Timée, le Banquet, la République,* deviennent plus intelligibles, et, les œuvres de Plotin, Proclus et Jamblique ne le sont pas, si l'on ne tient pas compte de la philosophie hermétique.

Comment s'est-elle conservée au moyen âge ? Probablement par un enseignement oral, car les deux religions dominantes, en Occident, le Christianisme et l'Islam, ne toléraient pas l'hérésie. Il est toutefois difficile de croire qu'aucun initié n'ait cherché à résumer la doctrine qui lui était révélée dans un écrit quelconque. Il est au contraire plus vraisemblable de croire qu'un manuel constitué par des images énigmatiques existait, et que les nouveaux adeptes étaient admis à le copier. Cela était conforme à une tradition, remontant au mythique Hermès Trismégiste.

La coutume d'écrire en figures symboliques ce que l'on ne. voulait pas exprimer clairement, a longtemps persisté. L'astrologue anglais William Lilly a publié un livre plusieurs années avant la peste et l'incendie de Londres au XVIIe siècle. On y trouve deux images annonçant clairement ces deux catastrophes. Elles ne sont intelligibles que pour un astrologue comprenant le sens des symboles employés ; c'était si clair cependant, qu'après la réalisation de ces prédictions, Lilly fut inquiété et soupçonné de sorcellerie ; c'était en 1662 je crois.

On trouvera la reproduction de ces images dans le livre de Zadkiel : *Grammar of Astrology*, publié à Londres, vers 1860 (2e éd.).

Cette anecdote montre que le danger d'être trop clair, était réel. En général, la pensée que l'on voulait faire entendre, sans la dire, s'exprimait dans un langage symbolique. C'est le cas des prédictions de Nostradamus et des livres d'alchimie ; ceux-ci exposent des doctrines qui sont assez semblables à celles du Tarot. La pierre philosophale n'est autre que la naissance de l'homme nouveau. Bien que l'alchimie enseigne la transmutation des métaux, rien n'indique, d'une façon satisfaisante, qu'elle ait eu le moyen, ou le désir, de réaliser cette transmutation.

La philosophie hermétique a eu des représentants illustres, Raymond Lulle, N. Flamel, Gerbert, Albert le Grand, Paracelse, Corneille Agrippa, Vanini, Campanella, Giordano Bruno ; celui-ci fut brûlé vif, au moyen Âge, comme Vanini à Toulouse au commencement du XVIIe siècle. Le président d'Espagnet fut plus heureux, mais il écrivit avec une extrême prudence les deux ouvrages que j'ai cités.

L'étude de cette philosophie a été complètement négligée, sauf par quelques érudits parmi lesquels il faut citer Matter ; on ne peut passer sous silence les noms de Bergson et de William James ; ces deux derniers ont étudié les manifestations de forces connues de l'hermétisme, mais non ce dernier proprement dit.

La philosophie hermétique cependant est beaucoup plus intéressante que la plupart des philosophies dont on résume les doctrines dans l'histoire de cette science ; l'imagination du philosophe joue un rôle souvent trop considérable. Les noms à retenir sont ceux de Descartes, de Leibnitz, de Berkeley, de Kant et de Schopenhauer, ces deux derniers avaient étudié la science occulte.

Aujourd'hui on peut demander plus d'égards pour une philosophie dont les récents progrès de la science ont confirmé les enseignements. L'unité de la matière est maintenant prouvée et j'ai montré le rôle que joue l'unité représentée par la molécule d'hydrogène, le binaire représenté par les gaz inertes, enfin l'analogie entre la théorie secrète des nombres au sujet du 8, du 9 et 10 et le comportement de ces nombres dans les familles des corps simples telle que l'établit la spirale de Mendeleïev. La transmutation des métaux l'un dans l'autre nous a été révélée par le radium et l'uranium. Ces confirmations mettent singulièrement en valeur les doctrines hermétiques et nous autorisent à penser que leur conception de la nature de l'homme peut avoir la même autorité. Cela est admis pour son origine et le sera pour ses fins.

Toutefois l'intérêt capital de cette philosophie est de donner une base à la morale sociale. Notre époque offre à l'examen l'image de l'incohérence. Ceux qui dirigent les mouvements populaires, ont fait de la philosophie de Rousseau, la pierre angulaire de leur évangile social. Rousseau est un séduisant écrivain, mais pour un médecin, c'est un névropathe dont le jugement n'est pas sain. Son contrat social est une chimère que l'étude de l'évolution des sociétés détruit de fond en comble. L'œuvre de Karl Marx est une autre chimère, plus dangereuse encore.

On voit dans notre monde occidental la lutte entre l'idée religieuse, minée par les progrès de la science, et de nouveaux évangiles sociaux, gangrenés par l'imagination. Le dogme de l'égalité, admis sans discussion, est la plus vaine illusion que l'on puisse enseigner ; il suffit de regarder autour de soi, pour s'apercevoir que le monde est régi par la loi de l'inégalité, dans toutes ses manifestations physiques et morales. Tout ce qui existe est en perpétuelle évolution et l'évolution implique l'inégalité du développement, aussi bien des espèces que des individus. Le progrès est une échelle que gravissent tous les êtres, mais ils ne sont pas tous au même échelon.

La justice qui régit l'Univers mesure le progrès aux efforts faits par celui qui veut progresser ; à l'inégalité d'avancement correspond l'inégalité des mérites. L'égalité se réalisera certainement dans l'avenir, mais la considérer comme acquise est fermer volontairement les yeux à la vérité. Chaque être, avant d'avoir des droits, a des devoirs ; il doit accomplir, avec probité, les obligations que comporte sa situation, situation qui est déterminée par ce qu'il a fait dans ses existences précédentes. Dans la collectivité nationale ou familiale, chaque individu a des devoirs plus qu'il n'a des droits, et ceux qui se trouvent placés dans le rang ne doivent pas prétendre à un commandement, qu'ils ne sont pas encore préparés à exercer. La hiérarchisation des individus, est l'expression de la hiérarchisation de leur devoir. Il faut laisser la direction des affaires à ceux que leurs antécédents ont placés dans une situation pour laquelle ils sont mûrs ; ils peuvent l'être d'ailleurs quel que soit leur rang social. Le danger le plus redoutable pour les individus, et encore plus pour les nations, est l'exercice du pouvoir par des êtres incapables. Chez les individus, l'envahissement de l'organisme par des tissus impropres à l'exercice de la fonction physiologique des cellules qu'ils remplacent, constitue le cancer mortel ; la conquête du pouvoir dans les sociétés par des classes incapables de gouverner pour le bien commun est un phénomène du même ordre, et il a les mêmes conséquences. L'histoire contemporaine en fournit de tous côtés des exemples qui ne sont que la répétition de ceux que nous trouvons dans l'histoire ancienne.

Les principes de la philosophie hermétique sont de nature à corriger ce mal, en montrant la nécessité d'accomplir nos devoirs, avant d'en réclamer la récompense, et de mettre l'ordre, la discipline à la place du chaos. Tout le monde est appelé et chacun arrivera à son tour, mais il faut mériter cet appel et savoir patienter jusqu'à ce que nous en soyons dignes.

Ces règles de la conduite de l'individu dans sa vie privée ou publique sont l'expression pratique de la morale occulte qui ne prêche pas une résignation passive au destin mais prescrit à chacun de nous l'accomplissement des devoirs que sa situation impose et nous recommande l'effort continu pour mériter de nous élever progressivement à d'autres situations, comportant de plus grands devoirs et une plus lourde responsabilité ; de pareilles situations exposent à des dangers plus nombreux et à des chutes plus douloureuses.

En tous cas la conception matérialiste de l'Univers n'est plus soutenable. La matière procède de l'Intelligence, dont elle est la création. Il ne faut pas les assimiler, ni faire de la philosophie hermétique une sorte de panthéisme confondant le monde manifesté et l'Intelligence dont elle est l'œuvre.

Je ne pourrais mieux terminer mon travail qu'en employant les paroles de l'illustre astronome Sir J. Jeans : « L'Univers est l'expression d'une pensée[1].»

---

1   *Our Mysterious Universe*, London, 1930.

Bibliographie

ANONYMES, *L'art de tirer les cartes ou le moyen de lire dans l'avenir par le rappro-chement des événements qui démontrent sans réplique l'art chronomancique* (frontispice). Paris, 1798, in-18. Lyon, 1815.

L'art de tirer les cartes. Révélations complètes sur les destinées au moyen des cartes et des tarots.

L'art de tirer les cartes et de lire dans l'avenir ou le nouvel Etteilla, etc. Rouen, Labbey, s. d., in-24 (2 gravures sur bois et un tableau en 2 couleurs).

La grande cartomancie ou l'art de faire les cartes aux autres et à soi-même et d'y lire le passé, le présent et l'avenir d'après les combinaisons française, allemande et espagnole et la méthode italienne du grand Etteilla, suivi de la chromancie et de la physiognonomie. Paris, s. d., in-16 (fig.).

Les destins ou les tarots français précédé de la cartomancie ordinaire on moyen de tirer les cartes. Paris, Saintin, 1845, in-32.

Le nouvel Etteilla ou moyen infaillible de tirer les cartes… le tout traduit d'un manus-crit de Pythagore. Paris, 1806, in-32.

(Grand-Orient), *Cartomancy, fortune telling and occult divination.* London, in-8, 1877-1897, nomb. édit.

A manuel of cartomancy. Fortune telling and occult divination, including the oracle of human destiny, Cagliostro's mystic alphabet of the magi, etc, (avec planches). London, 1909, in-8.

The private companion Alchemy. Astrology, Cartomancy, etc. London, s. d., in-8.

AGRIPPA (Corneille).

Les éditions les plus répandues sont celles des frères Beringos, Lyon, diffé-rentes dates. La plus rare est l'édition, 2 tomes en 3 volumes en caractères italiques. Les éditions en caractères romains ordinaires sont en certain nombre, générale-ment reliées en un seul volume ; elles sont plus complètes que l'édition princeps, mais elles contiennent le quatrième livre de la *Philosophie occulte* qui paraît apo-cryphe. Cette *Philosophie occulte* est un ouvrage qui mérite d'être étudié ; elle a été traduite par A. Levasseur, La Haye, Albers, 1727, 2 vol, in-8. Elle est médiocre et contient des contre-sens. Une nouvelle édition a été donnée à Paris : librairie du Merveilleux, 1911. Elle a été revue, mais n'a pas été complètement purifiée.

ALFEGAS, *La symbolique des chiffres restituée par les correspondances*. Paris, Cha-cornac, 1913, 44 p., in-8.

ALLEMAGNE (Henri-René D'), *Cartes à jouer du XIVᵉ au XXᵉ siècle*, Paris, Hachette, 1906, 2 gr. in-4.

ALLENDY, *Le symbolisme des nombres*. Paris, Chacornac, 1921, in-8.

AUBER (abbé), *Histoire et théorie du symbolisme religieux avant et depuis le christia-nisme, etc*. Paris, Féchaz et Léronzey, 1884, 1 vol. in-8.

BASILIDE (T.), *Le profond mystère du tarot métaphysique*. Paris, Le Soudier, s. d., in-12 carré, 63 p., 2 fig.

BERTHELOT (D.), *La physique et la métaphysique d'Einstein*. Paris, Payot, 1922, in-12, 47.

BIGG (Miss), *Expériments in cartomancy*. S. P. R., J. X., p. 47.

BLAVATSKY (Mme), *Isis Unveiled: A Master-Key to the Mysteries of ancient and moderne Science and Theology*. 6° éd. New-York, J.-W. Bouton ; Londres, Quaritch, 1893, 2 vol. gr. in-8.
—   *The Secret Doctrine: The synthesis of science religion, and Philosophy*. Lon-don, The Theosophical Publishing, etc. 1893, 3 vol. gr. in-8.

BOITEAU D'AMBLY, *Les cartes à jouer et la cartomancie*. Paris, Hachette, 1854, in-12.

BONGI PETRI, *Numerorum mysteria opus, etc*. Bergomi, 1599, in-4.

BOUCHÉ-LECLERCQ, *L'astrologie grecque*. Paris, Leroüx, 1899, gr. in-8.

BOURGEAT (J.-G.), *Le tarot : aperçu historique, signification des 22 arcanes majèurs et des 22 premiers nombres. Signification des 56 arcanes mineurs*. Paris, Cha-cornac, 1906, in-12.

BRESSENSDORFF (Otto Von), *Zahl und kosmos*. Augsburg, s. d., in-8.

BRUNET et BELLET, *Le joch de naibs, naips o cartas*. Barcelona, 1886, petit in-8.

BUNSEN (E. V.), *Die Plejaden ét der. Thierkreiss*. Berlin, 1879, in-8.

CANDIOTTI, *La notion des couleurs et la linguistique*. Bordeaux, Cadoret, 1905, in-8.

CARO (E.), *Essai sur la vie et les doctrines de Saint-Martin*. Paris, 1852, in-8.

CHANTEPIE DE LA SAUSSAYE, *Manuel de l'histoire des religions*. Paris, Colin, s. d., in-4.

CHATTO (W. A.), *Facts and speculations on the origin and history of playing cards.* Londres, 1848, in-8 (nombreuses planches dont quelques-unes coloriées).

CLEMENS (Léo), *The ancient science of numbers.* New-York, London, 1901, in-18.

COURT DE GÉBELIN, *Le monde primitif analysé et comparé avec le monde moderne considéré dans son génie allégorique et dans les allégories auxquelles conduisit ce génie.* Paris, 1773-1774, 9 vol. in-4 (Tarot dans 8ᵉ vol.).

DAHNS (Fritz), *Die Kosmische Ursache der Lebensentwicklung.* Seitz et Co., Augsburg, in-8.

DE COSTA (Léon), *La superstition et les nombres fatidiques.* Paris, Bodin, 1907, in-12.

DELAAGE, *Le monde prophétique ou moyen de connaître l'avenir employé par les sybilles, les pythiques, les tireuses de cartes, etc.* Paris, Dentu, 1853, in-12.

DORN (Gérard), *Clavis Totius Philosophiæ Chymisticanæ.* Francfort, 1583, in-24. GÉRARD DORN a été un des premiers disciples de Paracelse.

DUPUIS (J.), *Théon de Smyrne : Philosophie platonicienne. Exposition des connaissances mathématiques utiles pour la lecture de Platon* (texte et traduction). Epilogue : le nombre de Platon. Paris, Hachette, 1892, in-8.

ETTEILLA, *Aperçu d'un rigoriste sur la cartomancie et sur son auteur.* S, 1. n. d. (1785 ?), in-12.

— *Aperçu sur la nouvelle école de magie établie à Paris le 1ᵉ juillet de la 2ᵉ année de la Liberté française et second discours tenu dans cette école publique et gratuite.* S. 1., 1790, 2 ouvrages en I vol. in-12.

— *Fragment sur les hautes sciences suivi d'une note sur les 3 sortes de médecines données aux hommes dont une mal à propos délaissée.* Amsterdam, 1785, in-12 (figures talismaniques et pentaculaires).

— *Manière de se récréer avec le jeu de cartes nommées tarots.* Amsterdam et Paris, 1783-85, 4 tomes en 2 vol. in-12.

— *L'oracle pour et contre*, s. 1., n. d.

— *Le zodiaque mystérieux ou les oracles.* Amsterdam et Paris, 1762, 1772, 1820.

— *Lettre sur l'oracle du jour*, s. 1, n. d., 16 p., in-8.

— *Philosophie des hautes sciences ou la clef donnée aux enfants de l'art, de la science et de la sagesse.* Amsterdam et Paris, 1785, petit in-8.

— *La perfection des métaux*, s. 1., n. d., 1786.

— *Les sept nuances de l'œuvre philosophique hermétique suivies d'un traité sur la perfection des métaux.* Paris, 1772, in-12, broch. (fig. grav.).

— *Sommaire des objets propres et furtifs insérés dans l'épître adressée publiquement à Court de Gébelin*, s. 1, 1784, in-4.

— *Les diverses questions inscrites dans le livre de Thot*, retirées de l'ouvrage ayant pour titre : *Leçons théoriques et pratiques du livre Thot*, s. 1, Paris, 1787, in-12.

— *Leçons théoriques et pratiques du livre de Thot.* Amsterdam et Paris, 1787, in-12 (avec la curieuse planche gravée, représentant le tableau des Lames du livre de Thot placé dans le temple du feu à Memphis).

— *Cours théorique et pratique du livre de Thot,* s. 1., 1790, in-8.

— *Code pratique de la cartomancie égyptienne ou les principes de la permutation des 78 feuillets du livre de Thot.* Chapitre I où l'on passe les 77 derniers feuillets avec le premier qui désigne toujours l'homme pour qui on a consulté les oracles, s. 1, n. d., in-12 de 16 p.

— *Dictionnaire synonymique du livre de Thot ou synonimes des significations primitives tracées sur les feuillets du livre de Thot.* Étteilla Fils, 1791, in-8, 104 p.

— *L'homme à projets.* Paris, 1791, in-8.

— *Instruction sur la combinaison histérique* (extrait du livre du Loto des Indiens). *Etteilla où instruction sur l'art de tirer les cartes.* Soliloque, Paris, *Loto des Indiens,* s. d., in-18 (dans Opuscule théosophique).

— *Jeu des tarots ou le livre de Thot ouvert à la manière des Egyptiens pour servir ici à l'interprétation de tous les rêves, etc.* A Memphis et à Paris, s. d., in-71.

FALCONNIER, *Les XXII lames hermétiques du tarot divinatoire exactement reconstituées d'après les textes sacrés et selon les traditions des mages de l'ancienne Egypte,* dessins de O. Wegener. Paris, librairie de l'art indépendant, 1896, in-12.

FLUDD (Robert). Cet écrivain a beaucoup produit. On peut citer de lui sa *Philosophia Moysaica,* 1628.

— *Utriusque cosmi maioris fcilicel et minoris métapysica* (sic) *physica historia.* Oppenheim, 1617-1623, 2 part.

FOUILLÉE. *A donné un excellent résumé de la Philosophie de Platon.* Paris, 2 vol. in-8.

On peut consulter aussi l'*Histoire de la Philosophie* du même auteur.

FRANCK (A.), *La philosophie mystique en France à la fin du XVIII siècle, Saint-Martin et son maître Martinez Pasqualis.* Paris, 1866, gr. in-18.

— *Dictionnaire des sciences philosophiques.* Paris, Hachette, 2e édit., 1875, gr. in-8.

FRAZER, *Adonis, études de religions orientales comparées.* Paris, 1921, in-12 (trad. fr.).

— *The Golden Bough,* IV, Adonis, Attis, Osiris. London, 1907, in-8,

— *The Belief in Immortality.* London, 1913, 2 vol. in-8.

FRICHET (H.), *Le tarot divinatoire et le livre de Thot.* Paris, s. d., in-12.

FUGAIRON, *Origine du Tarot.* (*L'initiation,* t. XXVIII, p. 53, t XX, p. 123).

GAGNE, *L'histoire des miracles renfermant l'histoire de ma mort, la cartomancie et autre magie, etc.* Paris, 1860, in-12 de 72 p.

GILKINS, *Séances dorées : commentaire sacerdotal du tarot.* Paris et Bruxelles, 1893, in-8 (avec reproduction des 22 fig. des arcanes du Tarot kabbalistique).

GIRAULT (F.), *Mlle Lenormand, sa biographie, ses prédictions extraordinaires, etc. La chiromancie et la cartomancie expliquées par la Pythonisse du XIXe siècle avec une introduction philosophique sur les sciences occultes mises en regard des sciences naturelles.* Paris, 1843, in-18 (fig. et f. autographes).

HADIN, *Histoire du jeu de cartes du grenadier Richard ou explication du jeu de 52 cartes en forme de livre de prières.* Paris, Pitou, 1811, in-12.

HALBERT (D'ANGERS), *La cartomancie ancienne et nouvelle on traité complet de l'art de tirer les cartes égyptiennes ou françaises, tarots, etc.* Paris, s. d., in-12.
— *Le quadruple oracle des dames et des demoiselles ou la vérité obtenue suivant toutes les règles de la divination... à l'aide des jeux de cartes, etc.* Paris, 1862, in-12.

HERLOSSOHN (Carl), *Vier farben das heint die deutschen spiclkarten in ihrer symbolischer Bedeutung beschrieben und erklärt von Susanna Rümpler Rartenschlägerin,* mit. illum. Kupl. Leipzig, 1828, in-8.

INITIÉ (un), *Physionomie, cartomancie, loi des sciences occultes, etc., suivie de la biographie des hommes qui se sont occupés des sciences occultes.* Paris, librairie illustrée, s. d., in-8 (fig. et planches h.-t.).

JOLLIVET-CASTELOT, *Comment on devient alchimiste : traité 'd'hermétisme et de l'art spagyrique, basé sur les clefs du tarot.* Azoth. préface de Papus. Paris, 1897, in-12 carré (avec 4 port. et fig.).

KALISCH, *Die sibylle von Vincennes oder Kunst ans den karien die Zukunftvorhergusagen* Herausg. von Dr. mit kartentab, (avec fig.), 1836, in-8.

KIESEWETTER (Carl), *Geschichte des Occultismus.*
I. — *Der occultismus dés Aliertums,* Leipzig, W. Friedrich, s. d., in-8.
II. — *Die Geheimiwissenchaften,* id., 1895.
III. — *Geschichte des neueren occultismus,* id., s. d. (bon ouvrage qu'il faudrait traduire). Kieswetter parle peu du Tarot, vol. II, p. 406 et ne paraît pas au courant de son histoire.

KOZMIWSKY, *Numbers, their magic and mystery.* Melbourne, Stephens, 1905, in-8.

LA BOUILLERIE, *Étude sur le symbolisme de la nature interprété d'après l'écriture sainte et les Pères, création inanimée,* 3e éd., Paris, 1866, in-12.

LACURIA, *Les harmonies de l'Etre exprimées par les nombres.* Paris, 1847, in-8, 2 vol. (parle aussi des couleurs).

LAGRANGE (de), *Le grand livre du destin, répertoire général des sciences occultes. L'art de tirer les cartes, etc.* Paris, Lavigne, 1845, in-4, aut. édit., 1848-1850.

LANG (Andrew), *Magic and Religion.* Longmans, Green and Co., 1901, in-8.
— *Custom and Myth.* Longmans, Green and Co., in-8.
— *Modern Mythology,* id., in-8.
— *Myth Ritual and Religion,* id., 2 vol. in-8.
— *The Making of Religion,* id., in-8.

LANOE-VILLÈNE, *Le livre des symboles. Lettre A*, Bordeaux, Gounouilhou, 1926, in-8.

LELIÈVRE (Mlle), *Justification des sciences divinatoires précédée du récit des circonstances de sa vie qui ont décidé de sa vocation pour l'étude de ces sciences et leur application.* Paris, l'auteur, 1847, in-12.

—   *Prophéties de la nouvelle sybille ef anecdotes curieuses relatives à l'art divinatoire et à la vie de l'auteur.* Paris, l'auteur, 1848, in-12.

LENORMAND (Mlle), *Souvenirs prophétiques d'une sybille sur les causes secrètes de son arrestation le 11 déc. 1809.* Paris, chez l'auteur, 1814, in-8.

—   *Les oracles sybillins ou la suite des souvenirs prophétiques.* Paris, chez l'auteur, 1817, in-8.

—   *Souvenirs de la Belgique.* Paris, chez l'auteur, 1822, in-8.

—   *Arrêt suprême des Dieux de l'Olympe.* Paris, l'auteur, 28 février 1833, in-8.

—   *Le petit homme rouge au château des Tuileries.* Paris, 1831, in-8.

—   *La Sibylle au congrès d'Aix-la-Chapelle.* Paris, 1819, in-8.

—   *La Sibylle au tombeau de Louis XVI.* Paris, 1816, in-8.

Mle Lenormand, célèbre cartomancienne, a écrit de nombreux ouvrages.

L'ESPRIT, *Histoire des chiffres et des 13 premiers nombres.* Paris, Mendel, 1893, in-18.

LÉVÈQUE (Charles), *La science de l'invisible.* Paris, 1865, 5 vol. in-8.

LÉVI (Eliphas), *Histoire de la magie avec une exposition claire et précise de ses procédés, de ses rites et de ses mystères.* Paris, Germer Baillère, 1860, in-8; Paris, Alcan, 1862 (16 pl. h.), autre éd., Paris, 1892.

—   *Dogme et rituel de haute magie.* Paris, Germer Baillère, 1876, in-8, 2 vol, 23 fig, id, autre édition considérablement augmentée, 1861, 24 fig, 2 vol. in-8 ; Paris, Alcan, 1894 et 1903.

—   *La clef des grands mystères suivant Henoch, Abraham, Hermès Trismégiste.* Paris, Baillère, 1861, in-8 ; Paris, Alcan, 1897, in-8.

—   *La science des esprits. Révélation du dogme secret des kabbalistes, etc.* Paris, Baillère, 1865, in-8 ; Paris, Alcan, 1894, in-8 ; Paris, Alcan, 1900, in-8.

MAGUS, *L'art de tirer les cartes, etc., précédé d'un dictionnaire abrégé des sciences divinatoires.* Paris, 1875, in-12 (fig).

MARCHESINI, *Simbolismo nella conoscenza e nella morale.* Torino, Bocca, 1901, in-8.

MASSON, NEALE et B. WEBB, *Du symbolisme ses églises du moyen âge.* Tours, 1897, in-8.

MATHERS, *The tarot, its occult signification, use in fortune telling and Method of Play with pack of 78 tarot cards.* London, Reddrway, 1888, in-24.

MATTER (J.), *Saint Martin le philosophe inconnu.* Paris, Didier, 1862, in-8.

—   *Histoire critique du gnosticisme.* Paris, Levrault, 3 vol. in-8, atlas de 18 pl.

—   *Essai historique sur l'Ecole d'Alexandrie.* Paris, Levrault, 1820, 2 vol. in-8.

MAXWELL (J.), *L'Amnésie et les troubles de la conscience dans l'épilepsie* (thèse de médecine), Bordeaux, 1903.

— *Les Phénomènes psychiques.* Paris, Alcan, 1902, in-8 ; trad. angl, London, Duckwth, 1905, in-8 ; trad. allem., Neuland der Seele, in-8.

— *La morale sexuelle.* Paris, Alcan, 1907, in-8.

— *La Psychologie sociale contemporaine.* Paris, Alcan, 1910, in-8.

— *La Magie.* Paris, Flammarion, 1923, in-12.

— *La Divination.* Paris, Flammarion, 1927, in-71.

— *L'étude de Chevreuil sur la Baguette* (dans *Annales des Sc. Psych.*).

— *Mysticisme contemporain.* Limoges, 1893.

— *Un magistrat hermétique, Jean d'Espagnet.* Bordeaux, Gounouilhou, 1896, in-8.

— *Psychologie & métapsychique* (ext. de l'année psychologique, t. XIII, 1907).

— *Le problème de l'Intuition.* Niort, 1914.

— *L'Homme après la mort* (contribution à). Paris, édit. Montaigne, s. d., 1926, in-12.

— *Correspondances croisées* (extr. de Proceedings). Londres, XXVI.

MERLIN, *Origine des cartes à jouer. Recherches nouvelles sur les Naîbis, les tarots et sur les autres espèces de cartes.* Paris, 1869, 1 vol. in-4, 74 planches.

MONNIER, *Le symbolisme des cartes à jouer.* Paris, Leymarie, 1921, in-8.

MOREAU (L.), *Réflexions sur les idées de Cl. de Saint-Martin.* Paris, 1850, in-12.

MUCHERY, *La synthèse du tarot.* Paris, 1927. Trad. anglaise chez Rider, 1920.

MURRAY, *Symbolism of the East and West.* London, 1900, in-4.

ORSINI, *Le grand Etteilla ou l'art de tirer les caries, le tout recueilli par Julia Orsini, sybille du faubourg Saint-Germain.* Lille, Blocquet, 1838, in-12, I gr. et 1 tab. ; Paris, s. d., in-12.

OUSPENSKY (P. D.), *The symbolism of the tarot. Philosophy of occultism in pictures and numbers: pen pictures of the twenty two tarot cards,* traduit par R. L. Pogorski, Saint Pétersbourg, 1913, in-8, 65 p. L'édition originale en russe m'est inconnue.

PAPUS, *Clef absolue de la science occulte. Le tarot des Bohémiens, le plus ancien livre du monde à l'usage exclusif des initiés.* Paris, 1889, 1 vol. in-8, fig., planches h.-t.

— *Le tarot divinatoire.* Paris, 1900, in-8.

PARACELSE, Les œuvres de Paracelse sont très nombreuses. L'édition la plus commode est celle des frères de Tournes. Genève, 1658, 3 vol. in-fo. C'est une traduction latine faite par les disciples de Paracelse, mais elle n'est pas toujours très fidèle. Il y à deux éditions allemandes dont la meilleure est celle de Francfort, 1605, 12 tomes in-4 ; Strasbourg, 1603, 3 vol. in-fo. Les traités les plus intéressants sont la *Philosophie sagace* et la *Philosophie aux Athéniens.*

M. Grillot de Givry avait commencé une traduction de Paracelse, les deux premiers volumes ont seuls paru, le savant traducteur étant mort au cours de son travail.

PERENNA (Mlle Gabrielle), *L'art de tirer les cartes et les tarots ou la cartomancie, etc., d'après lès découvertes profondes des Egyptiens, des bohémiens, des sybilles el des kabbalistes,* publié par Colin de Plancy. Paris, Lerouge, 1826, in-16.

PICARD, *Jeu de tarot, 78 lames dessinées par lui. Manuel synthétique et pratique du tarot. Lames mineures et majeures.* Paris, s. d. (1910), in-18, 79 pl. Paris, Daragon, 1909, in-8, 189 p.

PITOIS (Christian), *L'homme rouge des Tuileries.* Paris, publié par l'auteur, 1863, in-12, 464 p.

PLATON, *Œuvres.* Je recommande la traduction latine de Marsilie Ficin à cause de ses commentaires, particulièrement de son commentaire du *Timée.* La meilleure traduction française est celle de Victor Cousin, 13 vol. in-8. Paris, 1822 à 1840.

PLOTIN, *Les Ennéades* de Plotin ont eu de nombreuses éditions. La traduction latine de Marsilie Ficin, Bâle, 1580, est à recommander, cette traduction, avec des notes précieuses, a eu plusieurs éditions. La dernière traduction française est celle de l'abbé Alta, en 3 vol. in-8. Paris, Chacornac.

PORPHYRE, *La vie de Plotin* ; elle se trouve dans l'édition de Marsilie Ficin, Bâle, 1580

PORTAL, *Des couleurs symboliques.* Paris, 1857, in-8.

PRAETORIUS, *Zigeuner charte oder chiromanten Spiel.* Nürnb. 1659, in-12. Das astronomische kartenspiel, aut. édit. 1656, 1663, 1668, 1674, in-32.

PROCLUS. Ses œuvres ont été éditées par M. Victor Cousin ; la 2e édition est de Paris, 1864, in-4.
—   *De Mysteriis Aegyptiorum liber.* Oxford, 1678, in-fo.

RIOLS (DE), *Cartomancie ou art de tirer les cartes, contenant Les origines des cartes.* Paris, s. d. (1883), in-8.

RIVE (Jean, Joseph), *Etrennes aux joueurs de cartes. Eclaircissements historiques et critiques sur l'invention des cartes à jouer.* Paris, Didot, 1780, in-12, 48 pl.

RULANDUS (Martinus), *Lexicon Alchimiae sive Dictionarium Aichemisticum.* Francfort, 1612, in-12 carré (Dictionnaire intéressant pour la lecture de Paracelse).

RUPA, *Das rweite gesicht in der karten.* Neue méthode d. Wahrsagens aus den karten. Leipzig, 1896, in-8.

SAINTE-BEUVE, *Saint-Martin le Philosophe. Inc. in Causeries du lundi,* t. X.

SAINT-MARTIN (DE), *Des nombres.* Paris, Dentu, 1861, in-8. Paris, Chacornac, 1913, in-8.

— *Les erreurs de la vérité*. Edimbourg, 1775, in-18.

— *Suite des erreurs et de la vérité*. Salomonopolis, s. d., in-8.

— *Tableau naturel*. Edimbourg, 1782, in-12.

— *Le ministère de l'homme esprit*. Paris, Migneret, an XI, 1802, in-12.

— *L'aurore naissante*, 2 vol. Paris, Laran et Co., 1800, in-12.

— *L'homme de désir*. Lyon, Grabit, 1700, in-12.

— *Correspondance inédite*. Amsterdam-Leipzig Saint-Pétersbourg, Paris, 1862, in-8.

Saunter (Marc), *La légende des symboles philosophiques, religieux et maçonniques*. Paris, 1911, in-8, 4ᵉ édit.

Schubert, *Symbolik des Traümes*. Leipzig, 1840, in-8.

Schvalter (R.), *Etudes sur les nombres*. Paris, lib. art. indép., s. d., 46 p., in-8.

Sepharial (pseudon. de M. Old ?), *A manual of occultism*. Londres, Rider et Son, 1911, in-8 (traité de la cartomancie, p. 219 à 247).

Simon (Jules), *Histoire de l'Ecole d'Alexandrie*. Paris, 1845, 2 vol. in-8.

Singer (Sam Weller), *Researches into the history of playing cards*. London, 1816, in-4.

Stevenson, *The square of Sevens an anthoritative system of cartomancy*. London, 1900, in-8.

Taylor, *History of playing cards with anecdotes of their use in conjuring, fortune telling, etc.* London, 1865, in-8 (48 fig.) frontispice colorié.

Thierens, *The general book of the Tarot*. London, Rider, 1929, in-8.

Trismegiste (Johannès), *L'art de tirer les cartes françaises suivi de l'explication du livre de Thot ou jeu de Tarot : les tarots égyptiens*. Paris, s. d., in-16, vignettes et fig. des 78 lames du tarot.

— *L'art de tirer les cartes, révélations complètes sur les destinées au moyen des cartes et des tarots illustrés*. Paris, 1840, in-12 ; Paris, Laisne, 1850, in-32.

— *Das. Geheimniss der Kartenschlagens. Van der Kartenschia gerin Napoléons* ; Mlle Lenormand, Ulm, 1846, in-8.

Vacherot, *Histoire critique de l'Ecole d'Alexandrie*. Paris, 1846, 1851, 3 vol. in-8. Veze (Marcus de), *A propos d'un tarot persan. L'initiation*. T. IV, p. 264.

Waite, *Pictoral key to the tarot*. London, Rider, 1911, in-12 ; Londres, Rider (s. d.), 2° édit.

— *The key to the tarot being fragments of a secret tradition under the veil of divination*. London, 1910, in-32.

— Waite a traduit le tarot des bohémiens du Dr Encausse et publié un jeu de 78 tarots imaginés par lui.

Warrain, *Le mythe du shphinx*. Paris, Chacornac, 1916, in-8.

— *L'espace*. Paris, Fischbacher, 1907, in-8.

— *Symbolisme et métaphysique.* An. théos., 1909.

— *Intervalles harmoniques et intervalles mélodiques.* (*Bul. Inst. Gén. Psychol.*, 1908).

WESTERMARCE (Edward), *The Origin and Development of the Moral Ideas.* London, Macmillan and Co., 1906, in-8.

WIRTH (O.), *Le tarot des Imagiers du moyen âge.* Paris, Nourry, n-4, 342 p., 11 planches coloriées et 154 fig.

— *Les signes du zodiaque.* Paris, 1921, in-8.

On trouvera des articles, souvent intéressants sur ces sujets dans les revues spéciales : *le Voile d'Isis* (Chacornac), *le Chariot* (Muchery), *l'Astrosophie* (Rolt-Wheeler Carthage), *l'Echo du Merveilleux, le Journal du magnétisme, le Sphinx* (revue allemande).

Addenda

DUPUIS, *Origine de tous les Cultes.* 1re éd. Paris, an III, 3 vol. in-4 ; autres éd. 1824, in-8, 1 vol. etc.

WESTCOTT (W. Wynn), *Numbers, their occult Power, etc.* London, 1890, in-8.